세계사를 바꾼

전쟁의 고수들

EBS 클래스ⓔ 역사

세계사를 바꾼

전쟁의 고수들

세기 명장들의 승리 법칙

임용한 지음

| 들어가며 |

저자는 원래 한국사 전공자다. 그런데 지금은 '전쟁사 전문가'로 불리곤 한다. 많은 이들이 묻는다. "왜 전쟁사를 연구하게 되셨어요?" 물론 이유가 있다.

사회적 현상은 항상 복합적이다. 예를 들어 조세 제도나 결혼 제도를 바꾸는 것은 예나 지금이나 정말 어려운 일이다. 1970년대에 제정된 '가정의례준칙'이라는 제도를 기억하는 독자들이 있을지 모르겠다. 결혼식 등의 가정의례를 간소화하기 위한 제도였는데, 이에 대한 사람들의 불만이 엄청났다. 결국 이 제도는 1999년에 폐지되었지만, 지금까지도 인정을 무시한 법으로 악명을 떨치고 있다.

이렇듯 결혼의 풍속조차 바꾸기 힘든 것이 세상사다. 그런데 조선 전기에는 결혼 제도 자체가 바뀌었다. 일부다처제가 일부일처제로 완전히 바뀌는가 하면, 조세 및 토지 제도도 바뀌었다. 대체 어떻게 기존 관습과 체제를 완전히 뒤바꾸는 개혁이 가능했을까? 바로 전쟁 때문이었다. 전쟁의 고통을 겪자 지배층부터 평민, 심지어 노비들까지도 '이러다가 우리 모두 죽을지 모른다. 세상이 바뀌어야 한다'는 공감대를 형성했고 그것이 국가 에너지가 되었다. 세종대왕이 아무리 훌륭하다 한들 그러한 국민적, 국가적, 시대적 공감대가 없었다면 절대로 이와 같은 파격적인 개혁 정책을 시행할 수 없었을 것이다. 사회 변화 뒤의 숨겨진 진실이 수면 위로 드러나는 계기, 변화의 진짜 동력, 그것이 전쟁이라는 참화였다. 정도전이나 세종의 개혁 또한 14세기의 전쟁이라는 배경 없이는 설명할 수 없다.

여기에 또 하나 추가할 점이 있다. 개혁이란, 변화하는 환경과 목적에 맞는 옷을 지어 입는 행위다. 신사복을 입고 히말라야에 오른다면 첨단 등산복을 갖춘 상대에게 패할 수밖에 없다. 전쟁에서의 승부도 마찬가지다. 전쟁이 사회 변화의 숨은 동력이었던 것처럼, 사회 변화를 예측하고 대비한 쪽이 전쟁에서 주역이 된다. 세계의 명장은 제갈량 같은 전술적 두뇌나 첨단 무기를 장착한 사람이 아니라 시대의 변화를 읽고, 대비하고, 창조했던 사람이다. 작전, 계략, 무기는 다음 문제다.

이런 관점에서 전쟁사를 연구하기 시작했는데, 이를 연구하다 보니 전술을 분석하게 되었고, 인물과 리더십도 다루게 되었다. 연구의 범주도 동양사에서 서양사까지 확대되었다.

불멸의 인사이트를 남긴 세계사의 명장들

세계사에는 수많은 전투와 명장들이 있다. 명장들의 이야기는 리더십, 전술, 그들이 변화시킨 역사의 관점 등 여러 측면에서 두루 시사점을 던진다. 한 인물을 놓고도 이렇게 다양한 관점을 모두 살핀다면 책 한 권이 채워지고도 남을 것이다. 그중 이 책에서는 '역사를 바꾼, 전쟁의 흐름을 바꾼 명장들이 어떻게 그러한 업적을 만들어낼 수 있었는가? 그런 아이디어는 어떻게 나올 수 있었나?'에 중점을 두고 이야기를 엮어보고자 한다.

고대부터 현대에 이르기까지 역사를 바꾼 세기의 명장들은 그들만의 통찰을 가지고, 자신만의 방식으로 전투를 실현해나간 인물들이다. "2,000~3,000년 전 이야기가 현대에 적용이 되나요?"라는 의문이 드는 분들도 있겠지만, 나의 대답은 "그렇다"이다. 이 책에서 소개할 명장들의 삶과 전투를 살펴보면 서로 다른 공간적 배경과 요건들에도 불구하고 세월을 관통하는 교훈이 숨겨져 있다. 실제로 군인들과 학자들이 전쟁사를 연구할 때 가장 먼저 연구하는 인물은 1, 2차 세계대전의 영웅들이 아니라, 2,500여 년 전 마케도니아 왕이었던 알렉산드로스다.

고대 그리스의 문화 전성기를 연 테미스토클레스가 페르시아의 대군을 맞아 승리할 수 있었던 것도, 한니발이 당대 최강 로마군을 맞아 승리할 수 있었던 것도 모두 남다른 통찰 덕분이었다. 그들은 시대의 변화를 읽고 전쟁에 창의적으로 대비했다. 이 책에서 다룬 15명의 명장들은 그러한 조건으로 선정되었다.

이중에는 탁월한 능력과 포부가 있었지만 안타깝게 전설의 명장 반열에서 탈락한 인물들도 몇몇 포함되었다. 알렉산드로스의 현신이 되고자 했으나 부정적인 격언의 대명사가 된 '피루스 승리'의 주인공 피루스가 대표적인 예다. 세상에는 알렉산드로스보다 피루스가 많고, 피루스도 되지 못한 이들이 훨씬 더 많다. 혹자는 피루스 수준에라도 닿으려 할 것이고 혹자는 알렉산드로스를 목표로 살아가는 이들도 있을 것이다. 이 책이 그들 모두에게 미래를 읽고 창의적으로 대비하는 데 도움이 되었으면 한다.

남다른 통찰과 함께 명장들이 지녔던 또 하나의 조건은 리더십이었다. 전쟁은 인간이 처할 수 있는 그 어떤 상황보다 혼란스러우며 전투 중에는 과중한 압박에 시달린다. 그리고 실패의 대가는 '피'다. 또한 막상 지휘관이 되면 자신의 피보다 부하들의 피가 더 두렵다. 이런 상황에서 리더십을 발휘하기란 아주 어려운 일이다.

중세의 종말을 초래한 십자군 전쟁의 실패는 불안정한 리더십에서 기인했다. 봉건 기사들은 기사도는 남달랐지만 단합이 어려웠고, 들쭉날쭉한 개개인 역량을 아우를 리더십이 부재했다. 반면 이슬람 세력은 살라딘이라는 세기의 군주를 맞아 단합했다.

중세에서 근대로 가던 길목에서는 흑태자라는 세기의 리더가 탄생했다. 시대의 전환기, 변화의 시기에는 다양한 욕구들이 혼재한다. 다양한 신분과 목표를 가진 군인들을 이끌고 흑태자는 맞춤형 리더십을 발휘했다. 그것이 시대가 요구하는 리더십이었다.

전쟁의 승패를 가르는 요인에는 여러 가지가 있다. 지형, 병종, 진로, 장수, 장수의 상성 등의 요소들이 톱니바퀴처럼 맞물려 승리를 빚어낸다. 하지만 이 모든 요소를 버무리는 이는 장수다. 결국 명장이 승리를 만든다. 인간 승리의 주인공이자 인생의 창의자, 운명의 개척자였던 사람들, 역사를 바꾼 명장들을 역사 속에서 끌어올려보고자 한다.

이제, 한 치 앞을 예측할 수 없는 혼란한 시대에 미래를 예측하고 자신만의 방식으로 전쟁을 대비했으며 시대가 요구하는 리더십을 유감없이 발휘한 15명의 명장들을 만나보자.

2022년 9월

임용한

차례

1

전략의 탄생

| 고대 명장편 |

테미스토클레스

알렉산드로스

피루스(에페로스)

한니발(카르타고)

알렉산드로스의 후예들

곽거병(한나라)

테미스토클레스

고대 명장 ①

자기 한계에 굴복하지 않고
미래를 예측하며 도전하고 준비하는 자만이
세기의 명장이 될 수 있다.
전략의 본질은 '잡다한 술수'가 아니라
'변화에 대한 통찰'이다.

아테네를 그리스의 별이 되게 하라, **테미스토클레스**

"살라미스 해전의 영웅"
"그리스-페르시아 전쟁에서 그리스를 구한 장군"

오늘날 우리가 알고 있는 소크라테스(Socrates, 기원전 470~399)와 플라톤(Plato, 기원전 428/427~424/423) 시대의 그리스 문화 전성기를 연 인물은 사실 따로 있다. 기원전 5세기에 활약한 아테네의 장군이자 정치가 테미스토클레스(Themistocles, 기원전 524~459)이다. 세계 해전사의 빛나는 승리로 알려진 살라미스 해전의 주인공이며, 그리스-페르시아 전쟁에서 그리스를 구한 영웅 테미스토클레스. 그는 대체 어떻게 작은 도시국가 아테네의 군대로, 국력 모두를 걸고 침공해온 페르시아 대군을 막아냈을까? 어떻게 아테네의 운명을 바꾸고, 고대 그리스 문명의 전성기를 열었을까?

아테네의 위기 속 영웅이 나타나다

기원전 480년 페르시아의 황제 크세르크세스 1세(Xerxes I, 기원전 519~465)는 100만 대군을 동원해 그리스를 침공했다. '100만'이라는 수에 대해서는 여러 논란이 있는데, 현대 학자들은 이를 그대로 해석하지 않는다. 그러나 『역사(*The Histories*)』의 저자 헤로도토스(Herodotus, 기원전 484~425)의 계산에 따르면, 지원 부대, 수송 병력, 동원 인력까지 합하면 1천만 명에 육박했을 것으로 보인다. 당시 인구 규모로 보면 도무지 불가능한 숫자지만, 군인 숫자를 10분의 1로 줄여 10만 명으로 쳐도, 총동원 인력이 100만 명은 된다는 의미다. 그만큼 제국의 국력을 총동원한 전쟁이었고, 그리스인들로서는 상상조차 해본 적이 없는 대병력이었음은 틀림없다.

페르시아는 엄청난 대군을 동원하기 위해 제국 구석구석에서 병력을 징발했다. 당시 기록을 보면 "에티오피아 병사들, 표범 가죽을 두르고 소가죽 방패를 든 야성적인 전사들까지 동원되었다"(『역사』)고 되어 있다. 당시 페르시아 영토였던 아프리카의 에티오피아 병사까지도 포함할 만큼 엄청난 동원령이었다. 페르시아는 제국의 군대를 총동원해, 그야말로 국운을 걸고 그리스를 공격했다.

페르시아는 육지와 바다 두 곳으로 나누어 침공해들어갔다. 영화 〈300〉으로 잘 알려진 테르모필라이(현 그리스 동부)에서는 스파르타 왕 레오니다스(Leonidas, 기원전 540~480)가 이끄는 300명의 전사들이 영웅적인 활약을 펼쳤다. 그들은 역사에 길이 남는 감동적인 활약을 보였지만, 패배했다. 테르모필라이 전투가 벌어지는 동안, 그 앞바다에서도 해전이 치열하게 벌어지고 있었다. 막상막하 각축을 벌이던 중에 테르모필라이의 패전 소식이 전해지자 그리스 함대는 기가 죽어 철수하고 말았다.

1차 충돌은 바다와 육지 양쪽에서 그리스 연합군의 패배로 끝났다. 이 결과로 아테네까지 무인지경으로 길이 열렸다. 페르시아 황제 크세르크세스의 창끝은 제일 먼저 아테네를 향했다. 그리스에서 제일 크고 명망 있는 도시를 정복하면 마라톤에서의 패배를 설욕하고, 다른 폴리스의 저항 의지를 바로 꺾어놓을 수 있었다.

페르시아군은 아테네로 진입해 도시를 불살라버렸다. 다행히 아테네의 대다수 주민들은 배를 타고 미리 빠져나갔다. 부왕 다리우스 2세(Dareios Ⅱ Ochus, ?~기원전 405/404)가 아테네군에게 당한 마라톤 전투의 패배를 완벽하게 복수하고 아테네 주민을 노예로 끌고 가지 못해 안타까웠지만, 크세르크세스는 승리가 눈앞에 와 있다고 생각했다. 그리스 육군은 궤멸했고, 남은 군대는 해군뿐이었으니 말이다. 반(反)페르시아 항쟁의 선두에 있는 두 개의 머리 중에 스파르타 하나만 남았다. 이제 아테네와 그리스의 운명은 어떻게 될까?

〈사진 1〉 테르모필라이(현 그리스 동부) 전경. ©임용한

페르시아 – 그리스 전쟁은 왜 발발했나?

그리스는 매우 척박한 땅이다. 지역에 따라 다르지만, 특히 아테네 지역이 그렇다. 아테네에 간다고 하면 현지를 좀 안다는 이들도 “돌밖에 없는 동네를 왜 가느냐?”고 반문할 정도다. 화려한 파르테논 신전을 상상하고 여행 갔다가 막상 공항에 내리면 하얀 돌밖에 보이지 않는 곳이 아테네다. 흙조차 덮여 있지 않고 하얀 돌에 풀만 몇 포기 피어나는 척박한 땅이다. 그래서 아테네에서는 기병도 활용하지 못했다. 말이 하루 종일 아테네 땅을 달리면 발굽이 나가버리기 때문이다. 말 발톱이 다시 자랄 때까지 며칠을 쉬어야 하는 열악한 환경의 도시가 아테네다.

그리스 중부나 스파르타가 위치한 펠로폰네소스 반도에는 좀 더 비옥한 경작지들이 있다. 그렇다 해도 그리스는 전체적으로 자원과 농토가 부족하며 척박하다. 그나마 괜찮은 농토가 있어도 평야는 좁고, 바위산에 둘러싸여 있다. 그래서 아테네인들에게는 풍요로운 땅이 필요했다. “저 바다, 에게해 건너에 풍요로운 땅이 있다.” 그곳은 바로 지금의 터키 지역인 소아시아다. 아테네인들은 그 땅으로 건너가 식민도시를 건설하기 시작했다. 건너가보니 그곳은 노다지 땅이었는데, 지중해 무역의 중심지였던 것이다. 우리가 알고 있는 르네상스의 부를 일구었던 지중해 무역이 바로 이곳에서 태동했다. 아테네인들은 이곳에서 막강한 부를 축적했다. 손만 대면 무엇이든 금으로 바뀐다는 ‘미다스 신화’의 주인공 미다스(Midas) 왕이 살던 왕국인 프리기아가 바로 이곳 소아시아에 위치해 있었다. 그만큼 당시 소아시아의 부는 엄청났다. 이렇다 보니 페르시아 본국에서는 불안하지 않을 수가 없었다. 부에는 권력이 따라오고 권력에는 군대가 따라오는 법이다. '소아시아를 가만히 둬서는 안 되겠구나. 우리가 직접 지배해야겠다.' 그렇게 그리스 식민도시와 페르시아의 전쟁이 시작되었고 그것이 그리스 본토로까지 확대되었다.

그런데 불행하게도 페르시아 왕 다리우스의 두 차례에 걸친 그리스 침공은 실패에 그쳤다. 첫 번째 패배는 폭우 때문이었다. 트라케를 지나 마케도니아로 향하던 300척의 페르시아 선단은 아토스 곶에서 폭풍을 만나 모조리 침몰하고 말았다. 살아남은 소수의 육군 역시, 트라케 지방에서 격렬한 전투를 치르다가 지쳐서 진격을 중지했다. 두 번째는 오늘날 마라톤의 기원이 된 전투인 '마라톤 전투'에서였다. 마라톤에서 아테네군과 대치하던 페르시아군은 병력 절반을 배에 태워 해상으로 아테네를 침공하려고 했다. 그러나 이 작전이 발각되면서 마라톤에 남아 있던 병력이 몰살당하고 말았다. 그래서 다리우스의 아들 크세르크세스는 아버지의 실패를 반복하지 않겠다며 역사상 최대 규모의 군대를 동원했다.

〈사진 2〉 그리스 마라톤에 있는 전사자들의 묘. ©임용한

아테네는 풍전등화의 위기를 맞이했다. 하지만 난세에 영웅이 나는 법이다. 아테네가 처할 운명과 사태를 예측하고 그리스의 전쟁 준비를 이끌었던 인물이 있었다. 그가 바로 테미스토클레스다.

흙수저의 반란이 시작됐다

페르시아의 그리스 침공이 50년 전에 발생했고, 테미스토클레스가 50년 일찍 태어났더라면 그는 역사에 이름조차 남기지 못했을 것이다. 그 시절에는 아테네의 상층 시민들만이 정치에 참여할 수 있었다. 부모 모두 정통 아네테인이 아닌 사람과 이방인은 더 큰 차별을 받았다.

테미스토클레스의 아버지는 아테네의 중류 시민이었고 어머니는 이방인이었다. 트라키아(발칸반도의 남동쪽) 출신의 천민이었다는 설도 있고, 소아시아에 있는 할리카르나소스 출신이란 설도 있다. 할리카르나소스 설은 테미스토클레스의 모계를 높여주기 위한 후대의 노력이었을 것이다. 할리카르나소스는 『역사』를 쓴 헤로도토스의 고향인데, 테미스토클레스의 모친이 할리카르나소스 출신이었다면 헤로도토스가 『역사』에서 테미스토클레스의 가계나 출신에 대해 그렇게 소략하거나 무덤덤하게 서술하지는 않았을 것이다.

테미스토클레스가 성장하던 시기에는 그리스 사회에 조금씩 변화가 생겼다. 클레이스테네스(Cleisthenes, 기원전 570?~508?)의 개혁■으로 아테네의 전통 씨족이 재편되어 시민층이 크게 확장되었던 것이다. 더 중요한 변화는 그리스에 이주민들이 늘기 시작했다는 점이다. 사회의 성장과 함께 이들 신흥 세력들도 조금씩 싹을 틔우고 사회에 나오게 되었다. 테미스토클레스는 어릴 때부터 이런 말을 했다고 한다. "내가 보잘것없는 사람이 될 리 없어. 나는 분명히 큰사람이 될 거야. 좋은 놈이 될지 나쁜 놈이 될지는 모르겠지만 어느 쪽으로든 위대한 사람이 될 거야." 이 말에는 조금씩 변화가 움트던 시대에 자란 신분 낮은 소년의 꿈과, 상류층의 특권이 횡행하던 시기에 수단과 방법을 가리지 않는 기득권의 횡포에 맞서려는 야망이 뒤섞여 있다.

영리한 테미스토클레스는 자신을 바라보는 두 방향의 시선, 기대와 질투, 선망과 두려움을 정확히 알고 있었다. 신흥세력과 구세력이 충돌하는 시대, 그 교차로를 살아서 빠져나가는 방법은 거침없는 도전과 주도면밀한 실력뿐이었다.

스승과 동료들로부터 "좋은 쪽이든 나쁜 쪽이든 뭐가 돼도 될 것 같다"는 평을 받던 그에게 마침내 하늘이 내린 기회가 왔다. 예나 지금이나 최고의 난세는 전시(戰時)다. 전쟁이 벌어지면 신분이 낮은 사람도 출세할 기회가 온다. 마라톤 전투가 벌어졌을 때, 테미스토클레

■ 기원전 507년에 아테네 민회에서 클레이스테네스가 단행했던 정치 개혁. 이소노미아(Isonomia)라고 불리며, 혈연과 지역에 기반한 부족체제 재편, 평의회 제도와 평등한 참정권 부여 등의 제도를 만들었다.

스는 당연히 자원했고 가장 위험한 자리에서 앞장서 싸웠다. 결과는 승리와 승진이었다. 그렇게 그는 꿈에 한발 다가섰다. 하지만 여전히 그는 분대장, 소대장에 불과했다. '나는 장군이 되고 싶다.' 이제 그는 더 높은 곳을 보았다. 마라톤 전투를 지휘했던 장군 밀티아데스(Miltiades, 기원전 550~489)의 지위를 말이다. 밀티아데스를 지근거리에서 관찰한 그는 충격을 받았다. 밀티아데스 가의 놀라운 자제력 때문이었다. '내가 밀티아데스만큼 올라가려면 더 노력해야겠구나.' 사소한 일화 같지만 밀티아데스와 자신을 비교했다는 자체가 그의 야심을 말해 준다. 밀티아데스는 아테네 명문가 출신이었다. 당시의 엄정한 신분제하에서 테미스토클레스의 가문과는 비교할 수도 없는 인물이었다. 그는 밀티아데스를 따라잡기 위해 금주를 했다고 알려져 있지만 비단 금주뿐이었을까? 이처럼 불가능해 보이는 지위로까지 눈높이를 높이고 최정상의 인물과 자신을 비교하며 능력을 키워갔다.

하지만 그가 야심을 가질수록 사회의 제약은 더 커졌다. 세상은 참 얄궂은 면이 있다. 야심을 가지고 노력하면 내 앞에 놓인 장애물이 낮아지는 게 아니라 더 커진다. 대기는 올라갈수록 기압이 낮아지지만 인간 사회는 올라갈수록 기압이 높아진다. 그리고 전에는 보이지 않던 사회 부조리가 앞을 가로막게 된다.

이런 상황에 놓였을 때 보통 인간의 반응은 세 가지다. 첫째, 환경을 탓하고 좌절한다. '어릴 때는 우리 사회가 이렇게 부조리한지 몰랐는데 어른이 되니 이제야 알겠구나. 나는 더 이상은 못하겠다.' 하는 식이다. 두 번째는, 분노하고 폭발하는 경우다. '이 부조리는 없어져야 한다. 부수자.' 그리고 마지막 세 번째가 주변을 보는 경우다. '그래도 이 와중에 성공하는 사람들이 있네. 저렇게 하면 성공하는구나. 나도 저렇게 해야지.'

테미스토클레스는 셋 중 어떤 유형이었을까? 세 번째였을까? 아니다, 셋 다 아니었다. 테미스토클레스에게는 부조리가 다르게 보였다. 부조리가 커져간다. 사회적 저항이 커져간다는 건, 사회가 원하고 다른 세상이 열리고 있다는 징조였다. 테미스토클레스의 눈은 그것을 간파했다.

테미스토클레스는 명민하게도 이런 난세를 이용하는 프로젝트를 가동했다. 아테네에 시민층과 정치 참여층 그리고 이방인 혼혈이 늘자, 아테네인들은 성문 밖에 '헤라클레스(Heracles) 연무장'을 조성하고 순수 아테네인이 아닌 아이들을 이곳에서 놀게 했다. 이건 차별이지만 완전한 단절은 아니었다. 지옥과 천국 사이에 있는 연옥이라고 할까? '천국의 문은 열어주지 못하지만 그곳에서 노력하면 아테네 주류 사회로 올 수도 있다'는 뜻이었다. 그곳의 이름이 헤라클레스 연무장이었던 이유도 열심히 운동해서 헤라클레스처럼 용사가 되라는 의미가 아니라 헤라클레스의 상징적 신분을 의미했다. 그도 신의 사생아여서 반신반인이었지만, 영웅적 행적 끝에 죽어서는 신이 되었기 때문이다.

아마 당시 어떤 소년들은 헤라클레스 연무장에 내동댕이쳐진 자신을 서글퍼했을 것이고, 어떤 소년들은 자신도 열심히 하면 헤라클레스처럼 높은 신분을 얻을 수 있다고 다짐했을 것이다.

테미스토클레스는 어느 쪽이었을까? 이번에도 둘 다가 아니었다. 그에게는 신분을 가리지 않고 동료나 지지자를 만드는(사실, 적도 함께 만들었지만) 특별한 재주가 있었는데, 상류 시민도 아닌 최상층의 귀족 가문 자제들 몇 명을 헤라클레스 연무장으로 꼬여내 어울려 놀았다. 그렇게 헤라클레스 연무장이 반쪽 아테네인의 놀이터라는 관념 자체를 없애버렸다.

이 일화는 테미스토클레스 개인의 지략을 보여주는 것 같지만 그 배경에는 역사적 사실이 하나 더 숨어 있다. 아테네의 차별의 둑이 조금씩 허물어지고 있었다는 점이다. 차별받는 사람들의 사회적 힘과 저항도 드세졌다. 또한 귀족과 명문가 중에서도 뛰어난 야심가들은 시대의 변화와 외침을 누를 수도 없고 그럴 필요도 없다는 사실을 감지했다. 이 높은 지대에 있는 현명한 야심가들은 낮은 곳에서 터져나오는 외침을 들어주면서 이들을 자기편으로 만들어 자신의 권력을 공고히 하자는 생각을 한다. 가문에서 나오는 권력보다 확장된 시민층의 지지에서 나오는 권력이 훨씬 더 강대하기 때문이다. 아테네 시민권을 확대 개편하고 도편추방제도■를 만들어 민주주의의 초석을 놓은 클레이스테네스, 아테네 민주정 최고의 지도자 페리클레스(Perikles, 기원전 495~429)는 아테네 제일의 명문가인 알크마이온 집안 출신이었다.

■ 국가에 해를 끼칠 위험한 인물을 10년간 국외로 추방하는 제도.

테미스토클레스는 알크마이온 가의 정반대편에서 이 진리를 감지했다. 그는 학생 시절에 이런 말도 했다. "이 작고 보잘것없는 도시를 나에게 맡겨주면 훌륭한 도시로 바꿀 수 있다." 이런 그에게 진짜 기회가 왔다. 마라톤 전투가 끝난 후, 많은 사람들이 이렇게 말했다. "마라톤에서 치욕적인 패배를 당했으니 페르시아가 다시는 침공하지 않을 거야." 하지만 테미스토클레스는 그 반대로 생각했다. 마라톤 전투는 더 큰 전쟁의 시작일 뿐이다. 아마 테미스토클레스는 아고라나 주점에서 이렇게 떠들었을 것이다. "페르시아가 전쟁을 했는데 실패하고 돌아갔어요. 지고 돌아갔지요. 졌으니까 안 올까요? 아니요. 그건 세상을 보는 방식이 다른 겁니다. 페르시아가 침공했던 이유가 남아 있는 이상 그들은 분명히 다시 옵니다."

간단한 세상의 이치인데, 당시 아테네에도 테미스토클레스의 생각에 동조하는 사람보다, 이제 전쟁은 끝났다고 생각하는 사람들이 훨씬 많았다. 왜일까? 사람들이 그렇게 믿고 싶었기 때문이다.

미래학자가 장밋빛 미래를 전망하면 사람들은 우르르 몰려가 환호한다. 반대로 그가 위기를 말하고, 더 큰 희생과 노력을 암시하면 사람들은 분노한다. 이것은 수천 년간 반복돼온 인류사의 상식이다. 그러나 테미스토클레스는 말한다. "적은 다시 침공한다. 왜? 원인이 살아 있으므로. 그렇다면 적은 지금 어떤 상황인가? 전쟁에선 패했지만 여전히 번성하고 있다. 다시 말하면 능력이 있다. 그렇다면 두 번째는 어떻게 올까? 더 세게, 더 대규모의 부대로. 그렇다면 아테네는 어떻게 해야 할까? 전쟁에 대비해야 한다. 더 큰 군대와의 전쟁에 대비해야 한다."

그는 정확히 예측했고, 정확한 답변을 찾았다. 더 큰 전쟁에 대비하기 위해 그가 찾은 길은 무엇이었을까? "아테네가 살 길은 더 크고 강력한 군대를 만드는 것이다. 그러기 위해서는 먼저 더 부강해져야 한다." 부강해지려면 어떻게 해야 할까? 이 중요한 의문에 대한 답변에서도 테미스토클레스의 해답은 보통 사람들의 그것과 달랐다.

국가의 기틀을 세우다

아테네 땅은 돌밭이었다. 그런데 놀랍게도 당시 아테네는 농업 국가였다. 약간의 상업과 해상무역도 겸했지만 그 척박한 땅에서도 기본적으로는 농업을 주로 했다. 그러니 국민들에게 부국강병을 이뤄야 한다고 하면, "농업으로 부국강병을 이루자"는 말이 나왔다.

그런데 귀족가 자제들을 헤라클레스 연무장으로 끌어들였던 테미스토클레스가 이번에는 아테네 시민을 바다로 이끌었다. 그는 청년 시절부터 거리와 골목, 특히 부둣가와 선술집을 다니며 자신과 비슷한 욕망을 가진 사람들의 말을 들었다. 선원들과 선장들, 땅이 없어서 바다로 나갔던 사람들은 이렇게 말했다. "우리의 살 길은 무역이에요. 해양국가가 되어야 합니다." 테미스토클레스의 생각도 그들과 같았다. 그리고 마침내 그는 함대와 무역에 투자해 부국강병을 이루자는 주장을 하기에 이르렀다. 이때 하필 운 좋게도 아테네 남쪽 라우리움에서 은광이 발견되었다. 당시 정치인들은 은광을 온 국민에게 나눠서 분배하자고 제안했다. 테미스토클레스의 경쟁자였던 아리스테이데스(Aristeides, 기원전 520?~468?)는 분배론의 선두주자였다. 테미스토클레스는 반대했다. "그건 안 됩니다. 얼마 후면 전쟁이 날 테고 그전에 우리는 반드시 대비를 해야 합니다. 성곽과 항구, 함대에 투자해야 합니다."

이것이 테미스토클레스의 생각이었지만, 영악한 그는 이렇게 외치지 않았다. 세상 어떤 나라의 시민이 국가가 공짜로 나누어주는 돈을 거부하고, 군사비에 투자하자는 안을 받아들이겠는가? 인간의 탐욕을 이길 수 있는 논리는 없다. 대신 테미스토클레스는 더 큰 탐욕으로 탐욕을 눌렀다.

그는 페르시아가 아니라 아이기나를 타깃으로 설정했다. 아이기나는 아테네와 펠로폰네소스 반도 사이에 있는 작은 섬이다. 이는 에게해 무역의 거점으로 당시에 그리스에서 제일가는 해상무역 도시로 번성하고 있었다. 아테네의 아크로폴리스 서쪽에 자리 잡은 필로파포스 언덕에 오르면 아테네의 주력 항구인 피레우스 항과 그 앞에 위치한 아이기나 섬이 손에 잡힐 듯 보인다. 지금은 배로 한 시간이 채 걸리지 않는 거리에 있기 때문에 아테네 시민의 주말 휴양지로 인기 있는 섬인데, 2,500년 전 아이기나는 아테네인들에게는 부러움의 대상이자 경쟁 도시였다.

아이기나는 해양무역 도시답게 그리스 전역에서 가장 강력한 함대를 보유하고 있었는데, 테미스토클레스는 그들에게 도전장을 던지자고 설득했다. 아마 "아테네 여신은 우리에게 아이기나를 제압하고, 전 그리스에서 제일 부유한 도시가 되라는 의미로 당신의 발아래에 있는 은광을 열어주었다"고 말했을지 모른다. 결국 시민들은 그의 유혹에 넘어갔다. 은광 수입은 시민들의 주머니에서 흩어지는 대신 100척의 전함으로 둔갑했다. 그는 여기에서 그치지 않았다. 강력한 해군을 육성하려면 항구와 요새도 필요했다. 그는 지금까지도 그리스 최대 항구가 되어 있는 피레우스 항구를 대함대에 걸맞은 규모로 확장했다.

테미스토클레스의 계획은 모두 성공했다. 아테네는 단숨에 해양국가로 변신했고, 아이기나의 부를 빼앗아 순식간에 부유해졌다. 오늘날 그리스는 재정 파탄으로 심한 곤경을 겪고 있지만, 전성기를 구가하던 20세기 후반 그리스의 최대 산업은 선박왕 오나시스(Aristotle Sokrates Onasis, 1906~1975)로 상징되는 해양무역이었다. 결국, 2,500여 년이 지난 지금까지 그리스라는 나라가 해양 강국으로 존재하도록 한 인물이 바로 테미스토클레스였던 것이다.

부유해진 그리스는 강력해진 국력을 바탕으로 수많은 해군을 양성했다. 그리고 크세르크세스가 침공해오자 아테네 시민들은 테미스토클레스를 지휘관으로 선출했다. 하지만 해군력 강화의 목적이 아이기나 섬의 해군을 상대하기 위한 것으로 알고 있었던 시민들은 아테네

해군으로 페르시아 함대와 맞선다는 생각에 놀랐다. 게다가 페르시아군은 바다와 육지로 나눠서 그리스를 침공했고, 육군의 전력도 어마어마했다. 페르시아 육군은 걸어서 아테네로 진입해올 것이다. 그 공포는 항구에 나타나는 페르시아 함대보다 몇 곱절 컸다.

우여곡절 끝에 그리스 육군이 패배하고 육로가 개방됐다. 페르시아군은 아테네로 진격해 끝끝내 아테네를 점령하고 모조리 불태워버렸다. 이때는 아테네 시민들도 전적으로 해군에 의존할 수밖에 없었다. 테미스토클레스가 선박을 건조해놓았던 덕에 아테네 시민들이 그 배를 타고 바다로 탈출할 수 있었던 것이다.

전설의 살라미스 해전

준비된 군대가 시민들에게 용기를 북돋웠다. 덕분에 그들은 고향을 잃고 울고만 있지 않았다. 불탄 고향을, 아테네를 되찾겠다는 전의를 불태웠다. 이렇게 해서 전설의 살라미스 해전이 벌어지게 된다. 그리고 테미스토클레스는 또 한 번 역사에 남을 지략을 발휘했다.

아테네를 되찾기 위해 일단 스파르타군과 아테네군이 뭉치긴 했는데 서로 의견이 엇갈렸다. 스파르타는 육상 국가이니 육상전을 주장했고 아테네는 해전을 고집했다. 스파르타는 육상 방어의 거점으로 코린토스 지협을 지목했다. 그리스 남부는 아테네가 있는 아티카 반도와 스파르타가 위치한 펠로폰네소스 반도라는 두 개의 반도로 갈라진다. 이 두 반도는 마치 면도칼로 그은 것처럼 가는 바다로 갈라져 있는데, 이곳이 코린토스 지협이다. 이 지협은 폭이 1킬로미터도 안 되는 가느다란 육지가 다리처럼 연결되어 있다. 스파르타는 이곳을 막자고 주장했다.

아테네를 제외한 다른 도시들, 특히 펠로폰네소스 반도에 위치한 전쟁의 피해를 입지 않은 도시들은 테미스토클레스의 말을 들으려고 하지 않았다. 결국 연합군 사령부는 코린토스 지협으로 철수하기로 결정했다.

이에 테미스토클레스는 비장의 수단을 썼다. 자기 노예 하나를 페르시아군으로 도주시켜 가짜 비밀을 누설하게 한 것이었다. "아테네군은 겁에 질려 오늘 밤 도주하려 합니다." 따지고 보면 이건 가짜 정보가 아니라 사실이었다. 다음날 전투에서 그리스가 패배했다면 테미스토클레스는 자기 도시의 이익을 위해 전 그리스를 희생한 반역자로 낙인 찍혔을 것이다.

그러자 크세르크세스가 당장 함대의 절반을 그리스군의 퇴로로 파견해 해협의 양쪽 입구를 봉쇄해버렸다. 퇴로가 막히고 앞뒤로 페르시아군 함대를 마주하게 된 그리스 함대는 싸울 수밖에 없었다.

페르시아 해군을 옭아매는 함정은 하나가 더 있었다. 당시 배는 인간의 힘으로 노를 저어야 했다. 당연히 지금의 배처럼 빨리 움직일 수도 없었기 때문에 페르시아군은 밤새도록 이동해 살라미스 해협 입구를 막고 바다에 떠 있어야 했다. 밤새 바다에 떠 있었다는 것은 밤새 노를 저어야 했다는 의미다. 불편한 자리에 앉아, 계속 노를 저어야 했던 페르시아군은 작전을 펼치기가 쉽지 않았다. 그것이 테미스토클레스가 간파한 약점 중 하나였다. 페르시아 해군은 양분되었지만 여전히 수는 그리스 함선보다 많았다. 하지만 좁은 해협이 전장이 되고 보니 페르시아 함선들은 너무 밀집돼 있었다.

당시 전투는 적의 배를 충각(적의 배를 들이받아 파괴하기 위해 뱃머리에 단 뾰족한 쇠붙이)으로 들이받아 전복시키거나 전복되지 않았을 경우 보병이 타고 올라가 백병전을 벌이는 형태였다. 페르시아군은 두 가지 전술에서 모두 그리스군에 비해 약체였다. 배를 들이받을 때는 단순히 정면으로 들이받지 않는다. 정면 충돌은 양측에 모두 치명적인 충격을 주기 때문에, 1 대 1로 자폭해서는 수가 적은 그리스군이 절대 불리했다. 충돌전에서 자신의 배를 보호하고 적선을 타격하려면 측면을 들이받아야 하는데, 여기에는 고도의 기술이 요구된다. 카레이싱에서 드리프트(drift)를 하듯, 빠른 속도로 진행하다가 배를 틀어서 적의 측면을 받아야 하는 것이다. 대략 15년 이상의 베테랑 선장들만이 이런 기술을 시전했다고 한다.

이런 능력자들은 당연히 아테네 수군에 잔뜩 모여 있었다. 반면 페르시아군 선장들은 1, 2년차에 불과했다. 체화된 기술이 하늘과 땅 차이였다. 측면 공격이 성공하면 페르시아 전함은 전복되거나 기동 불능이 된다. 그리스 함선은 후진으로 충각을 빼낸 뒤에 다시 사냥감을 찾아 나아갈 수 있었다.

적을 단숨에 전복하지 못하거나 충각을 빼낼 수 없도록 적선과 얽히면 배에 승선해 있던 보병들이 적선에 올라타 백병전을 벌였다. 이제부터는 해전이 아니라 물 위에서 벌이는 백병전으로 양상이 바뀐다. 이 전투에서도 역시 그리스군이 유리했다. 그리스군은 우리가 영화에서 많이 봐왔던 중장갑 보병이다. 청동 투구와 청동 방패, 갑옷으로 단단히 무장하고 싸웠다. 반면 페르시아군 보병은 갑옷도 입지 않고, 약한 나무 방패를 들었다.

페르시아군의 장점은 병력 수였다. 페르시아 함선 수가 그리스보다 2~2.5배가량 많았다. 그렇다면 승부는 어떻게 되었을까? 전쟁사의 기본 교훈이지만, 전쟁에서는 숫자가 중요한 게 아니라 '유리한 전력'이 중요하다. 전투의 목적 및 환경에 따라 수적 우세는 장점이 되기도 단점이 되기도 한다. 따라서 병력이 많은 게 중요한 게 아니라 '병력이 많은 것을 장점으로 만드는 전략'이 중요하다.

항상 전쟁터에서는 상황을 분석하고 장단점을 따져서 적절한 전술을 세워야 한다. 실패하는 지휘관이 흔히 저지르는 실수가, 탁상에서의 전술과 야전에서의 전술을 동일시하는 경우이다. 탁상의 전술이란 환경과 상황을 가정하고 펴는 전략이지만, 현장에서는 탁상에서 설정한 환경과 전혀 다르게 전개되곤 한다.

페르시아군은 탁상의 전술에 묶여 있었다. 반면 그리스군은 병력은 적었지만 해전에서의 기술과 기동성을 확보했고 백병전에서 역시 우위에 있었다. 결국 그리스군은 자신들의 장점을 십분 살리는 전투를 위해 적을 유인하는 데 성공했고, 두 가지 장점을 극대화해 대승을 거두었다.

천재 명장, 아테네의 미래를 바꾸다

이렇게 그리스군이 승리하면서 아테네가 그리스의 새로운 맹주로 떠올랐다. 그리고 다음 지도자였던 페리클레스가 아테네를 재건하면서 그야말로 완전히 새로운 도시로 탈바꿈시켰다. 오늘날 우리가 아테네를 여행할 때 한번쯤 꼭 들르는 파르테논 신전과 그 위의 대리석 건물들이 모두 이 시기에 건축되었다. 전쟁으로 불타기 이전 건물들은 목조 건물이었다. 그렇게 아테네는 하얀 대리석의 도시로 바뀌었고, 그곳에서 토론 문화가 싹터 소크라테스와 플라톤이 활약했다. 오늘날 우리가 아는 그리스 문화의 원천이 이 시기에 형성되었다.

그렇다면 그리스의 전성기를 열어준 인물 테미스토클레스는 활짝 꽃피운 그리스 문화 속에서 행복한 말년을 보냈을까? 한 사회가 시대를 앞서간 천재를 품는 데는 한계가 있는 것일까. 테미스토클레스는 말년에 아테네의 도편추방제에 의해 쫓겨난다. 아이러니하게도 자신이 전멸시킨 제국 페르시아로 도주하는데, 자국에서 쫓겨나 적국으로 온 적장을 페르시아는 어떻게 대했을까? 페르시아는 그를 받아들였음은 물론 마그네시아의 총독으로 임명하기까지 했다. 그곳에서 복무하던 테미스토클레스는 페르시아와 그리스의 관계가 악화되자 자살로 불행한 말년을 마친다. 그리스의 전성기를 열어준 그는 이렇게 불운한 운명을 맞이했지만, 아테네의 번영과 영광은 계속되었다.

테미스토클레스는 어떻게 해서 아테네의 미래를 바꿀 수 있었을까? 어떻게 100만 대군을 맞아 승리를 거둘 수 있었을까? 그것은 변화에 대한 남다른 통찰력으로 미래를 예측하고 이를 전략에 반영했기 때문이다. 테미스토클레스처럼 자기 한계에 굴복하지 않고 미래를 예측해 도전하고 준비하는 자만이 명장이 될 수 있다. 전략의 본질은 '잡다한 술수'가 아니라 '변화에 대한 통찰'이다. 이는 모든 명장들의 성공을 꿰뚫는 비결이자 전쟁사에서 얻을 수 있는 영원불멸의 교훈이며 우리네 인생의 잠언이다.

알렉산드로스

고대 명장 ②

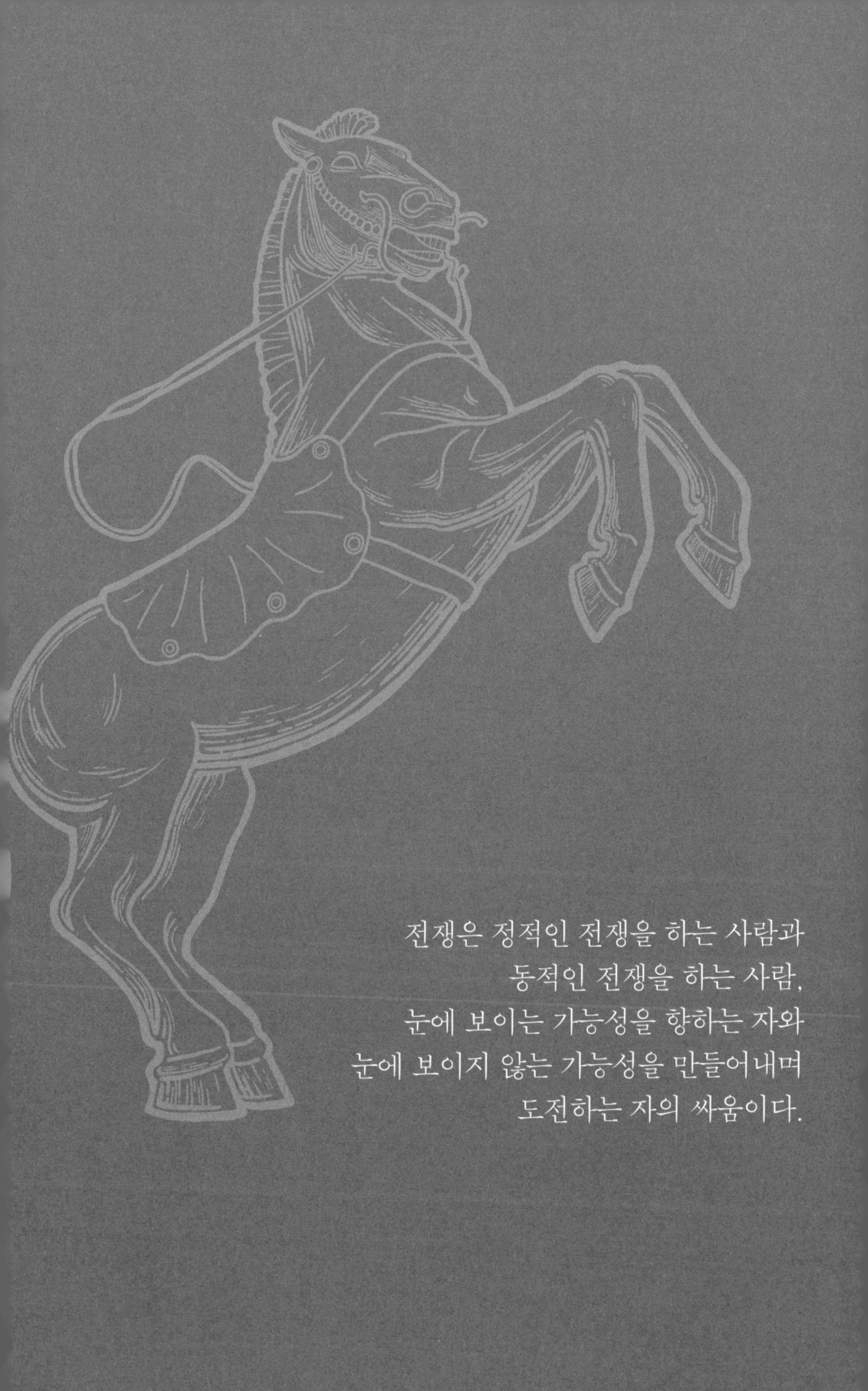

전쟁은 정적인 전쟁을 하는 사람과
동적인 전쟁을 하는 사람,
눈에 보이는 가능성을 향하는 자와
눈에 보이지 않는 가능성을 만들어내며
도전하는 자의 싸움이다.

역사상 가장 광대한 제국을 이룬 청년, **알렉산드로스**

"마침내 이룬 페르시아 원정의 꿈"
"잔혹한 정복 군주인가 위대한 제왕인가"

인류 역사상 가장 넓은 제국의 꿈을 이룬 제왕, 알렉산드로스(Alexandros, 기원전 356~323). 그는 아버지의 꿈이었던 페르시아 정복에 성공하고, 이집트, 파키스탄, 북인도까지 석권한 불가사의한 업적을 이뤄낸 위대한 군주다.

알렉산드로스의 가장 유명한 업적은 역시 페르시아 정복이다. 마케도니아의 왕이었던 아버지 필리포스 2세(Philippos II, 기원전 382~336)는 새로운 전술로 군대를 만들어 그리스를 통일했다. 그 후 장대한 페르시아 원정을 꿈꾸다가 딸의 결혼식 날, 암살되고 말았다. 아들 알렉산드로스는 아버지의 대업을 이어받아 페르시아 침공을 감행했다. 그리고 십여 년 만에 페르시아, 이집트, 파키스탄, 북인도에 달하는 거대한 제국을 건설했다. 이 기록은 아직까지 깨지지 않았고 아마 앞으로도 영원히 깨지지 않을 대기록일 것이다. 그 짧은 시간에 그렇게 넓은 제국을 만든 사람은 역사상 알렉산드로스뿐이다.

도대체 그는 어떤 인물이었기에 이런 불가사의한 업적을 이루었고, 어떤 전술로 장대한 승리를 거둘 수 있었을까? 타고난 용기나 배짱 때문이었을까? 아니면 삶에서 얻은 깨달음으로 자신을 꾸준히 단련시키고 훈련해왔던 것일까?

페르시아 정복을 꿈꾸다

알렉산드로스가 페르시아 정복을 감행할 수 있었던 것은 150여 년 전 테미스토클레스의 승리가 있었기 때문이다. 그리스군이 페르시아 전쟁에서 승리하자 그리스인들은 그제야 자신들의 잠재력을 깨달았다. 전쟁에서 숫자가 문제가 아님을, 그리스군의 중장보병은 세계 최강이며 그들보다 10배 규모의 페르시아군과 대적할 수 있음을, 그리하여 그리스가 넓은 제국을 점령할 능력이 있음을 알았다.

실제로 몇 번의 페르시아 정복 시도가 있었지만 깨달음과 실행 사이에는 간극이 있었다. 그들의 중장보병이 최강인 건 맞지만, 이는 그리스 같은 지형에서 폴리스를 수호하는 방어전을 펼칠 때나 통했다. 페르시아처럼 광활한 제국을 정복하는 전쟁에서는 그들의 취약점이 바로 노출되었다.

일단 중장보병은 무겁고 느렸다. 중장갑을 입고 행군하다가는 금세 지치고 마는데, 페르시아 제국을 정복하려면 최소 3,000킬로미터는 행군해야 했던 것이다. 또, 한 가지 문제가 더 있었다. 3,000킬로미

〈그림 1〉 그리스 시대 도기에 그려진 그리스 중장보병과 페르시아군의 전투.

터를 행군하는 동안 당연히 보급이 불가능했고, 그러자면 약탈에 의존할 수밖에 없었다. 군사 용어로는 이를 '현지 조달'이라고 한다. 현지 조달을 해가며 싸워야 했는데, 그러다 보니 상상치 못한 일이 벌어졌다. 20킬로그램의 갑옷을 걸치고 마을로 현지 조달을 하러 쳐들어갔지만, 주민들은 두려움에 식량을 짊어지고 도망쳤다. 문제는 상체에 청동 갑옷을 걸쳤을 뿐 아니라 다리에 무릎까지 올린 청동 각반까지 차고 있는 중장보병들보다 주민들이 훨씬 빨랐다는 점이다. 심지어 자식과 부인을 업고 도망가는 사람들도 따라잡기 힘들었다. 그리스 중장보병이 너무 느려서 벌어지는 촌극이었다.

현지 조달로 식량은 어느 정도 해결하더라도, 그 외 보급도 문제였다. 전쟁에는 사람 조달도 중요하다. 목수, 대장장이, 마부, 막노동꾼, 의사, 뱃사공, 요리사, 심부름꾼……. 군대는 모든 종류의 기술자, 사실상 도시 주민 모두가 필요했다. 옛날 전쟁에서 약탈의 주 대상이 사람이었던 이유는, 그들을 노예로 팔기 위해서만이 아니었다.

그래서 크세노폰(Xenophon, 기원전 430~355)이라는 소크라테스의 제자는 아주 중요한 깨달음을 얻는다. '아, 이 넓은 땅을 점령하려면, 중장보병 갖고는 안 되는구나. 말을 타야겠다.' 그러나 아테네 사람들의 반응은 부정적이었다.

그리스인들이 말 타기가 힘들어서 안 탔던 것은 아니었다. 당시 아테네에서는 가장 존경받는 병종이 중장보병이었는데, 당시 중장보병이 되려면 상당한 액수의 돈이 필요했다. 즉 중장보병은 중산층이자 존경받는 시민을 상징했다.

그리스군에게도 기병이 없지는 않았다. 하지만 기병은 중장보병보다 5~10배의 비용이 들었기 때문에 최상류층들만이 기병이 될 수 있었다. 게다가 주류 병과가 기병으로 바뀌면 중장보병은 이류로 전락하고 만다. 그 시절 이류 병과가 된다는 것은 시민 권력에서도 이류가 됨을 의미했다.

아테네 시민들은 선택의 기로에 놓였다. 시민으로서의 특권을 버리고 페르시아를 정복해서 지금보다 3천 배나 넘는 땅을 차지할 것인가, 아니면 중장보병에 머무르며 그리스 도시 안에서 존경받는 시민으로 살아갈 것인가. 이 선택은 결코 쉬운 일이 아니었다. 페르시아와의 전쟁에서 그리스가 분명히 승리했고 가능성도 보여줬지만 거기까지였다. 그들은 더 이상의 시도를 하지 않았다. 이것이 아테네 시민의 한계였다. 그러나 알렉산드로스는 달랐다. 그의 스승인 아리스토텔레스의 이야기처럼 미래를 보고, 그 미래를 향해 변화하고 실천할 수 있는 용기를 가진 사람만이 끝내 영웅이 될 수 있다고 생각하며, 변화를 시도했다.

알렉산드로스는 변화를 받아들였다. 사실 먼저 받아들인 이는 그의 아버지 필리포스 2세였다. 앞서도 말했지만, 그리스군의 주력 병종이었던 중장보병으로는 전술적 한계가 분명했다. 우선 기동성이 떨어졌고 전투 가능한 지형도 제한돼 있었다. 방어 전투와 평지에서의 맞대결 전투에는 강했지만, 기민하고 폭발적인, 다양한 응용력을 요구

아리스토텔레스의 지혜 vs 기개

아리스토텔레스는 그의 대표작 『정치학』에서 그리스인과 페르시아인, 바바리안(유럽인)의 특징을 이렇게 비교한다. 그리스인이 야만인 취급을 했던 바바리안은 기개는 있지만 지혜가 없었다. 여기서 기개란 새로운 일을 시도하거나 모험에 도전하는 용기를 뜻한다. 지혜가 없다는 말은 현실적으로 그들의 국가와 사회조직이 후진적이고 야만적이다, 즉 선진적이고 고도화된 국가와 사회를 운영할 지식이 부족하다는 의미였다.

페르시아인에게는 지혜가 있었다. 그들은 거대한 제국과 고도화된 관료 조직, 행정체제를 운영했다. 하지만 기개가 없었다. 꽉 짜인 국가 제도와 황제의 권력 아래서 영혼 없는 관료가 되기를 요구받았고, 도전정신이 결여되어 있었다.

그렇다면 그리스인은 어떠했을까? 그들은 지혜와 기개를 모두 갖추었다. 도전할 수 있는 용기와 새로운 세상에 뛰어들어 그에 걸맞은 제도와 조직을 창조하고 운영할 능력이 있었다는 의미다. 아마 이 말은 알렉산드로스가 가장 듣고 싶었던 말일 것이다.

아리스토텔레스의 이 말은 현대에서는 인용을 꺼리는 구절이 되었다. 그의 발언에는 '인종차별'이라는 레테르(letter)가 붙었고, 그는 대철학자답지 않게 현상과 원인을 혼동하고 있다. 아리스토텔레스가 정말 인종차별주의자였다 하더라도, 현대인들은 이 말의 의미를 다르게 해석할 수 있다. 아리스토텔레스가 언급한 그리스인, 페르시아인, 바바리안의 특징을 민족이나 인종의 차이가 아니라 인간의 유형으로 이해해보면 어떨까. 다양한 국가와 환경이 교차하는 글로벌 현대 사회에 기개와 지혜는 반드시 필요한 덕목이다.

하는 기습 공격 등의 전투에는 약할 수밖에 없었다. 제국을 점령하기 위해서는 강에서도 싸워야 하고 언덕과 사막에서도 싸워야 한다. 아프리카의 표범 전사, 인도의 코끼리 부대와 궁병, 아프가니스탄의 산악지대 등 다양한 환경에서 다양한 군대를 만나고 격파해야 했다.

따라서 제국형 군대를 만들기 위해서는 다양한 병종과 전술이 필요하고, 여러 지형에서 싸울 수 있어야 한다. 아리스토텔레스는 그리스인들이 지혜와 기개가 있다고 했지만, 그건 희망 사항이었을 뿐이다. 그들의 기개와 실천력은 지혜를 따라가지 못했다. 그리스에서 군사 개혁을 주장하는 병법가들이 나오고, 약간의 변화도 발생했지만, 결국 대대적인 군사 개혁은 이뤄내지 못했다.

직업군인을 만들다

기원전 371년, 그리스 보이오티아 지방에 있던 도시국가 테베는 스파르타와의 전쟁에서 승리하고 그리스의 새로운 패자로 등극했다. 테베에 인질로 잡혀 있었던 10대의 필리포스 2세는 그리스의 선각자들이 구상했던 새로운 병법과 전술을 취득했다. 그리고 고국에 돌아와 왕이 된 그는 그리스인이 하지 못했던 그 구상을 실현하기 시작했다. 정복 전쟁을 위한 군대, 다양한 병종과 적응력을 지닌 군대를 양성하는 일이었다.

〈사진 2〉 글립토데크 이슬람에 있는 필리포스 2세의 흉상.

필리포스 2세 휘하에서 마케도니아군의 전설이 된 장창보병대가 탄생했고, 경보병, 기병, 심지어 돌팔매병까지 조직되었다. 필리포스의 군대는 신속한 도시 정복을 위해서 공성구와 공성 전술을 장착했고, 정복 전쟁에서 꼭 필요한 공병대도 설립했다.

이렇게 군대는 완성되었지만, 군인들의 사기 진작을 위해서는 무언가 더 강력한 동기부여가 필요했다. 그리스 군대의 목적은 과거에는 줄곧 고향을 지키는 것이었다. 고향을 지키면서 이 도시에서 존경받고 사는 것이 그리스 시민의 특권이었고, 그리스 군인의 삶의 목표였다. 그런데 이제 그 특권을 포기하고 새로운 도전을 하기 위해서는 다른 동기가 필요했다. 페르시아전쟁 이후로 그리스 용병의 몸값은 금값이 되었다. 주로 중장보병대인 이들은 페르시아와 이집트에서 높은 몸값을 받으며 싸웠다. 하지만 용병의 한계는 분명했다. 군인의 유일한 동기가 '황금'이 되면 최후 순간에는 지휘관까지 죽이고 그야말로 도적떼로 돌변하고 만다. 군대가 장대한 목표를 수행하기 위해서는 탐욕 이상의 숭고한 사명감이 반드시 필요하다. 그렇다면 그리스군에게 숭고한 사명감은 무엇이었을까? 이를 찾던 알렉산드로스와 그의 아버지는 고민 끝에 핵심을 짚어냈다. 바로, 직업 정신을 가진 군인다운 군인을 만드는 것이었다. '황금을 약탈하는 군대가 아니라 군대가 나의 천직이고, 이 속에서 진정한 인생의 성취감을 맛볼 수 있는 프로페셔널한 군대를 만들자.' 이렇듯 그리스 역사상 최초로 직업군인제를 만들고 시행한 이가 바로 알렉산드로스의 아버지 필리포스 2세였다.

그렇다면 프로페셔널한 군대를 만들기 위해서 무엇이 필요했을까? 훈련은 어떻게 시키고 리더십은 어떻게 세워야 했을까? 필리포스 2세는 이러한 구체적인 부분들까지 고민해 직업군인제를 구현해냈지만 페르시아로 출발하기 직전, 그만 암살되고 말았다.

주도권 전쟁에서 승리하다

스무 살 청년 알렉산드로스가 아버지의 군대를 물려받아 기원전 333년, 페르시아의 국경이라고 할 수 있는 헬레스폰토스 해협(다르다넬스 해협)을 건넜다. 알렉산드로스는 여기서부터 페르시아(이라크, 이란), 아프가니스탄, 파키스탄을 거쳐 북인도까지 진격했다. 이 거리는 『서유기』에서 삼장법사가 손오공과 함께 천축까지 가는 여정보다 훨씬 길었다. 이 과정에서 알렉산드로스는 상상의 괴물이 아닌 다양한 미지의 군대를 격파해야 했다. 산악, 고원, 사막, 스텝 등 처음 보는 환경과 코끼리 부대 등 각 지형에 특화된 다양한 군대와의 전투였다. 바로 여기서 아리스토텔레스가 말한 '기개'가 드러난다. 그러나 지도자 한 명의 기개가 아닌, 부하 장군과 장교, 부대 전체의 집단적 기개가 필요하다.

알렉산드로스의 원정에서 제일 놀라운 점은 페르시아 정복전이 무섭도록 빠르게 진행되었다는 것이다. 알렉산드로스의 군대는 기원전

〈그림 2〉 최전성기의 알렉산더 제국의 지도.(출처: 셔터스톡)

334년에 출정해 1년도 안 되는 사이에 소아시아(지금의 터키)를 정복했고, 기원전 332년에는 이집트로 진군했다. 8월에 가자 공격으로 침공을 시작한 그는 그해 연말까지 단숨에 이집트를 정복했다. 정복 속도가 거의 행군 속도였다. 즉, 아무 군장만 멘 채 그냥 걸어가도 도달할 만큼 빠른 속도였다는 것이다.

1년 후 페르시아 내지로 진격해 들어간 알렉산드로스는 있는 대로 병력을 긁어모아 가우가멜라(현 이라크 지역)에서 다리우스 3세(Darius Ⅲ, 기원전 ?~330)와 최후의 결전을 벌여 격파했고, 페르세폴리스를 점령했다.

알렉산드로스의 4대 전투라고 하면 그라니코스 강 전투, 이소스 전투, 가우가멜라 전투, 히다스페스 강 전투를 꼽을 수 있는데, 이 중에서도 규모가 가장 크고 유명한 전투가 가우가멜라 전투다. 5만 명이 채 안 되는 알렉산드로스군이 40만 명의 페르시아군과 붙어서 이긴 전설의 전투였다.

이 전투 속에 알렉산드로스의 속전속결의 비밀이 숨어 있었다. 당시 다리우스 3세는 먼저 도착해서 전투 준비를 끝내고 기다렸다. '먼저 전쟁터를 점거하고 준비하는 쪽이 유리하다'는 것은 『손자병법』에도 나오는 전술의 기본이다. '전쟁터는 장소를 선정하는 싸움'이라는 말도 있듯 먼저 전쟁터를 점유하고 준비하는 쪽이 유리하다. 장기를 예로 들어보자. 장기는 단순히 각 말의 기능별로 길을 따라 움직여 왕을 잡는 게 아니라 여러 갈래의 길로 진군할 상대의 움직임을 읽고 상대를 몰아서 이길 수밖에 없는 상황을 만들어야 한다. 이게 바로 전술이고, 전쟁이다.

다리우스는 평원을 점거하고 대군을 깔아놓았다. 전차 부대까지 알렉산드로스를 기다리고 있었지만, 문제는 알렉산드로스를 이 전장으로 유인할 만한 아이디어가 없었다는 점이다. 다리우스가 선택한 전장은 너무 완벽했다. 알렉산드로스가 가우가멜라로 오려면 두 개의 강을 건너야 했다. 이것은 무엇을 의미할까? 상대가, 홈그라운드에서 준비하고 버티고 있는 전쟁터에 들어가 절대 불리한 조건에서 싸워야 하는데, 두 개의 강이 있어 패하면 후퇴할 수도 없다는 얘기다. 게다가 페르시아군의 주력은 기병이고, 병사의 수도 그리스군에 비해 월등히 많았다. 패하면 그야말로 전멸이었다. 모든 조건이 병법에 어긋났다.

이런 불리한 전장에 제 발로 들어올 장군은 없다. 그러나 다리우스는 확신했던 것 같다. '그 야생마는 반드시 올 것이다.' 다리우스의 예측은 맞았다. 어떤 사정이나 계략이 있었는지 우리가 알 수 없지만, 알렉산드로스는 이 죽음의 전장으로 자진해서 걸어들어왔다. "인생은 짧고 세상은 넓다." 이는 알렉산드로스의 평생 신념이었다. 그리고 결국 그는 수천 년 역사에 남을 승리를 거머쥐었다. 페르시아의 홈그라운드에서 그리스 원정 선수들이 승리를 거둔 비결은 무엇이었을까?

알렉산드로스는 다리우스가 선점한 '장소 선점의 법칙'보다 더 중요한 승리의 법칙을 알고 있었다. '접전 지역에서 적의 틈을 찾아 치고 들어가는 자가 승리한다.' 잽을 100대 맞아도 KO 펀치 한 방이면 상대를 이길 수 있다. 다리우스가 잽 100대를 치는 전쟁을 기획했다면, 알렉산드로스는 모두가 불리하다고 말하는 전장에 들어가 KO 한 방으로 이기는 전투를 계획했고, 결국 해냈다.

알렉산드로스의 KO 펀치는 무엇이었을까? '적극적으로 움직여 적을 장악할 수 있는 공간으로 뛰어들어 전장의 주도권을 장악하라.' 이는, 현대전에서도 중요한 전술이다.

알렉산드로스군이 상대하는 적은 자신들의 10배가 넘는 규모였다. 그러나 이들은 적의 숫자에 겁먹지 않았다. 1천 명인 아군이 돌진하다가 오른쪽으로 순간 꺾으면 1만 명의 적군 역시 움직이게 된다. 제식 훈련을 해본 사람이라면 잘 알겠지만, 대열의 앞에서 방향을 바꾸어도 대열 뒤까지 똑같이 움직일 수는 없다. 뒷줄로 갈수록 고무줄 늘어나듯이 자연히 벌어질 수밖에 없다. 알렉산드로스는 그 틈으로 뛰어들었다. 즉, 적이 1만 명이나 움직이더라도 그 사이에 반드시 장악할 수 있는 공간이 생긴다는 사실을 알고, 그곳으로 뛰어들었던 것이다.

하지만 뛰어들라 명령한다고 1만 명의 적들 속으로 병사들이 쉽게 뛰어들겠는가? 알렉산드로스는 이를 알고, 자신이 앞장서 뛰어들었다. 알렉산드로스 하면 한 번쯤 떠올리는 그림이 아마 황금색 갑옷을 입고 선두에서 싸우는 모습일 것이다. 어떤 이들은 그 모습을 보고 이렇게 말했다. "그냥 전쟁에 미친 사람이야. 폭력에 미친 사람이야." 영화를 보면 실제로 그렇게 보이기도 한다. 성질이 고약하고 폭력성이 심해서 전장에 직접 뛰어들어 제 손으로 꼭 적장을 쳐 죽여야만 하는 인물처럼 보인다.

정말 그랬을까? 그렇지 않다. 알렉산드로스는 "저 틈으로 뛰어들자"라고 병사들에게 말해도 아무도 뛰어들지 않을 것을 뻔히 알았기 때문에 자신이 먼저 뛰어들었다. 그렇게 되면 그를 믿고 따르는 동료들이 순순히 따라왔다. 50명, 100명이 따라오기 시작하면 나머지도 따라오게 되어 있다. 이렇게 한번 승리의 맛을 보면 다음 전투 때는 처음부터 부대 전체가 따라오게 되는 것이다.

그렇게 가우가멜라에서도 알렉산드로스가 기병들을 이끌고 적진으로 뛰어들자 페르시아군이 알렉산드로스 기병을 잡기 위해 뒤에 붙었다. 그 뒤의 선택이 더 놀라웠다. 알렉산드로스는 앞뒤로 적을 놓고 다리우스를 향해 돌진했다. 세상에 이런 군대는 없었다. '뒤에서 적이 쳐도 좋다. 우리는 무조건 돌진해서 다리우스를 잡겠다.' 이들은 뒤돌아보지 않고 돌진했다.

이를 지켜보던 다른 그리스 부대는 지금이 승부를 가를 골든 타임임을 알고 알렉산드로스 뒤에 붙은 페르시아군을 뒤에서 찌르기 시작했다. 이 모습을 본 페르시아군이 또 뒤에 붙고 또 뒤에 붙었다. 이 기차놀이의 승자는 누구였을까? 당연히 그리스 군대였다. 아마도 페르시아 군대는 이런 싸움을 안 해봤기 때문에 뒤에 달라붙는 순간 겁이 나서 주춤거렸을 것이다. 그러니 알렉산드로스는 더더욱 방해받지 않고 돌진해 다리우스에게 도달했고 전투에서 승리할 수 있었다.

알렉산드로스의 전술은 절대 무모한 용기에서 나오지 않았다. 그것은 이제까지의 전쟁에서 한번도 보지 못한 전술이었다. 정적인 전술을 동적인 전술로 바꾸는 대전략이었고, 1천 명 대 1만 명의 싸움을 500명 대 1천 명의 싸움으로 바꾼 기적 같은 전술이었다. 이렇게 해서 짧은 시간에, 그 넓은 페르시아 제국이 알렉산드로스의 것이 되었다.

많은 이들이 '알렉산드로스의 전술은 너무 옛날 것이어서 현대에 적용하기 어렵지 않을까?'라는 얘기를 하곤 한다. 하지만 과거든 현대든 전쟁은 '정적인 전쟁을 하는 사람' 대 '동적인 전쟁을 하는 사람', '눈에 보이는 가능성을 향하는 자' 대 '눈에 보이지 않는 가능성을 만들어내며 도전하는 자'의 싸움이다. 그래서 알렉산드로스의 핵심 전술은 어쩌면 21세기를 사는 우리에게도 더욱 유의미한 통찰을 던지는지 모르겠다.

다중 인격인가, 마에스트로인가

그렇다면 인간 알렉산드로스는 어떤 사람이었을까? 대부분의 전쟁 영웅들이 그렇듯 그도 평소에는 조용한 성격이었다. 영화에서 묘사하듯 자주 욱하고 폭력적인 모습은 전장에서 그의 모습일 수 있다. 하지만 평소 그는 굉장히 조용하고 이지적이고 사색적인 인물이었다. 그런데 행동할 때는 매우 빠르고 과감했다. 때론 잔혹해보일 만큼 빠르고, 지나치리만큼 과감해서 그는 두 얼굴의 사나이로 불렸다.

자애로운 군주 대 가차없는 정복자. 부하들을 대하는 자세에서도 이 같은 면모가 어김없이 드러났다. 평소에 그는 부하들을 친구처럼 아끼고 사랑했다. 알렉산드로스의 주력 부대를 '컴패니언(companion) 기병대'라 불렀는데 말 그대로 '동지들, 친구들 부대'라는 뜻이다. 거기에는 신분의 귀천도 없었고, 이방인들도 들어왔다. 그 기병들은 왕의 친구가 되어 함께 싸웠다. 하지만 딱 거기까지였다. 그들이 조금이라도 반항하거나 위험한 신호를 보이면 짧은 말미도 주지 않고 부하들을 가차없이 죽였다.

하지만 과연 이것만이 그의 모습이었을까? 리처드 버튼이 연기한 고전 영화 〈알렉산드로스〉를 보면 힌트가 있다. 영화 속에서 그는 남다른 지혜를 갖고 있으면서도 평소에는 조용하고 약간은 고독한 모습을 보인다. 동료들에게는 쾌남아이고, 적들에겐 자비로운 군주. 그러다가 욱하면 이성을 잃고 격정적인 분노를 토하며 한번 술 취하거나 분노하면 페르세폴리스를 모조리 태워버리는 성격장애자처럼 보이는 행동을 한다. 그것이 모두 알렉산드로스의 모습이었다. 그렇다면 그는 분노조절장애자였을까? 아니면 다중인격? 그도 아니라면 이 모두가 연기였을까?

혹자는 그의 부모의 특이한 성격에서 원인을 찾기도 한다. 아버지인 필리포스 2세는 머리가 좋고 탁월한 사령관이었지만 자주 이성을 잃는 술주정꾼이었고 감정 기복이 심했다. 어머니 올림피아스는 그리

〈사진 2〉 마케도니아 수도였던 펠라에 있는 알렉산더 동상. ©임용한

스 서북부 에피루스 출신인데, 신비주의 종교에 빠진 광신도였다. 어딘가 비밀스럽고 속을 알 수 없는 여성이었다. 그녀가 밖으로 드러낸 유일한 성격은 놀라운 권력욕이었다. 알렉산드로스는 부모의 이 기묘한 성격을 모두 물려받았던 것 같다. 혹자는 그가 입은 수많은 부상, 그로 인한 장애나 트라우마에서 원인을 찾기도 한다.

이처럼 DNA나 신경 세포가 진실을 품고 있었을지는 몰라도 알렉산드로스의 다중적인 성격이 그의 권력을 위협하지는 않았다. 자기 과시든 숙청이든 학살이든, 그의 통치 방식이 잔혹하고 비윤리적인 방법이었다고는 해도 그는 정치적 난제나 불만을 빠르고 절묘하게 해결해 나갔다.

구성이 복잡하고 역동적인 조직일수록 리더는 다양성을 갖추어야 한다. 알렉산드로스의 비인간적인 방법을 비판할 수는 있어도, 그 원리까지 폄하해서는 안 된다. 리더는 한 가지 원리에 구속되어서도 안 되고, 자기 자신의 이미지에 갇혀서도 안 된다. 흔히들 조직 경영을 오케스트라에 비유하는데, 리더 자신이 오케스트라의 마에스트로가 되어야 하는 것이다.

사실 현대의 관점에서 도덕적으로 접근하면 어떤 학자들은 이렇게 말한다. "그가 히틀러와 뭐가 다르냐? 그가 무슨 영웅이냐. 그는 희대의 살인마다." 물론 그가 가혹한 정복자였던 것은 사실이다. 당시 사람들 역시 그 부분을 비난했고, 나 역시 이를 옹호할 생각은 없다. 하지만 알렉산드로스가 옳았던 점은 도시국가의 시대, 왕국의 시대에서 제국의 시대로 발전하는 역사의 방향성을 이해했다는 것이다. 그렇다고 알렉산더의 방법이 지금도 옳다는 뜻은 아니다. 과거 사람들의 행동을 현대인들이 하는 행동과 동일시해서 평가해서는 안 된다.

역사 속 인물을 살필 때 중요한 것은, 그의 모든 행동을 합리화하거나, 모든 것을 모방해서는 안 된다는 점이다. 그 인물의 업적이나 행동을 동일시하기보다는 '지금 여기' 현실에 적용할 교훈을 찾는 것이 중요하다. 즉, 과거의 인물에 감정적으로 다가가기보다, 이성적인 분석이 필요하다는 뜻이다. 내가 존경하는 장군이 전쟁 포로 수십만 명을 학살했다고 하자. '저 사람을 존경하니 나도 그렇게 해야지'라고 마음먹어서야 되겠는가. 저 사람은 어떤 이유 때문에 그러한 행동을 했고 또 그것이 어떤 결과를 가져왔는지 통찰하고 '내가 같은 상황에 처했을 때 어떻게 행동할 것인가?' 하는 질문을 떠올려보자. 추구하는 목표와 원리는 같더라도 시대의 가치관과 현실에 적합한 방법을 찾아내는 것이 역사 속 인물을 대하는 법이며 역사의 교훈과 마주하는 방법이다.

피루스
(에페로스)

고대 명장 ③

시대의 변화를 예측하는 것과
시대의 변화를 자기 것으로 만드는 것은 다르다.
우리는 앞으로 세상이 어떻게 될 것이니
어떤 식으로 대비해야 한다는 말을 쉽게 한다.
그리고 모두가 안다고 생각한다.
그러나 변화를 내 것으로 만들기 위한
전술을 창조하는 사람은 극히 드물다.

알렉산드로스의 갑옷을 입은 전사, **피루스**

"제2의 알렉산드로스"

"'피루스의 승리'의 주인공"

자마의 대회전■을 앞두고, 한니발(Hannibal, 기원전 247~183)이 스키피오(Publius Cornelius Scipio, 기원전 236~184)와 만남을 가진 적이 있었다. 그때 스키피오가 한니발에게 물었다. "당신이 생각하는 최고의 지휘관이 누구요?" 한니발은 세 사람을 꼽았다. 첫째는 알렉산드로스 대왕, 둘째는 자기 자신, 셋째는 피루스(Pyrros, 기원전 319~272)였다. 이 이야기를 들은 스키피오는 깔깔대고 비웃었다고 한다. 결전을 앞두고

■ 제2차 포에니 전쟁에서 카르타고의 영웅 한니발과 로마의 명장 스키피오가 카르타고 근처 자마 평원에서 벌인 대회전을 말한다.

다분히 기세 싸움이 깔려 있는 대화이니 곧이곧대로 믿을 수 없다 하더라도, 피루스가 한니발이 꼽은 역대급 명장 중의 한 명이라는 건 의미가 있다.

그런데 정작 피루스는 서양 전쟁사에서 대접을 받지 못한다. 도리어 '피루스의 승리'라는 부정적 격언의 주인공으로 더 유명하다. '피루스의 승리'는 서양에서 자주 쓰이는 격언인데, '이기긴 했지만 공만 들이고 실속은 없는 승리'를 의미한다. 하지만 피루스는 이 격언이 주는 이미지처럼 결코 형편없는 무장은 아니다. 알렉산드로스 대왕 휘하에서 종군했던 장군이 '알렉산드로스의 현신을 보는 것 같다'고 했을 정도로 당대 최고이자, 누구도 따라올 수 없는 탁월한 사령관이었다.

그렇다면 피루스가 알려진 것보다 훨씬 뛰어난 장군이었음에도 그는 왜 '피루스의 승리'의 주인공이 되었을까?

기구한 운명을 맞이하다

피루스(기원전 319~272)는 그리스 서북부, 그리스와 알바니아의 경계선상에 있는 에페로스의 왕이었다. 그는 혈연적으로 알렉산드로스와 사촌 관계였고, 그의 누이는 알렉산드로스와 록산느의 아들 알렉산드로스 4세와 결혼하기도 했다. 알렉산드로스가 60세까지만 살았더라도 피루스가 그의 밑에서 활약했을 수도 있었다.

<사진 1> 피루스의 흉상.

실제로 피루스의 롤모델이 알렉산드로스였고, 그 역시 알렉산드로스만큼 탁월한 전사였다. 그도 최일선에서 격투를 벌이며 군을 이끌었는데, 알렉산드로스의 부하였던 안티고노스는 피루스를 당대 최고의 장수라고 극찬했을 정도다.

피루스의 삶은 출생부터 기구했다. 그는 에페로스의 왕자로 태어났는데, 젖먹이 때 반란이 일어나 부모가 살해당했다. 부하들과 유모, 궁정 하인들은 아기 피루스를 안고 영화의 한 장면처럼 도망쳤다. 그들은 아슬아슬한 추격전 끝에 국경을 건너 도주에 성공해 일라리아로 망명에 성공했다. 일라리아의 왕은 난감했지만 인간적인 동정에 정치적 계산을 더해서 왕자를 보호하기로 결정했다. 일라리아 왕은 피루스가 10대 소년이 되자 군대를 파견해 에페로스를 되찾아 피루스를 왕좌에 앉혀주었다. 여기까지는 하늘이 도운 운명처럼 보인다.

하지만 당시는 알렉산드로스가 죽고 그의 부하들 사이에서 처절한 쟁패전이 벌어지던 시기였다. 결국 피루스는 17세에 반란으로 또다시 에페로스를 잃고 이 사람 저 사람 밑에서 전쟁을 치러야 했다. 그가 정말 알렉산드로스를 닮았던 것일까. 알렉산드로스의 부하 장군들은 모두 이 청년 장수를 좋아했다. 피루스의 전기를 쓴 플루타르코스(Plutarchos, 46?~120?)조차도 그 비결이 뭔지 신기해했을 정도였다. 알렉산드로스의 부하 장군들은 알렉산드로스를 신처럼 존경했는데, 피루스에게서 '전쟁의 신'의 강림을 보았던 것인지도 모른다.

나라를 잃고 용병처럼 살며 전장을 누비던 피루스는 이집트로 갔는데, 당시 이집트를 다스리던 프톨레마이오스(Ptolemaeus, 85?~165?)도 그가 마음에 들었는지 양녀 안티고네(Antigone)와 결혼시켰다. 거부였던 아내의 도움으로 처음 군대를 마련한 피루스는 결국 자신의 나라 에페로스를 되찾았고, 멘토인 알렉산드로스의 고향 마케도니아까지 넘보았다. 이때부터 기구한 정복자의 삶이 시작되었다.

그와 싸워본 사람들은 아군 적군 할 것 없이 피루스가 알렉산드로스의 재현이라고 말했다. 그런 말을 듣다 보니 피루스 자신도 알렉산드로스와 자신을 동일시하고 알렉산드로스의 뒤를 잇겠다는 야망을 품었던 것 같다. 실제로 그는 알렉산드로스가 나타나 자신에게 계시를 주는 꿈도 꾸었다고 했다.

피루스는 결국 마케도니아를 정복했지만, 금세 상실했다. 이때부터 전쟁에서는 승리하고 정치에서는 패하는 '피루스의 승리'가 본격적으로 시작되었다. 마케도니아의 상징성만큼이나 마케도니아의 상실은 그에게 커다란 좌절을 주었다. 심지어 그의 절대적 후원자인 아내 안티고네마저 일찍 사망해 이집트에서의 후원마저 끊겨버린다. 이렇게 젖먹이 때부터 지금까지의 삶만 보아도 행운과 불운이 번개처럼 수없이 그의 곁을 스쳐갔다. 진정한 풍운아의 삶이었다. 그렇게 행운과 불운이 교차하던 중에 마침내 인생 최대의 기회가 찾아왔다. 이탈리아 남부 왕국에서 그를 초빙한 것이다.

로마와의 결전

이탈리아는 알렉산드로스 대왕이 죽기 전, 마음속에 그렸던 마지막 정복지였다는 설이 있다. 알렉산드로스가 이탈리아를 침공했더라면 로마 제국의 운명은 달라졌을까? 이는 지금까지도 수많은 호사가들의 상상을 자극하는 주제다.

대왕의 영혼의 제자인 피루스는 이탈리아가 자신을 부르자 운명적인 무언가를 예감했을지도 모른다. 그는 즉시 군대를 모았고, 이탈리아 전체의 주인이 되겠다는 꿈을 꾸었다. 원정을 떠나기 전 그의 구상은 로마 제국이 걸었던 길인 이탈리아 통일, 시칠리아 정복, 포에니 전쟁과 지중해 제패의 역사까지 정확히 답습하는 것이었다.

그러나 피루스의 운명과 걸맞게 행운과 불행이 어김없이 함께 찾아왔다. 그는 타렌툼(이탈리아 남부 도시)의 전폭적인 지원을 받아 2만 명의 중장보병, 2천 명의 궁병, 500명의 투석병, 20마리의 코끼리 부대를 거느리고 이탈리아로 출발했다.

당시 이 정도 병력이면 알렉산드로스 대왕이 처음 페르시아를 건널 때보다는 적지만 그럼에도 상당한 대군이었다. 더욱이 피루스는 나도 할 수 있다는 자신감이 충만했다.

그러나 또다시 불운이 닥쳤다. 피루스의 함대가 출발하자마자 상상 이상의 폭풍이 몰아쳤다. 피루스가 탄 배는 특별히 튼튼하게 만들었음에도 난파해버렸다. 피루스는 바다에 뛰어들어서 헤엄을 치다가

이탈리아에서 피루스를 부른 이유는?

당시 이탈리아는 도시국가였던 로마가 전국을 통일하던 시대였다. 전국적으로 보면 유력 도시들이 각각의 주변 도시들을 정복해 광역의 여러 지역으로 나뉘어 있었는데, 우리나라로 비유하면 로마는 지금의 서울, 경기 지역에 위치해 있었고, 여러 도시국가들이 강원, 경북, 경남, 충청, 함경 등으로 나뉘어 있었다. 로마가 강원, 충청에 해당하는 지역을 점령하면서 남부 지방까지 내려와 있던 상황이었다.

당시 이탈리아는 지역뿐 아니라 민족적으로도 상당히 혼재되어 있었다. 북쪽에서는 갈리아인이, 남쪽에서는 그리스인과 마케도니아인이 들어오고 카르타고인까지 총 4~5개의 민족이 섞여 있었다. 이들 민족 간의 전투도 끊이지 않았다. 로마군에 반하는 세력도 많았다. 바로 이때, 그리스 식민도시들과 밀접한 관련이 있던 타렌툼이라는 도시에서 피루스를 초빙했다. 이탈리아 지도의 발뒤꿈치 쪽에 위치한 구두 모양으로 생긴 타렌툼에서 전사 피루스를 초빙해 로마군에 대적하려 했던 것이다.

기절했는데, 기적적으로 해안에 도착해 살아남았다. 결국 이탈리아에 도착한 병력은 몇천 명에 불과했다. 기병은 고작 2천 명, 코끼리는 2마리뿐이었다.

그럼에도 피루스는 정복왕의 행로를 계속했다. 마침내 로마군과 운명의 대결을 하게 되는데 로마군과 처음 만났던 곳이 헤라클레이아였다. 헤라클레이아는 이탈리아 남부 마테라 시의 외곽에 있다. 여담이지만, 필자는 2017년 이탈리아에 답사를 갔는데 피루스의 전투 현장에 가보고 싶었지만, 헤라클레이아의 위치를 찾을 수 없어서 포기하고 있었다. 그때 마테라 교외를 달리다가 우연히 한적한 벌판에 서 있는 한 쇼핑몰에 들렀는데, 그 건물의 이름이 '헤라클레이아'였다. 우리식으로 하면 부여에 갔더니 '백제슈퍼'가 있었던 거다. 당장 조사해보니 그곳이 진짜 헤라클레이아였다. 그렇게 운명적으로 피루스 답사가 시작되었고 그날의 전투지인 시리스 강이라는 곳으로 갔다. 하지만 강변 어느 곳에서 전투가 벌어졌는지는 찾을 수가 없었다. 다행히 로마시대부터 도로가 있던 곳이 지금도 도로로 사용되고 있었고, 강을 가로질러 도로가 놓여져 있었다. 강 전체의 지형이 크게 바뀌지 않아 대략 전쟁터의 지형과 비슷한 것으로 보였다.

로마군이 이 시리스 강 건너편에 진을 치고 있다는 보고를 들은 피루스는 말을 타고 강가로 달려갔다. 강 건너편에 로마군이 보였다. 그는 로마 군대의 대열과 규율, 보초들의 배치, 질서 정연한 동작과 잘 배치된 진영을 보고 놀라움을 감출 수가 없었다. 그는 옆에 있던 부하

〈사진 2〉 헤라클레이아 전투 추정 장소. ©임용한

〈사진 3〉 현재 이탈리아 시리스 강.

에게 이렇게 말했다.

> "저들이 야만인이라고 하던데 군기를 보니 그런 것 같지도 않군. 어쨌든 좀 싸워보면 저들의 힘을 알 수 있겠지."
>
> —『플루타르코스 영웅전』, 피루스 전

비등비등한 병력을 확인한 양측은 한참을 그렇게 서로 노려보며 눈치 게임을 시작했다. 대치하던 양군의 평행 구도를 깨뜨린 건 피루스였다. 피루스 군이 강을 건너자 전투가 시작되었다.

> 눈부시게 화려한 갑옷을 입고 전투에 적극적으로 가담해 적을 맹렬하게 물리치며 싸웠다.
>
> —『플루타르코스 영웅전』, 피루스 전

이는 당시 피루스에 대한 기록이다. 그는 화려한 갑옷을 입고 최일선에서 싸웠던 알렉산드로스를 완벽히 흉내 냈다. 여기에서 또 하나의 중요한 기록이 발견된다.

> 이렇게 군대의 선두에 서서 맹렬하게 싸우면서도 계산을 잘못하거나 정신을 빼앗기지 않았다.
>
> —『플루타르코스 영웅전』, 피루스 전

이게 대체 무슨 뜻일까? 2만 명이 넘는 대군을 이끄는 전투에서 지휘관이 최일선에서 싸웠다니? 각기 전투가 벌어지고 있는 현장에서는 여러 변수가 있다. 따라서 지휘관은 일선에 있기보다는 물러서서 전체 전황을 조절해야 한다. 만약 한쪽이 무너지려 한다면 예비대를 투입하는 등 전체적인 조율을 해야 하니 사령관은 뒤에 빠져 있는 게 정상이다.

그런데 피루스는 알렉산드로스처럼 전위에서 격전을 치르면서도 좌익과 우익에서 벌어지는 상황을 정확히 판단하고 정확한 명령을 내렸다. '정신을 빼앗기지 않았다'는 말은 바로 이런 의미이다.

> '마치 원거리에서 지켜보고 있는 사람처럼 전투 지시를 내리며 열세에 있다고 생각되는 쪽에 도움을 주기 위해 이리저리 옮겨 다녔다.'
>
> —『플루타르코스 영웅전』, 피루스 전

이쪽에서 싸우다가 "저쪽이 위험한 것 같아요"라고 하면 저리로 자리를 옮겨가 싸우고, 다시 "저쪽이 위험합니다"고 하면 저쪽으로 옮겨 싸우는 식의 전투를 벌였다는 얘기다. 이건 정말 쉽지 않은 일이었다. 피루스는 특별한 능력을 지닌 장군이었고 알렉산드로스의 얼굴이 겹치는 장군이라 하지 않을 수 없었다.

이날 전투는 너무나도 팽팽해서 전세가 무려 일곱 번이나 역전됐다고 한다. 다시 말하면 적군에 밀릴 때마다 피루스가 달려가서 전세를 바꾸고, 또 달려가서 전세를 바꿨다는 얘기다. 심지어 로마군 결사대까지 피루스를 노렸다. 『삼국지』의 관우나 여포처럼 피루스만 노리고 달려드는 것이다. 한 명은 거의 피루스의 코앞까지 왔다가 피루스가 물리쳤지만 도저히 안 되겠다 싶어 자신의 갑옷을 벗어 친구에게 주고 자신은 보병진으로 들어갔는데 결국 그 친구는 타깃이 되어 전사하고 말았다.

이렇게 전세가 왔다 갔다 하는 사이에, 마지막 순간 코끼리 부대가 등장했다. 덩치 큰 코끼리들이 덤벼드니 로마군 기병대에 대혼란이 일기 시작한다. 군대는 대열이 무너지고 혼동에 빠지면 붕괴된다. 코끼리 부대의 맹활약으로 로마 기병이 패하게 되고 보병까지 계속 밀어붙여 결국 피루스가 승리하게 되었다.

용기보다 중요한 것은 예측이다

이날 전투는 따지고 보면 우리에게 부정적 의미로 알려진 '피루스의 승리'가 아니었다. 양측의 피해를 보면 대략 로마군 1만 3천 명 정도가 전사했거나 포로가 되었다. 피루스군의 사상자는 4천에서 7천 명이었다. 사상자가 적지는 않지만, 정면으로 맞대결을 벌인 대결에서 적군에 비해 거의 1/2에서 1/3의 희생이었으니 피루스군의 대승리가 맞다고 할 수 있다.

하지만 이제부터가 문제다. 대패에도 불구하고 로마군은 항복하지 않았다. 이때 승리 후 로마에는 공황이 일어나는데 어쨌든 로마는 절체절명의 상황이었음에도 항복을 거부한다. 그리고 다시 군대를 모아서 피루스에게 도전하게 되는데 이 전투가 아스쿨룸 전투다.

전투 기록을 보면 첫 번째 전투와 비슷한 양상으로 진행되는데, 이때도 역시 코끼리부대의 활약과 피루스의 분전으로 승리를 거두었다. 역시 피루스군의 괜찮은 승리였다. 하지만 로마는 이로써 한번 패해도 다시 보충할 수 있다는 중요한 사실을 증명해보인 셈이 됐다.

당시 로마군은 시민 징집병이었다. 로마 시민들은 한두 번 졌다고 포기하지 않고 또다시 전투에 나오는 투사적 용기가 있다는 것이 증명되었다. 반면 원정 온 피루스군은 전투에서 이겼지만 희생이 컸다. 그때 피루스는 이런 유명한 말을 했다.

> 이런 로마군을 상대로 한번만 더 승리했다간 우린 파멸할 것이다. 우리는 군사 보충이 되지 않기 때문이다.
>
> —『플루타르코스 영웅전』, 피루스 전

원래 계획대로라면 타렌툼을 비롯한 이탈리아의 그리스계 도시들이 피루스가 승리하면 지원하기로 되어 있었다. 하지만 그들의 목적은 '자기 땅 지키기'였다. 로마군에 자기들이 멸망할 것 같을 때는 지원을 약속했지만, 이제 로마군은 물러갔고 피루스군이 40퍼센트밖에

남지 않자, 생각이 바뀌었다. '로마군한테 타격을 줬으니 이제 쫓아내도 되겠다.'

'피루스의 승리'는 전투의 실패가 아닌 피루스의 판단의 실패였다. 피루스는 이상하게도 늘 이런 판단에 약했다. 그는 전투 현장의 상황을 잘 분석하고 불리한 상황에서도 끈질기게 도전하는 용기와 눈앞의 난관을 헤쳐 나가는 실력자였다. 하지만 예상치 못한 상황이 벌어졌을 때, 사람들이 어떻게 변하는지, 어떻게 행동할 것인지에 대한 해답은 번번이 놓쳤다.

사실 타렌툼의 배신의 징조는 이미 있었다. 피루스가 도착했을 때, 폭풍으로 인해 출발 인원의 1/3도 안 되는 전력으로 전투에 나섰을 때도 타렌툼은 군사를 지원하지 않았다. 애초에 외국 군대를 불렀다는 사실은, 자신들은 나가서 싸울 마음이 없었다는 뜻이다. 피루스가 '전쟁에서 이기고, 정치에서 진다'는 말은 사람들의 심리, 대중들의 이기심을 제대로 파악하지 못한다는 의미다. 그는 다소 편협한 시각으로, 한 번에 하나의 일밖에 집중하지 못했다. 숲을 보지 못하고, 나무에만 집중했던 것이다.

'내가 이렇게 하면 따라오겠지.' 많은 지휘관들이 이런 착각을 한다. 전쟁이라는 특수한 상황에 있을 때는 더욱 그렇다. 전쟁 상황에서는 사지와 생지가 분명히 나뉘다 보니 이해관계가 비교적 단순한 반면, 세상에 나오면 그렇지 않다. 사람들은 각자의 이익에 따라 나뉘면서 단합하지 못하게 된다.

피루스는 타렌툼 시민들의 비겁함을 보고 설득과 협박을 모두 해 보았지만 타렌툼 시민들은 감동을 받아 참전하기는 커녕 도시를 피해 떠나버렸다. 이런 상황에서도 그는 좌절하지 않고 꿋꿋이 싸웠다. 그 용기는 감탄스럽지만, 진정한 전쟁의 승리자가 되려면 미리 대응책을 찾았어야 했다. 그러나 그는 꼿꼿하게 자신의 길을 갔다. '언젠가는 그들이 따라오겠지'라고 안일하게 생각하면서 말이다. 이는 미래의 변화에 대비하지 못한, 가장 잘못된 방법이다.

피루스는 결국 정복자가 아니라 한낱 용병이 되어버렸다. 이쪽 전쟁에 가서 싸우고 저쪽 전쟁에 가서 싸우며 떠돌아다니는 용병으로 살아갔다. 그는 이탈리아에서 두 번째 실패를 했고, 이후 군대도 줄고 파산 상태가 되었다. 그러자 본토에서 그를 다시 불렀다. 결국 그리스로 돌아가서 용병이 되어 싸우는데 이때 목표 도시가 바로 그 유명한 스파르타였다. 스파르타 사람들은 남녀를 불문하고 대부분 기골이 장대하고, 기운이 강했다. 피루스는 스파르타에 가서 시가전을 벌이는 중에 스파르타 여성이 2층에서 던진 기왓장에 머리를 맞고 말았다. 죽어가던 피루스가 "여인에게 맞아 죽었다는 것은 불명예니 나를 찔러라"라며 부하에게 종용했고, 결국 부하의 칼에 찔려 전사했다고 전해진다. 그는 용병으로 비참한 최후를 맞으며 삶을 마감했다.

알렉산드로스에게 있는 것, 피루스에게 없는 것

그렇다면 정말 피루스는 알렉산드로스의 분신이라 할 만큼 뛰어났을까? 필자도 시리스 강에 가보기 전까지는 적어도 군사적인 부분에서야 그럴 수 있겠다고 생각했다. 하지만 그렇지 않다는 것을 눈으로 직접 보고야 깨달았다.

시리스 강은 강폭에 비해 수량이 굉장히 적다. 피루스가 전투할 당시에는 지금보다 수량이 훨씬 많았지만, 그래도 우기가 아니면 사람이 건널 수 있을 정도로 깊지 않은, 여기저기에 여울이 있는 강이었다. 양쪽 강둑에서 바로 구릉이 이어지고 있어서 강의 양안에 담장처럼 높은 언덕이 서 있다. 언덕도 비탈이 가팔라서 60~70도의 경사로 가 강을 굽어보고 있다. 2,000년 동안 하상이 높아졌으면 높아졌지 낮아지지는 않았을 것이므로 당시에는 강물의 폭이 좀 더 넓고, 양측 강안은 더 높았을 것이다. 그 모습을 보고 단번에 깨달았다. '그래서 서로 들어오라며 미뤘구나.' 이곳은 공격하기에 불리한 지형이었던 것이다. 60~70도의 경사를 10미터 이상 올라가야 하니 어려울 수밖에 없다. 또한 이 강을 보기 전에는 왜 피루스가 기병에 있다가 말에서 내려 보병진에 들어갔는지, 보병전에서 7번이나 승패가 바뀔 정도로 밀고 당겼는지 이해할 수 있었다. 지형을 보고 나니, 피루스가 아래에서 위로 비탈을 기어올라가며 공격해야 하므로 기병전이 아닌 보병전으로 승부를 걸어야 했다는 것을 추론할 수 있었다. 그럼에도 그가 절반, 혹은 30퍼센트의 희생을 내며 승리했다는 것은 전체적으로 큰 승리를 거두었다고 할 수 있다. 이처럼 전쟁의 장군으로서 그는 아주 뛰어났다. 그만한 리더십과 돌격 정신을 발휘하는 건 쉽지 않은 일이다. 이 정도면 알렉산드로스의 분신이라는 말을 들을 자격이 있는 것이 아닐까?

하지만 알렉산드로스와 피루스의 결정적인 차이가 있었다. 알렉산드로스의 전쟁사를 보면 한번도 상대에게 먼저 들어오라며 틈을 보인 적이 없었다. 두 강을 건너서라도, 적이 파놓은 함정이라도 주저하지 않고 먼저 들어갔다. 적은 자기가 유리한 곳으로 알렉산드로스를 끌어들인다고 하지만 알렉산드로스는 그 안에서도 자신이 장점으로 만들 수 있는 부분을 발견하고, 이에 대비해서 들어갔다. 단순히 지형에 의지해서 장점을 찾는 것이 아니라 전투를 예상하고 전투 속에서 승리의 시점과 지점을 창출하는 전략가였다. 물론 알렉산드로스도 기다리거나 농성전을 한 적은 있었다. 하지만 피루스가 했듯이 '네가 먼저 와라. 내가 나중에 하겠다'는 방식은 아니었다.

그런데 피루스는 서서 공격을 기다리다가 대치가 길어져서 자신이 불리해지니 먼저 전장에 들어갔다. 로마군이야 장기전으로 가도 되지만, 피루스의 군대는 용병이기 때문에 만약 대치가 길어지면 로마군과 타렌툼 측이 협상을 맺을 수도 있는 상황이었다. 즉, 알렉산드로스와 달리 장점을 만든 게 아니라 주어진 상황에 휩쓸린 것이었다.

자신이 싸우면서도 전체 전황을 보고 좌우했다는 점에서 피루스는 알렉산드로스와 같았다. 물론 이러한 판단은 뛰어난 장군만이 할 수 있는 일이었다. 그러나 알렉산드로스는 그에 더해 적의 장점과 아군의 단점을 알고 틈을 만들어 극적인 승리를 창출해냈다. 반면 피루스는 용기와 뚝심, 분투 정신, 무용은 있었지만, 자신의 단점을 장점으로, 적의 장점을 단점으로 바꾸는 역동적인 전술이 없었다.

이후에도 피루스의 전쟁을 보면 늘 힘, 용기, 분투에 의존하는 모습을 볼 수 있다. 알렉산드로스처럼 변화 속에서 빛나는 승리를 만들어내는 전술적 혜안이 없었다. 물론 보통 기준에서 피루스가 전쟁에서의 지혜가 아예 없는 것은 아니었다. 『피루스의 비망록』이라는 책에서 그는, 일기처럼 자신의 전술, 군대 운용 방식 등을 자세히 기록했는데, 한니발도 이 책을 탐독하고 피루스를 3위의 명장으로 치켜세웠다.

피루스는 전장에서만 용감한 군인은 아니었다. 통치자로서도 매력 있는 인물이었다. 전쟁터에서는 대단한 전사였지만, 부하들에게 관대하고, 패자와 포로들에게 관용을 베풀고, 주변 사람에게는 친절했다. 이런 점도 알렉산드로스의 미담을 취한 것으로 보인다. 반대로 알렉산드로스는 격해지면 친구에게도 창을 던지고, 마음을 접을 때는 냉정하다 못해 잔혹해지는 모습도 보였는데, 피루스는 이러한 부분은 애써 자제하려고 노력했다.

그는 전장에서의 기술적 능력뿐 아니라 전략적 사고력도 가지고 있었다. 이탈리아 정복 때 그가 구상한 거시적 구상은 그 뒤의 역사를 보면 정확한 예측이었다. 하지만 시대의 변화를 예측하는 것과 시대의 변화를 자기 것으로 만드는 것은 다르다.

우리는 '앞으로 세상이 어떻게 될 것이니, 이렇게 대비해야 한다'는 말을 쉽게 한다. 그리고 모두가 세상이 변한다는 사실을 잘 알고 있으며, 이런 인식을 염두해두고 있으면, 미래에 대한 준비가 다 되었다고 생각한다. 그러나 그 변화를 내 것으로 만들기 위한 전술을 창조하는 사람은 극히 드물다. 이것이 알렉산드로스와 피루스의 결정적인 차이였다.

한니발
(카르타고)

고대 명장 ④

정복전쟁이 힘든 이유는 스스로 미지의 상황에
끊임없이 부딪혀야 하기 때문이다.
아무리 잘 훈련하고 예행 연습을 충실히 한 부대라고 해도
결국은 미지의 상황에 직면해야 한다.
한니발은 그런 미지의 상황에서
창의적인 대응으로 목표를 달성했다.

로마군을 섬멸한 전설 중의 전설, **한니발**

"전성기의 로마를 공포로 몰아넣은 최고의 명장"

"실전 감각이란 길러지는 것이다"

"그대들 중에 내가 전투에서 직접 백병전을 벌이는 모습을 보지 못한 자는 아무도 없을 것이다."

—『플루타르코스 영웅전』, 한니발

카르타고의 장군 한니발이 스페인에서 출발해 알프스를 넘어 이탈리아 북부로 진입했다. 이제부터 로마와의 진짜 전쟁이 시작되었다. 한니발의 침공을 알게 된 로마는 군을 모아 반격을 준비하고 있었다. 이탈리아 반도로 진입하기에 앞서 한니발은 군의 정신 태세를 가다듬을 필요가 있다고 느꼈다. 이제 한니발과 병사들은 세상 누구도 해본 적이 없는 진군을 시작했다.

길쭉한 이탈리아 반도는 사실상 모래 지옥이었다. 삼면은 바다로 둘러싸여 있으며, 그들을 탈출시켜줄 배는 한 대도 없었다. 진로도 퇴로도 하나뿐이었다. 그 퇴로를 알프스 산맥이 가로막고 있으며, 산속에는 방금 그들이 짓밟고 넘어온 갈리아족(골족)이 그득했다. 만약 한니발군이 패배해서 북으로 도주하려 한다면, 동료들의 죽음으로 분노에 가득찬 갈리아족이 맹렬히 그들을 습격할 것이다.

보급은 현지 조달에 의존해야 하고, 지원 병력이 온다는 보장도 없었다. 한마디로 자신의 능력으로 적군 한복판에서 살아남아야 했던 것이다. 방법은 오로지 정복뿐이다. 한니발은 말했다.

> "그들을 정복하지 못하면 우리는 죽을 수밖에 없다. 하지만 용기를 내라! 상황이 제군들이 싸울 수밖에 없게 할 것이다. 이런 상황에서 승리하면 제군은 사람이 간절히 바라는 것 이상으로, 불멸의 신들에게 받은 것 이상으로 고귀한 보상을 얻게 될 것이다."

어떤 군대도 이렇게 전쟁에 임한 적은 없었다. 이탈리아 반도로 향할 때는 강력한 해상 지원(보급선)이 있거나, 군 전력이 압도적으로 강하거나, 유목 기병들처럼 탁월한 스피드와 생존력으로 어느 곳에서도 치고 빠질 자신이 있는 군대여야 했다. 하지만 한니발의 군대는 세 경우에 다 포함되지 않았다. 게다가 당시 로마군은 지상전에서는 당할 자가 없는 최강자였다.

한니발이 이제부터 선보이려는 전쟁은 '프로들의 전쟁'이었다. 한니발 이전에 군대란, 가족과 고국을 지킨다는 숭고한 사명감으로 전투에 임하는 시민 징집병과 돈을 위해 혹은 강요에 의해 싸움터에 뛰어드는 용병, 두 가지 부류뿐이었다.

카르타고, 돈으로 전쟁에 맞서다

로마가 강철 빛의 섬광을 발휘하기 전, 지중해 세계에서 황금빛으로 빛나던 나라는 카르타고였다. 오늘날 튀니지 일대 북아프리카 해안에 터전을 닦은 카르타고는 세계 최초의 해상 무역 국가였던 페니키아인들이 세운 나라다.

로마가 이탈리아 반도를 제패하고 제국으로 뻗어나가려고 하자 해상제국 카르타고와 빈번히 분쟁이 났다. 카르타고의 체제는 좀 독특해서 해상제국이라기보다 무역으로 연결된 도시국가의 연합체, 상인들이 지배하는 상인 연합이라고 볼 수 있다.

상인 국가로 성장한 카르타고는 황금을 얻는 수단과 황금을 관리하는 제도에 관한 한 로마를 앞섰다. 이들은 현대인이 들어도 깜짝 놀랄 만한 회계와 재정, 금융 제도의 창시자였다. 이 시기 튀니지에 세

〈사진 1〉 카르타고의 유적.

워진 카르타고시와 로마의 도시 풍경을 비교하면 오늘날의 두바이와 1970년대 서울을 비교하는 것과 비슷하다.

그런 카르타고에 단 하나 부족한 것이 투지와 군인 정신이었다. 카르타고는 부를 통해 이룰 수 있는 모든 것과 부유하기에 부족할 수 있는 모든 것을 동시에 가졌다. 카르타고군은 절대 약하지 않았지만, 강한 적을 만나 지속적으로 싸울 수 있는 투지는 없었다.

카르타고 시민군은 기본적으로 '상인'의 관점을 지녔다. 이 관점에서 전쟁에서 승리하면 큰 이익을 가져다주지만, 패배는 엄청난 손실이었다. 그래서 이들은 용병으로 징집병을 대신하고, 약한 적에게는 가혹하고, 강한 적은 돈으로 해결하려 했다. 하지만 로마를 돈으로 매수할 수 있다는 것은 카르타고의 큰 착각이었다. 로마 입장에서는 황금알을 낳는 오리가 낳은 알의 절반을 주겠다고 한들 만족할 리 없었다. 손을 뻗어 그 오리를 낚아채면 그만이기 때문이다.

로마의 최초 목표는 지중해 무역의 거점인 사르디니아 섬과 시칠리아였다. 이를 노리고 벌어진 전쟁이 1차 포에니 전쟁이다. 이때 시칠리아에서 카르타고의 군사 영웅이 등장했다. 한니발의 아버지인 하밀카르(Hamilcar Barca, 기원전 270~228)다. 하밀카르는 엄정한 군기와 단결력으로 불리한 상황에서도 굴하지 않고 로마군의 약점을 공략했다. 카르타고군의 이런 모습은 처음이었다. 로마군은 물론, 아군인 카르타고도 놀랐다.

하지만 카르타고에서는 로마군을 격퇴할 수도 있다는 가능성보다 하밀카르가 사병화한 군단을 거느리고 정권을 장악할 수 있다는 위험성을 더 경계했다. 카르타고군이 그에게 군사령관 지위는 주었지만, 군대와 자금은 지원하지 않은 이유다.

이에 분노한 하밀카르는 자신의 군대를 거느리고 스페인으로 떠났다. 그곳에서 원주민의 땅을 정복하고, 도시를 건설하고, 자신만의 방식으로 군대를 양성했다. 이전까지 카르타고 시민군은 힘든 군 생활을 기피했다. 약한 적만 선호하고, 힘든 일은 용병에게 떠맡겼다. 하지만 이 점에서는 용병도 똑같았다. 약한 적에게는 강하고, 강한 적에게 비굴하며, 불리한 전쟁을 지속하지 않았다.

하밀카르와 한니발은 이런 허위적인 구분을 버리고 직업군인 즉, 프로페셔널한 전사라는 새로운 개념을 만들었다. 시민군이 가족을 위해 싸울 때 '숭고하다'는 것은 가족이 사는 도시 방어전에 나설 때뿐이었다. 그들도 옆 도시에 침입해 들어가면 약탈과 가혹 행위를 일삼았다. 승리와 약탈에 맛을 들이면 지휘관에게 달려들어 새로운 먹이를 달라고 요구하기도 했다.

용병들은 왜 숭고한 사명감을 위해 싸우지 않았을까? 물론 도시나 마을에 주둔하면서 주민들과 정이 들면 그들을 위해 자신을 희생하는 용병도 있었다. 그렇다면 숭고한 가치를 위해 싸우는 사람은 보수를 거부해야만 숭고한 것일까? 어느 전사가 보수를 흥정하고 도시 방어전에 참가했다고 하면, 그의 마음속에는 여리고 불쌍한 주민을 죽음과 모욕에서 구했다는 자부심이 전혀 없었다고 할 수 있을까? 인간의 심리는 복합적이다. 프리드리히 대제는 이렇게 말했다.

> 시민군도 규율이 없으면 금방 약탈자가 된다.
>
> — 프리드리히, 『반마키아벨리론』

그는 시민군과 용병이라는 구분 대신 규율이 있는 군대와 없는 군대, 지휘관이 통제할 수 있는 군대와 그렇지 못한 군대로 나누었다. 즉 상황과 사람에 따라 전사나 용감한 자가 될지, 비겁한 자가 될지 달라진다는 것이다.

하밀카르는 용병들에게 군기, 군인 정신, 전사의 명예와 자존심을 부여하고, 팀으로 구성해 이들을 진짜 군인으로 만들었다. 하밀카르나 한니발은 알렉산드로스 최강의 군단인 은방패 부대에서 영감을 얻어, 알렉산드로스 전역을 열심히 연구했다. 그들도 처음에는 양치기들 중에서 선발한 징집병이었다. 훈련을 통해 이들은 최강의 정예병이 되었고, 40년 이상 군에 복무하면서 직업 전사가 되었다. 그들이 단지 봉급을 받고 약탈물을 얻어 부유한 시민이 되었다고 해서 용병화한 것은 아니었다. 알렉산드로스가 50대가 된 그들에게 넉넉한 퇴직금을 주고 고향으로 돌아가 부와 명예를 가지고 안락한 생활을 영위하라고 했을 때, 그들은 이를 거부했다. 그리고 70대가 될 때까지 군에 남아서 고달픈 행군을 견디며 전투에 참전했다. 더 중요한 사실은 그들이 마지막 전투에서도 여유 있게 승리했다는 것이다.

전쟁은 실전이다

하밀카르의 장남이었던 한니발은 바로 이 새로운 군대에서 성장했다. 그는 소년 시절부터 병사들이 해야 하는 모든 행동—텐트 치기, 군장 꾸리기, 말 돌보기, 야전취식 등—에 익숙했으며, 그 모든 것을 누구보다도 잘했다. 그렇게 사병에서 소대장, 중대장, 모든 보직을 거치며 성장했고, 적과 싸울 때는 맨 앞에서 돌진하고, 물러설 때는 가장 늦게 나왔다. 소년 사병에서 장군까지 최일선에서 병사들과 함께 싸우고 호흡하며 한니발이 얻은 것은 무엇이었을까? 한니발이 성취한 독보적인 능력은 바로 실전 감각이었다.

지휘관은 낯선 환경에서 처음 겪는 조합으로 전투를 벌인다. 작전을 세우고, 아군의 역량과 적군의 역량을 계측하고, 결과를 예상해야 한다. 의외로 이것을 하지 못하는 지휘관이 많다. 그런 지휘관들은 병력, 대포의 수, 지난 승리의 경험에 의존해 작전을 세운다. 자신이 계측하지 못하니 당연히 병사들에게 확신을 주지 못한다. 확신을 주지 못하니 맹목적으로 복종을 강요한다. 그래도 적의 역량이 따라주지 못하면 승리하는 경우는 있다. 이런 승리를 얻으면 실전 감각을 높이는 것이 아니라 강압적인 수단의 효과에 만족한다.

좋은 칼은 잘 정제된 순수한 철만 녹인다고 해서 탄생하지 않는다. 좋은 것을 모조리 집어넣는다고 되는 일도 아니다. 칼의 용도에 맞는 적절한 배합과 단련 과정이 명검을 만든다.

실전 감각의 경계

남북전쟁의 승패를 가른 게티즈버그 전투, 전쟁 3일째이자 마지막 날, 남군 사령관 리 장군(Robert Edward Lee, 1807~1870)은 피켓 사단에게 북군 방어의 중심인 중앙을 향해 정면 공격을 명령했다. 그러나 그동안 리에게 충실했던 네덜란드 계열의 롱스트리트(James Longstreet, 1821~1904) 장군은 이 계획에 강력하게 반대했다. "저는 사병부터 장군까지 모든 계급을 역임했습니다. 병사들이 할 수 있는 것과 할 수 없는 것을 너무 잘 압니다. 그들에게 요구할 수 있는 것과 요구할 수 없는 것이 있습니다." 롱스트리트의 판단에 피켓 사단의 진격은 할 수 없는 범주에 해당했다. 리의 판단은 반대였다.

누가 옳았을까? 피켓 사단의 공격은 결국 실패로 끝났다. 롱스트리트의 판단이 옳았다고 할 수 있지만 나는 두 사람의 판단에 승부를 내고 싶지 않다. 두 발자국만 더 갔어도, 연대장의 주변에 있던 병사들이 한 번만 더 함성을 지르며 내달렸어도 남군은 승리했을 것이다. 이런 극적인 차이는 인간의 지력이 아니라 운명의 영역이다.

어쨌든 결과는 롱스트리트의 판단대로였다. 리와 롱스트리트의 논쟁은 실전 감각의 극한의 경계를 보여주는 사례이다.

〈그림 1〉 한니발의 정복 전쟁 진격도.

그래서 한니발군의 전투가 무서운 것이다. 그는 패턴, 병력, 지형, 관습에 의존하지 않았다. 병사들의 능력, 심리, 전투 시간, 용기의 시간까지 측정해 전투를 운영했다. 한니발의 전술은 온전히 그의 실전 감각에서 나온 것이었다.

전쟁사를 좀 아는 분들에게서 제일 많이 받은 질문이 한니발에 관한 것이다. "한니발이 왜 명장입니까?", "한니발이 왜 유명한 겁니까?", "한니발의 전술은 뭡니까?"

이에 "실전 감각입니다"라고 대답하면, 사람들은 뻔한 대답이라고 생각하며 십중팔구 실망할 것이다. 그러나 이것이 사실이다. 한니발은 인생을 모두 바쳐, 군과 병사를 이해하고, 전장을 이해하려고 노력했다. 그 데이터가 축적되면서 '병사들이 할 수 있는 것', '병사들에게 요구할 수 있는 것'의 상한치가 계속 높아졌고, 마침내는 이제껏 패배를 모르는 군단이 지키는 이탈리아 반도까지 뛰어드는 구상을 한 것이다.

실전 감각, 시험대에 오르다

기원전 218년 남하를 시작한 한니발 군단이 포강 유역으로 진출하자 로마 군단이 포강을 방어선으로 그들을 저지하려고 나섰다. 포강은 밀라노 남쪽의 서쪽 항구인 제노아와 동쪽의 항구 도시 베네치아를 잇는 선상에 있다. 이탈리아 반도가 시작되는 부분이다.

한니발과 최초의 전투를 벌인 지휘관은 집정관 스키피오■였다. 스키피오는 한니발과의 첫 교전에서 패하고 부상까지 당했다. 여기에는 한니발을 따라온 누미디아■■ 기병의 활약이 결정적이었다. 로마군은 전통적으로 보병이 강하고 기병이 약했는데, 한니발이 이 약점을 제대로 찔렀다. 스키피오는 한니발의 실력을 제대로 보았고, 기병이 약한 로마군이 평지 전투에서는 불리하다고 생각해 포강을 건너 후퇴해 산과 숲으로 보호받는 유리한 방어 지점을 택했다. 시칠리아에서 작전 중인 다른 한 명의 집정관 셈프로니우스(Tiberius Sempronius Longus, 기원전 260~210)의 군단이 도착할 때까지 버틸 셈이었다.

스키피오의 방어 전략은 한니발을 곤혹스럽게 했다. 한니발은 이탈리아 내지에 정착한 갈리아인들이 자신들을 해방자로 맞이하고 지원할 것이라고 기대했다. 하지만 정작 한니발 군단이 출현하자 그들은 어느 쪽에도 가담하지 않고 관망했다. 시작부터 뒤틀린 셈이었다. 뒤틀린 정도가 아니라 땅이 꺼진 수준이었다. 후방 보급이 없는 한니발은 시간을 끌면 궤멸할 것이 자명했다. 그렇다고 무리하게 스키피오를 공격할 수도 없었다. 한 번의 승리를 위해 병력을 희생할 수는 없었다.

■ 훗날 자마 전투에서 한니발을 격파한 스키피오의 아버지, 아들과 구분하기 위해 대 스키피오라고 부른다.

■■ 기원전 3세기부터 북아프리카에 존재하던 왕국으로, 현재의 알제리 지역이다.

이게 다가 아니었다. 알프스를 넘을 때의 희생이 예상보다 너무 컸다. 한니발의 병력에 대해서는 이설이 있지만, 통설적인 견해는 기원전 218년, 그가 스페인에서 출발할 때 보병 9만 명, 기병 1만 2천 명, 코끼리 37마리가 있었다고 전해진다. 하지만 이탈리아에 도착했을 때 병력은 1/4로 줄어 있었다. 보병 2만 명(아프리카 보병 1만 2천, 스페인 보병 8천), 기병 6천 명뿐이었다. 코끼리는 첫 전투 후에 한 마리만 남았다(이 숫자에는 이동 중에 징집한 갈리아 병력은 포함되지 않아 전체 병력에 대해서는 논란이 있다).

만약 한니발이 더 강성한 모습으로 등장했더라면 갈리아인들이 더 빠르게 결집했을지도 모른다. 하지만 지치고 초라한 모습의 한니발 군대는 신뢰를 주기 어려웠다. 당장 군량이 부족해진 한니발은 갈리아인들에게 약속 위반을 질책하며 그들의 마을을 공격해 약탈했다. 그러자 갈리아인들은 로마 군영으로 가 로마군에 입대했다. 한니발로서는 진퇴양난이었다.

곤란한 대치가 지속되는 중에 로마 셈프로니우스의 군단이 전장에 도착했다. 셈프로니우스의 눈에는 스키피오의 버티기 전략이 한심해 보였다. 선거철이 다가오고 있었는데, 로마의 두 집정관과 야전군 전체가 한니발 군대 앞에서 오소리처럼 웅크리고 있었던 것이다.

지금까지 로마군은 패전을 모르며 승승장구해왔다. 로마가 시민 징집병으로 이런 놀라운 승리를 거둘 수 있었던 이유는 로마 시민의 열렬한 지지와 자랑스러운 군대에 대한 신뢰, 자신감 덕분이었다. 시민은 군대를 신뢰하고, 군의 지도자가 정치에 진출해 원로원 의원, 집정관, 호민관 같은 사회 지도층이 되었다. 그것이 로마가 군대를 사랑하고 공존할 수 있는 원동력이었다.

셈프로니우스는 끙끙거리며 앓아 누워 있는 스키피오의 한심한 모습이 자신과 로마의 모든 걸 망칠 수 있다고 생각했을 것이다. 그렇지만 셈프로니우스도 선불리 나서지는 못했다. 이때 우연한 교전이 벌어졌다. 갈리아인들이 자신들의 부락을 약탈하는 한니발군에 환멸을 느끼고 로마군에게 보호를 청했다. 셈프로니우스는 갈리아 지역에 약간의 기병대와 창병 1천 명을 파견했다.

마침 로마군이 도착한 곳에 마을을 약탈하던 누미디아 왕국의 기병대가 있었다. 약탈 부대의 특징은 싸울 준비가 되어 있지 않다는 것이다. 또한 누미디아군 같은 경기병대는 확실한 승기를 잡을 수 있는 순간이 아니면 무리하게 달려들지 않았다. 그들은 즉시 패퇴했고 로마군은 그들을 추격했다. 누미디아군이 쫓기자 카르타고군이 지원을 했지만 사기가 오른 로마군은 잘 싸웠고 전투는 로마군의 판정승으로 끝났다. 이 전투는 아무리 베테랑 전사들이라도 준비 없이 전투에 말려들면 패배한다는 교훈을 남겼다.

하지만 한니발은 셈프로니우스가 오만하고 성급한 지휘관이라는 사실을 간파했다. 로마군이 공격적으로 나오자 한니발의 실전 감각이 작동하기 시작했다. 맞대결을 펼쳐도 카르타고군은 자신이 있었지만, 그는 최대한 인상적이고 감동적인, 그러면서도 희생이 적은 승리를 거두어야 했다. 그가 위대한 승리를 거둘수록 로마군의 공포심은 상승하고, 다음 전투에서 더 쉽게 당황해 실수를 저지를 확률이 높았기 때문이었다. 반대로 이탈리아 전국에 내재한 반로마 세력들, 이주민 갈리아인, 로마의 이탈리아 통일 과정에서 굴복했던 여러 지역과 도시들, 특히 남부에 그리스인이 세운 식민도시의 후예들에게는 로마에 대한 굴욕감을 불러일으키고 투쟁심을 되살릴 수 있었다.

한니발이 3단계 작전을 펼치다

한니발은 테이블을 들여다보며 『삼국지』에나 등장할 듯한 교묘한 작전을 구상하기 시작했다. 그의 작전은 유인, 매복, 섬멸의 3단계로 구성되었다. 한니발은 그간의 로마군의 전투 경험을 통해 로마군의 작은 행동까지 분석했고, 그들이 어떤 상황에서 어떻게 반응할지 예상했다.

이 작전에서 핵심은 로마군의 전투 한계선이었다. 어느 정도의 압박과 상황에서 로마군이 전의를 상실하고 붕괴할까? 로마군은 조직이 탄탄하고, 잘 훈련된 군대였다. 특히 밀집대형으로 싸우는 중장보병단은 압력이 가해지면 더 단단히 뭉칠 수 있는 가능성이 높아보였다. 승리를 거둔다고 해도 그들을 해체하려면 불필요한 희생을 초래할 수 있었다.

그렇다면 답은 매복이었다. 아무리 훌륭한 부대도 예상치 못한 기습과 매복에 당하면 공황에 빠진다. 하지만 매복이 쉽지는 않다. 매복 지점을 구하는 것이 특히 어렵다. 좋은 매복 지점은 적군도 주의를 기울이고, 정찰대를 보낸다. 반면 예상치 못한 매복 지점은 매복하기 힘들고 적군에게 노출되기도 쉽다.

한니발은 말을 타고 전투를 벌일 지역을 세심하게 돌아보면서 지형을 관찰했다. 그의 눈에 개울가에 야트막하게 펼쳐져 있는 관목숲이 들어왔다. 숲은 기병을 포함한 병력을 숨기기에 적당한 장소는 아니었다. 평상시라면 쉽게 발각될 수도 있었다. 하지만 전투의 결정적 순간이 이 매복에 달려 있다고 판단한 그는 이곳을 매복지로 선택했다.

문제는 낮은 관목숲에 어떻게 들키지 않고 매복을 하느냐는 것이었다. 두 가지가 필요했다. 보통은 저런 곳에 매복이 있다고 생각하지 않겠지만, 전투를 적군의 자비에만 기대서는 안 된다. 누구 하나 관목숲에 주의를 기울이지 않도록 충분히 적의 주의를 다른 곳으로 돌려야 했다.

또 하나는 이 임무를 맡길 전사를 선발하는 것이었다. 정예 연대 중에서 적절한 연대를 파견할 수도 있었다. 하지만 한니발은 이번 임무에 그 이상의 전투 역량이 필요하다고 생각했다. 특별한 임무에는 특별한 전사가 필요하다. 특히 고민스러웠던 것은 사실상 평지 매복이라 매복이 발각되면 전원이 몰살당하거나 작전을 망칠 수도 있었다. 아흔아홉 명이 잘해도 단 한 명의 실수로 발각될 수 있는 것이 매복이다. 게다가 말까지 잠복시켜야 했다.

그는 동생 마고(Mago Barca, 기원전 241~203)를 불러 신뢰할 수 있는 기병과 보병 각 100명씩을 선발해 오게 했다. 작전의 어려움을 이해한 마고는 정성을 다해 정예 요원 100명을 선발해 한니발에게 왔다. 이들의 역량은 의심할 여지가 없었다. 그러나 매복 작전을 수행하려면 이보다 10배가 넘는 병력이 필요했다. 한니발은 그들에게 작전을 설명하고 병사 개개인에게 이 작전을 감당할 역량이 있거나, 혹은 자신들이 통제할 수 있는 병사 9명씩을 뽑아오게 했다. 병사들의 역량은 병사들이 제일 잘 안다. 이렇게 해서 한니발은 순식간에 보병 1천 명, 기병 1천 명의 특공 부대를 편성했다.

특정한 과제를 주고, 이 임무에 제일 적합한 리더를 병사들더러 선발하라고 하면 그것은 가능할지 모른다. 그러나 100명을 선발하라고 하면 정말 적합한 인물 100명이 모일까? 어렵지 않은 임무라면 베테랑 한 명이 신병 5명을 통제할 수 있겠지만, 극한의 공포와 긴장을 이겨내야 하는 임무라면 우리 부대에 그것을 감당할 전사가 과연 몇 명이나 있으며, 그들 한 명이 몇 명의 병사를 통제할 수 있을까? 이런 것을 상황에 맞게 파악하고 적정 수준의 병력 운용을 구상하는 것, 이것이 진짜 실전 능력이다.

정복 전쟁이 힘든 이유는 스스로 미지의 상황에 끊임없이 부딪혀야 하기 때문이다. 아무리 잘 훈련하고 예행 연습을 충실히 한 부대라고 해도 결국은 미지의 상황에 직면해야 한다. 한니발은 그런 미지의 상황에서 창의적인 대응으로 목표를 달성했다.

전투의 1단계는 기습과 유인이었다. 당시는 겨울이었고 눈까지 내렸다. 이탈리아 북부, 아펜티노 산맥 언저리에 있던 그곳의 겨울은 몹시 추웠다. 근처에 강과 습지까지 있어서 얼어붙은 수증기 입자가 옷속까지 파고들었다.

동이 트자마자 한니발은 누미디아 기병대를 보내 로마군에게 교전을 유도했다. 로마군이 아침 식사를 하기 전이었다. 적당히 원거리에서 초소를 향해 활을 쏘고 위협했다. 셈프로니우스는 누미디아 기병대가 출현했다는 소식을 듣자마자 자기 휘하의 기병 전원을 거느리고 출동했다. 적의 기병만 꺾는다면 보병전에서는 로마의 승리를 확신했다. 최대의 병력으로 빠르고 강하게 승리를 거두고, 보병을 지원하면 승리는 자신의 것이었다.

셈프로니우스는 보병 6천 명이 기병의 뒤를 따르게 했다. 나중에는 병력 전원이 출동했다. 로마 군단의 보병 1만 8천 명, 다른 도시의 동맹군 2만 명, 여기에 갈리아 부족인 케노마니족까지 가세했다. 로마군이 진격해오자 카르타고군은 뒤로 물러섰고, 로마군은 이참에 승부를 내려 카르타고 진영을 향해 총진격을 개시했다. 추위가 로마군의 강철 갑옷과 투구까지 습격했다. 중간에 강을 건너야 했는데, 물이 가슴까지 차올랐다. 온몸이 젖은 로마군에게 눈발이 휘날리며 온 투구와 갑옷에 달라붙었다. 이로써 로마군은 이미 탈진해버렸다.

로마군이 한파를 뚫고 전진하는 동안 카르타고군은 아침 식사를 든

든히 하고 모닥불을 쬐며 기다렸다. 방습용 기름까지 나누어주어 몸에 바르게 했다. 기병은 말에 탑승하지 않고 안장을 얹은 채 대기했다.

한니발은 로마군을 체력의 한계치까지 괴롭힐 작정이었다. 그는 양익에 기병을 세우고 코끼리 부대도 절반을 나눠 양쪽에 배치했다. 중앙에는 보병을 배치했는데, 경보병과 투창병을 전면에 두고, 정예 중장보병을 후위에 두었다.

카르타고 투창병들은 로마군 보병에게 투창 공격을 가했다. 전투가 시작되자 로마군에게 없던 기운이 되살아났다. 이것이 훈련과 경험의 힘이다. 로마 중장보병대는 동요하지 않고 방패와 투구로 투창을 밀어내며 전진했다. 양측에 로마 기병대가 있기 때문에 경보병대가 로마군의 측면을 공격할 수 없었다. 정면에서 요란만 떨 뿐이었다. 이들의 공세를 이겨내는 방법은 선부르게 그들을 몰아내려고 대형을 해체하지 않고 더욱 밀착해서 탱크처럼 밀어붙이는 것이었다. 그렇게 되면 경보병은 카르타고 중장보병대와 로마 중장보병대 사이에 끼게 되고, 전투를 포기할 수밖에 없었다.

카르타고 투창 부대의 공격은 실망스러웠지만, 그 정도는 예상한 듯했다. 그들은 로마 보병대에 환영 인사를 투척한 후 서두르지 않고 자연스럽게 양익으로 나뉘어 이미 시작된 기병전에 가세했다.

한니발이 경기병을 이렇게 운용했던 이유는 정확하지 않다. 왜 한니발은 처음부터 경보병을 기병전에 투입하지 않았을까? 로마 보병의 체력 소모가 유일한 목적이기 때문이었을까? 칸나이 전투나 자마 전투와 달리 이 전투가 벌어진 장소를 정확히 모르기 때문에 전투의 정확한 재연과 의도 파악이 어렵다. 다만 한니발의 능력과 과거 전쟁에 대한 전사적 연구 습성을 감안할 때, 시간차 공격의 효과를 노린 것이라고 추론할 수 있다.

전투에서 전장의 지형은 중요하다. 지휘관은 지형을 충분히 파악하고 전투에 대비해야 한다. 하지만 많은 지휘관들, 특히 전투 경험이 적은 지휘관일수록 지형을 정적으로 파악하는 경향이 있다. 그러나 전투는 동적이고, 인간의 두뇌는 끊임없이 학습하며 대응한다. 유능한 지휘관은 전장의 지형에 시간을 대입하고, 시간과 대형의 움직임에 맞춰 유리한 지역을 창출해낸다.

한니발은 시간차 공격을 통해 경보병이 중장보병대에게 측면이나 후위 공격을 허용하지 않고, 안전하게 기병대를 공격할 수 있는 위치에서 전투를 벌이기 원했던 것은 아닐까? 한니발에게 또 하나 중요했던 것은 양익과 중앙의 전선을 들쑥날쑥하게 함으로써 로마 지휘관들의 전체적인 전황 파악을 어렵게 하는 것이었다. 무엇보다 중요한 목적은 로마군이 자신들의 눈앞에서 지나쳐 등을 드러내기를 초조하게 기다리는 마고의 2천 결사대를 눈치채지 못하게 하는 것이었다.

전투 전날 한니발은 결사대원들에게 "로마군이 너희들을 발견할 만한 책략이 없다는 사실을 목격할 것"이라고 말했다. 이 말은 원래대로라면 발견할 가능성이 매우 높지만 내가 그렇게 하지 못하게 하겠다는 의미다. 이런 위험한 매복이었기에 한니발이 신중하게 병사를 선발했던 것이고, 여기에 전투의 승패가 달려 있었다.

2단계는 매복 공격이었다. 로마군 기병대는 보병전에 투입했던 카르타고 경보병대가 갑자기 튀어나와 측면을 공격하는 통에 큰 혼란에 빠졌다. 애초에 기병 전력은 카르타고군의 2배였고, 얼마 되지 않지만 코끼리까지 튀어나와 기병을 몰아붙였다.

로마 기병이 패퇴하자 카르타고 기병과 코끼리, 경보병이 로마군의 측면을 향해 달려들었다. 바로 그 순간, 매복해 있던 마고의 2천 군사가 로마군 뒤에서 튀어나왔다. 그들은 다른 카르타고 병사와 달리 먹지도 못하고, 모닥불도 피우지 못한 채, 밤새도록 눈을 뒤집어쓰며 관목숲에 엎드려 매복했었다. 아마도 그들이 타고 있는 말 중 상당수가 움직이지 못했을 것이다.

이렇게 3면에서 동시에 카르타고군의 역습이 시작되었다. 코끼리가 괴성을 지르고, 말 울음소리와 승리의 함성이 로마군을 덮었다. 여기서 놀라운 일이 벌어지는데, 그러한 공격에도 로마군 보병대가 궤멸하지 않았던 것이다. 그들은 대오를 단단히 굳히고 악착같이 저항했다. 후위에서 등장한 마고의 부대가 로마군을 학살했지만, 이런 상황에서도 로마군은 리비우스(Livius, 기원전 59/64~기원후 17, 『로마사』의 저자)의 표현을 빌리면, "완벽하지는 않아도 어느 정도는 자리를 지켰다."(『로마사』)

이것은 한니발에게 충격적인 장면이었다. 이런 상황에서 와해되지 않는 군대는 그도 처음 목격했을 것이다. 전투에서 예상치 못한 전개는 항상 실수를 유발한다. 그것이 패전하는 군대에는 유일한 구원의 빛이다.

하지만 한니발은 한니발이었다. 그는 코끼리를 몰아 보병진에 구멍을 내보려고 했다. 그런데도 보병 대형은 와해되지 않았다. 기병이 위협할 때 대형을 풀고 등을 보이는 것은 죽음의 선택이다. 창을 땅에 꽂고 강력하게 대형을 유지하는 군대에 기병은 감히 덤벼들지 못한다. 심지어 그들은 코끼리를 다루는 법까지 알고 있었다. 코끼리의 약점은 얇은 피부, 특히 항문이다. 중장보병 뒤에 있던 로마군 경보병들이 뛰쳐나와 코끼리의 항문을 찌르며 몰아냈다.

한니발은 로마군의 침착함과 분전에 감탄하면서 코끼리가 날뛰며 오히려 아군을 공격하기 전에 그들을 재빨리 전선에서 빼냈다. 그러고는 코끼리를 이동시켜 로마군에 종군하고 있던 갈리아 부대를 공격했다. 예상대로 그들은 놀라 달아났다. 굳건하던 로마군 대형의 한쪽 벽이 허물어졌다.

이제 마지막 3단계 '섬멸'만이 남았다. 1만 명 정도 남은 로마군 보병은 최후의 수단을 감행했다. 적의 중앙부로 돌진해 칼로 베듯이 중앙을 가르고 탈출하는 것이다. 등을 보이면 보병과 기병 모두에게 추격당하고 섬멸되고 말 것이다. 적 중앙으로 들어가면 최소한 기병의 협공과 섬멸은 막을 수 있다.

중앙 돌파는 전사에 가끔 등장하기는 하지만, 압도적인 전투력과 전투 경험을 지닌 최고 수준의 보병만이 성공할 수 있는 전술이다. 로마군은 이를 감행했고 절반의 성공을 거두었다. 하지만 한니발이 일부러 길을 열어주었을 가능성도 있다. 그 뒤에 또 강이 있었기 때문이다. 간신히 돌파에 성공한 뒤 강에 직면한 로마군은 완전히 좌절하고 무너졌다.

그나마 약간의 병력만이 탈출에 성공했는데, 눈이 억수로 바뀌어 주변이 보이지 않을 정도였고 카르타고군도 추위와 전투로 체력이 소진되었다. 후방에 있던 스키피오는 조용히 철수했다. 셈프로니우스는 가까스로 포위를 뚫고 탈출했다.

적진에 뿌린 씨가 퍼지다

한니발은 이탈리아에서 15년을 머물렀다. 반(反)로마파 이탈리아 남부 도시들에게 약간의 협력을 얻기는 했지만, 적진에 고립되어 15년을 버틴 장수는 한니발이 유일무이하다.

한니발이 주는 마지막 교훈은 이런 대단한 장군이 왜 로마 정복에 실패했느냐는 질문에 대한 답일 것이다. 그 대답은 '정복'과 '통치'는 다르다는 말 이외에는 없다. 전투와 실전 능력에 관한 그의 능력은 시대를 초월한 것이었고, 전문 병사들로 구성된 그의 군대에 필적할 군대는 없었다. 아무리 열심히 노력해도 로마의 시민 징집병으로는 그들을 당할 수가 없었다.

하지만 한니발에게는 한 가지 결정적 불행이 따랐다. 그가 이탈리아에서 장기간 활동했던 탓에 본국 카르타고에 그의 후계자가 등장하지 않았다는 점이다. 한니발의 모든 교훈은 불행하게도(?) 로마에 전해졌다. 스키피오 부자는 한니발을 모방해서 대전략과 전술을 구상했다. 한니발은 카르타고 본국의 지원을 거의 받지 못했지만, 로마 시민은 스키피오 부자의 대담한 계획을 승인하고 후원했다. 결국 한니발은 이탈리아에서 철군해야 했고, 북아프리카의 자마 평원에서 치명적인 패전을 당했다.

한니발이 패망한 뒤 로마는 한니발의 교훈을 충실히 계승해 로마의 시민군을 직업군단으로 전환시켰고, 그 군단이 갈리아와 소아시아를 정복하면서 로마 제국을 완성했다.

알렉산드로스의 후예들

고대 명장 ⑤

결국 리더십이란 경험과 역량이 중요한 것은 아니다.
그 역량을 얼마나 잘 이해하고 있느냐가 더 중요하다.
리더로서 단순히 경험만 많다면
그 경험을 받아 기록한 에우메네스보다도
실제 경영자로서의 능력, 리더십 능력은 더 부족할 수도 있다.
내 역량은 과연 어떠한 질을 담보하고 있는가?

제국은 계속되어야 한다, **알렉산드로스의 후예들**

"알렉산드로스와 평생을 함께한 이들의 후계 전쟁"
"누가 황금 왕좌에 앉을 것인가?"

기원전 323년 6월 11일 날씨 흐림

왕이 죽었다.

인류 역사상 최고의 풍운아, 그 누구보다도 빠른 시간에 세계의 운명을 바꾸고 요동치게 했던 인물, 앞으로 수많은 정복자들에게 빛이 되고 영감이 될 자, 죽어서도 스스로 신으로 대우받고자 했던 인물, 알렉산드로스. 이 엄청난 인물이 사망한 날, 바빌로니아 궁정의 연대기 기록관은 이렇게 단 한 줄의 기록만을 남겼다.

영웅이었든 악마였든 그의 위상에는 전혀 어울리지 않는 이 한 줄의 기록. 기록관은 왜 이렇게 썼을까? 페르시아를 멸망시키고, 페르세폴리스마저 불살라 페르시아의 역사 기록까지 재로 만들어버린 마케도니아의 악마에 대한 원한 때문일까? 아니면 그의 죽음이 가져올 거대한 파고를 떠올리니 그만 숨이 막혔던 것일까?

필자는 후자일 가능성이 높다고 생각한다. 그리스 신화에서 하늘을 떠받치고 있는 신은 아틀라스다. 그의 허리가 부러졌다면 더 이상 무슨 말이 필요할까? "아틀라스가 쓰러졌다!" 이 한마디면 족할 것이다.

그렇다. 알렉산드로스가 세운 제국, 아직 제대로 묘사할 적당한 이름도 없는 그 제국은 알렉산드로스라는 거대한 기둥 한 사람이 떠받치고 있다. '아니 영웅사관도 아니고 현대의 역사학자가 어떻게 이런 말을 할 수 있느냐'고 반문할지도 모르지만, 구조적으로 볼 때 이렇게 평가할 수밖에 없다. 그의 제국은 너무 빨리 팽창했다. 그리고 그 누구도 이런 제국을 본 적도, 설계한 적도 없었다. '기둥을 박고 벽과 문을 설치한다'는 구상은 오직 알렉산드로스의 머릿속에만 있었다.

알렉산드로스가 죽었다

그렇게 알렉산드로스는 유례없이 빠른 속도로 제국을 세웠고, 너무 갑작스럽게 사망했다. 유언도 제대로 남기지 못했으니 후계자가 있을

리 없었다.

혈연적 후계자는 왕비 록사네(Roxana, 기원전 ?~309)의 배 속에 있었다. 당연히 성별도 몰랐다. 더구나 록사네는 아프가니스탄 출신이었다. 마케도니아 공주 정도만 됐어도 그녀는 아마 덜 불안했을 것이다. 알렉산드로스의 형제는 하나뿐인 이복형 아리다이오스(Arrhidaeus, 기원전 359~317)만 살아 있었다. 그는 페르시아 궁정에서 함께 살고 있었지만, 어딘가 약간 모자란 구석이 있는 사람이라 왕으로 옹립할 수 없다는 의견이 지배적이었다.

섭정 후보로 알렉산드로스의 어머니 올림피아스(Olympias, 기원전 375~316)가 있었다. 하지만 그녀를 떠올리면 모두가 고개를 흔들며 몸서리를 쳤다. 일단 그녀는 멀리 마케도니아에 있었고, 부왕 필리포스 시절부터 과도한 정치적 욕심으로 온갖 문제를 일으켰다.

이 위태로운 상황에서 다행히 록사네가 아들을 낳았다. 이렇게 되자 알렉산드로스의 장군들 중에서 가장 큰 신임을 받던 이들이 모여 알렉산드로스의 아들이 왕이 될 때까지 보호하겠다는 서약을 했다. 하지만 과연 이 약속이 끝까지 지켜질 수 있을까? 아마 그 누구도 믿지 않았을 것이다.

〈그림 1〉 피에트로 로타리(Pietro Rotari)의 〈알렉산더와 록사네〉(1756).

<그림 2> 파도바니노(Padovanino)의 <알렉산더 4세를 안고 있는 록산나, 알렉산드로 바로타리>.

4명의 후계자와 4명의 잠룡

처음에는 4명의 장군이 후계자로 떠올랐다. 첫 번째는 페르디카스(Perdiccas, ?~321/320)였다. 그는 1천 명으로 이뤄진 알렉산드로스의 친위대 대장이었다. 알렉산드로스가 죽기 직전, 지병으로 정신이 혼미해지자 서류를 결재할 때 쓰던 반지 도장을 맡겼던 이가 페르디카스였다. 이것이 꼭 후계자라는 의미는 아니지만 이 반지를 받았다는 상징적 의미는 컸다. 그래서 페르디카스가 유력한 후계자 후보로 떠올랐다.

두 번째는 보병 장군으로 유명했던 크라테로스(Crateros, 기원전 370~321)였다. 그는 40대로 후보 4인방 중 나이가 가장 많았다. 알렉산드로스가 "나의 가장 충실한 친구"라는 말을 했을 정도로 가장 좋아했던 부하였다. 크라테로스는 알렉산드로스와 함께 멀리 인도까지 원정을 갔는데 전투를 할 때마다 알렉산드로스는 크라테로스를 신뢰했다. 비유하자면, 크라테로스는 알렉산드로스가 자신의 칼을 맡기는 사람이었다. 전투에서도 늘 중요한 지점의 방어를 맡기는 등 절대 신뢰했다고 전해진다. 그 외에도 전투의 뒤처리를 하거나, 점령 지역을 관리하게 하는 등 궂은일들까지도 맡겼고, 크라테로스도 이를 마다하지 않았다. 크라테로스는 인격적으로도 훌륭해서 병사들도 그를 좋아했다. 병사들이 뽑은 후계자 1순위가 바로 크라테로스였다.

세 번째는 프톨레마이오스(Ptolemy, 기원전 367~283)라는 기병 대장이었다. 그는 알렉산드로스가 왕이 되기 전 왕자 시절부터 친구였고 기병 대장답게 순발력이 좋고 계략도 뛰어난, 영리한 정치인이었다. 전술가, 전투 지휘관으로서 능력에 대해서는 물음표가 찍히기도 했지만, 정치가로서 그는 어떤 라이벌보다 탁월했다.

네 번째 후보자는 저돌적인 장군 레오나토스(Leonnatos, 기원전 356~322)였다. 어느 날, 알렉산드로스가 인도에서 돌아오는 길에 죽을 뻔한 적이 있었다. 인도의 한 성을 공략했는데, 병사들이 점차 의욕을 잃고 공격이 지지부진했다. 알렉산드로스는 화가 나서 선두에서 성벽에 올랐다. 이 정도면 병사들이 분발해야 하는 상황이었지만, 알렉산드로스는 그들의 움직임이나 반응이 여전히 맘에 들지 않았다. 인도 철군으로 이미 자존심에 큰 상처를 입었던 알렉산드로스는 크게 분노했다. 그는 사다리를 걷어차버리고 단신으로 성안으로 뛰어내렸다. 그 광경을 본 마케도니아 병사들은 경악했다. 병사들이 지치고 전투에 의욕을 잃었다고 해서 왕에 대한 존경과 사랑, 책임감까지 버린 건 아니었기 때문이다. "왕을 구해라!" 장수와 병사들은 미친 듯이 성문으로 달려가 부수기 시작했다. 그동안 알렉산드로스는 성안에서 인도군 수비대 전원에게 포위되어 있었다. 그야말로 늑대 떼에 둘러싸인 사자였다. 그는 혈투를 벌이다 화살에 맞아 중상을 입고 쓰러졌다. 이 절체절명의 순간에 제일 먼저 성문을 돌파한 두 전사가 달려왔다. 그 중 한 명이 레오나토스였다.

이렇게 개성이 다른 4인방이 알렉산드로스 사후에 4명의 후계 후보가 된다. 그런데 이들 말고 잠룡 4인방이 또 있었다.

첫 번째가 안티파트로스(Antipatros, 기원전 397~319)라는 장군인데 알렉산드로스를 가장 오래 따라다녔던 마케도니아군 최고의 노장이었다. 알렉산드로스가 원정을 떠날 때 마케도니아를 맡겼던 인물도 안티파트로스였다. 그만큼 오래된 충신이며 믿을 만한 사람이고, 군사력뿐 아니라 통치력도 있는 장군이었다. 안티파트로스는 나이가 굉장히 많았지만 본토였던 마케도니아의 섭정을 맡고 있었다. 즉, 지위가 아주 높은 인물이었다.

두 번째는 에우메네스(Eumenes, 기원전 362?~316)라는 장군이다. 사실 에우메네스는 장군이 아닌 서기였다. 그는 그리스의 식민도시가 세워졌던 케르소네소스 출신이었다. 케르소네소스는 현재 터키의 갈리폴리로, 과거 마라톤 전투를 지휘한 밀티아데스 가문이 이곳의 참주였다. 그의 아버지는 가난한 마부였다. 알렉산드로스의 아버지 필리포스가 이 지역을 지나가다 레슬링 대회에서 우승한 소년을 부하로 거뒀는데, 그가 바로 에우메네스였다.

에우메네스는 궁정에서 자라며 알렉산드로스와 친구가 되었다. 그의 직업은 비서관으로 주로 기록관, 서기를 맡았다. 알렉산드로스는 그를 꽤 신임했다. 그의 첫 부인 아르타바조스(Artabazos, 기원전 389~328)의 딸 바르세네(Barsinem, 기원전 363~309)의 자매를 에우메네스와 결혼시켜 동서지간이 되기까지 했다.

알렉산드로스와 에우메네스의 관계는 친밀했지만, 군인으로서 그의 능력은 미지수였다. 그는 평생 검과 방패가 아닌 펜과 양피지로 알렉산드로스를 보좌했다. 그런데 알렉산드로스가 죽기 직전 갑자기 그에게 부대를 맡긴 적이 있었다. 이때 에우메네스가 기병 중대를 거느리고 전투를 벌인 것이 유일한 전투 경력이었다. 그렇다면 왜 알렉산드로스가 서기인 그에게 기병 중대를 맡겼을까? 사실 그는 굉장히 뛰어난 전술가였다. 어떻게 보면 평생 알렉산드로스의 전술을 지켜보고 적어 내려가던 인물이라 알렉산드로스의 전술과 정책을 가장 잘 이해한 사람이었다고 할 수 있다. 알렉산드로스도 그 부분을 꿰뚫었던 것일까? 하지만 그때만 해도 에우메네스의 잠재력을 아무도 알지 못했다. 게다가 더욱이 그에게는 치명적인 단점이 있었는데, 그는 바로 마케도니아인도 정통 그리스인도 아닌 식민지 출신이었으며, 집안도 미천했다.

세 번째 잠룡은 애꾸눈 장군 안티고노스(Antigonos, 기원전 382?~301)다. 그는 굉장히 뛰어나고 유능한 장군이지만 알렉산드로스의 중요한 원정에는 소아시아까지만 참여했다. 알렉산드로스는 페르시아로 진군할 때는 안티고노스를 데려가지 않고 소아시아 후방 통치 임무를 맡겼다. 덕분에 공을 세울 기회를 잃었고, 측근 4인방에 비해 명성이 가려졌다. 알렉산드로스는 왜 이 유능한 장군을 원정에 데려가지 않았을까? 이 미스터리는 이후의 사건 전개에 큰 영향을 미쳤다.

마지막은 마케도니아 섭정을 맡던 안티파트로스의 아들 카산드로스(Kassandros, 기원전 358?~297)였다. 그도 평판이 별로 좋지 않았고, 대

왕의 후계자 경쟁 후보로서는 부족해 보였다. 게다가 알렉산드로스 독살설을 유포한 사람들은 그를 주범으로 몰기도 했다.

후계 전쟁의 서막이 오르다

4인방이 선두에 선 후계 경쟁은 치열했다. 4인방은 자신의 권력 강화를 위해 서로 동맹을 맺었다. 당시 마케도니아에 있던 안티파트로스는 레오나토스가 제일 마음에 들었는지 자기 딸과 결혼시키려 했다.

한편 알렉산드로스의 어머니 올림피아스가 이때까지 생존해 있었는데, 알렉산드로스 여동생 클레오파트라와 레오나토스를 결혼시키려고 하면서 안티파트로스의 계획에 훼방을 놓았다. 행운아 레오나토스는 두 명의 신부 후보를 놓고 득실을 따지며 마케도니아로 달려갔다.

여기에도 사연이 있는데 알렉산드로스가 죽었다고 하자 웅변가로 유명한 데모스테네스(Demosthenes, 기원전 384~322)가 아테네 시민을 선동해 반란이 일어났다. 안티파트로스가 이를 진압하러 갔다가 그리스 중부 라미아라는 도시에서 포위가 되어버렸다(알렉산드로스가 모두 데려가 마케도니아에는 병력이 없었다.) 이렇게 되자 알렉산드로스가 데려간 본토 군대가 속히 돌아와야 하는 상황이었다. 제일 먼저 달려온 이는 레오나토스였다. 그는 무려 2만 대군을 징집해 그리스 반란군을 토벌하기 위해 떠났다.

알렉산드로스와 거의 모든 전쟁을 함께한 장수와 2만 대군. 하지만 그리스는 물러서지 않고 싸우기로 했다. 레오나토스는 보병과 마케도니아 기병을 투입했는데 마케도니아 보병과 그리스 팔랑크스(밀집 장창 보병)가 대결했고, 기병은 기병끼리 대결했다. 그리스 기병은 테살리아 지방 기병이 제일 유명했지만, 전투 경험이 부족했고 레오나토스의 기병은 노련했다. 하지만 레오나토스는 급히 오느라 기병을 충분히 확보하지 못했다. 그리스 반군의 기병이 2배 정도 많았다.

이렇게 전투가 시작되었는데, 그리스 보병은 레오나토스 보병의 상대가 되지 않았다. 문제는 기병이었다. 병사 수가 2배가량 되었던 테살리아 기병이 레오나토스의 기병을 포위해버렸다. 레오나토스의 기병은 포위된 것도 모자라 보병들과 분리되었다. 레오나토스가 역전의 용사라는 점을 생각할 때, 이 점은 이해하기 어렵다. 이들은 포위되었을 뿐만 아니라 퇴로가 없는 늪지로 밀려갔다. 심지어 레오나토스가 칼에 맞고 말에 떨어져 전사하고 말았다. 아무리 수적으로 열세였다고 하지만 기동에서까지 밀리고 본대와 분리돼 늪지대로 몰려가 전사했다? 그것은 그가 무용만 높았지 전술적 지능이 모자랐고, 지휘관으로서 무능했다는 것을 말해준다. 이렇게 해서 레오나토스는 후계자 경쟁에서 이탈하고 말았다.

그렇다면 병사들이 뽑은 1순위 크라테로스는 어떻게 됐을까? 레오나토스가 죽고 나니 더더욱 크라테로스가 알렉산드로스의 후계자로 적합해 보였다. 그는 마케도니아로 와서 노장 안티파트로스와 동맹을 맺었다.

이때 에우메네스는 복잡하고 힘든 생존을 이어가고 있었다. 영리했지만 군부에 전혀 기반이 없었던 그는, 알렉산드로스 사후의 정치적 혼란을 수습하는 과정에서 정치적으로는 아둔한 4인방 사이에서 왔다 갔다 하면서 자신의 주가를 올렸다. 에우메네스는 처음에는 레오나토스에게 협력했지만, 그가 마케도니아로 가자 페르디카스에게로 달아나 그의 부하가 되었다. 다들 에우메네스를 잘 받아주었는데, 그가 영리하면서 마케도니아에 기반이 없고, 군사적 명성도 없으니 후방을 맡기거나 참모로 쓰기에는 제격이라고 생각했기 때문이었다.

한편 레오나토스가 죽은 뒤, 안티파트로스와 동맹을 맺은 크라테로스는 마케도니아에서 새로 징집한 병사를 데리고 페르디카스를 공격하기 위해 아시아로 진군했다. 페르디카스는 에우메네스와 네오프톨레모스(Neoptolemus)에게 안티파트로스를 상대하라고 말했다. 그러나 네오프톨레모스는 페르디카스를 배반하고 크라테로스에게로 달아났다.

이제 에우메네스가 단독으로 크라테로스와 대결하게 되었다. 두 사람은 알렉산드로스 평생의 서기와 장군이었다. 그러나 그들이 거느린 군대는 반대였다. 에우메네스는 역전의 마케도니아 현역병들을 거느린 반면 크라테로스의 병사는 마케도니아에서 새로 징집한 신병들이었다.

크라테로스는 생각했다. '싸우면 나만 손해인데. 어떻게 하든지 저들을 흡수해서 내가 알렉산드로스의 후계자가 되어야겠다.' 그가 작전을 짜는데 부하들이 말했다. "당신은 병사들에게 가장 인기 있는 장군입니다. 그러니까 마케도니아 병사들 앞에 가서 내가 왔노라고 하면 당신의 편을 들 것입니다." 더욱이 마케도니아군을 지휘하고 있는 에우메네스는 그리스인이었다. 마케도니아 사람들은 보수적이어서 이민족이 자신들을 지배하는 것을 용납하지 않았다.

결국 크라테로스는 자기 주력 부대는 뒤에 둔 채, 말을 타고 소수의 병력만 데리고 앞으로 치고 나갔다. 그러곤 투구도 쓰지 않은 채 저쪽 마케도니아 부대를 향해 손을 흔들어댔다. "내가 왔다." 하지만 에우메네스도 만만치 않았다. 그럴 것을 예상하고 크라테로스의 얼굴을 아는 마케도니아 출신 보병들은 뒤로 돌리고, 소아시아에서 데려온 지역 기병들을 돌격시킨 것이다. 크라테로스의 얼굴을 모르는 소아시아 기병들이 정신없이 덮치자 크라테로스는 그 자리에서 사망하고 말았다. 그렇게 4인방 중에서 용장이었지만 지능이 부족했던 레오나토스, 덕장이었지만 실전 감각이 부족했던 크라테로스가 허무하게 퇴장했다.

이제 반지의 제왕 페르디카스와 기병 대장 프톨레마이오스가 남았다. 프톨레마이오스는 머리가 좋아서, 여기에서 4인방하고 싸우다가는 그대로 소진돼 죽을 것이라고 생각했다. 일단은 확실한 군대를 흡수하자는 생각을 하고 4인방의 쟁탈전에서 쏙 빠져 이집트로 떠났다. 그는 곧 이집트 왕정을 장악하고 이집트를 독립시켜 이집트의 왕이 됐다. 이 이집트 왕조를 프톨레마이오스 왕조라고 하는데 여러분이 잘 아는 클레오파트라가 바로 이 프톨레마이오스의 후손이다. 이렇게 되자 군대가 명확하게 둘로 나뉘었는데 하나는 마케도니아 군대, 하나는 프톨레마이오스가 장악한 이집트 군대였다.

최후 후계자가 결정되다

페르디카스는 마지막 위험이라고 생각한 프톨레마이오스를 노리고 이집트로 진군했다. 페르디카스와 프톨레마이오스가 각자 자기 군대를 이끌고 진짜 전투를 벌였다. 그런데 프톨레마이오스가 데리고 있는 군대는 이집트 군인들이 주력이었고, 페르디카스가 데려온 군인들이 진짜 알렉산드로스의 주력들이었다. 프톨레마이오스가 가만히 보니 상대가 안 될 것 같았다. 그는 방어전으로 방향을 정했다.

페르디카스가 멤피스 근처의 나일강에 도착했다. 그리고 첫날, 강을 건너 요새를 공격했다. 프톨레마이오스는 자신이 불리함을 직감하고 강 건너편 요새에서 수비전을 펼쳤다. 페르디카스가 강을 건너서 요새를 공격했는데, 첫 번째 전투는 실패로 돌아갔다.

둘째 날, 페르디카스가 군대를 끌고 다른 곳으로 가서 강을 건넜다. 그의 전략은 코끼리 부대를 상류로 보내 강을 가로지르게 하는 것이었다. 코끼리가 몸으로 강물을 막으면 강 수위가 낮아지면서 도하 작전이 쉬워질 것을 노린 것이다. 하지만 정반대의 현상이 벌어졌다. 코끼리들이 가만히 있지 않고 발버둥을 치는 바람에 수위가 더 올라가 버렸다. 결국 그날 전투도 실패했다.

그런데 여기서 더 큰 문제가 터져버렸다. 페르디카스의 주력 부대는 알렉산드로스와 싸웠던 부대였다. 즉, 그들은 눈이 높았다. 그날 마케도니아의 고참병들은 이렇게 생각했던 것 같다. '알렉산드로스라면 이렇게 싸우지 않았을 텐데…….' 그들은 알렉산드로스 휘하에서 이집트 원정을 치른 기억을 잊지 않고 있었다. 당시 마케도니아군은 이집트 군대를 물살 가르듯이 격파하고 나갔었다. '저따위 군대와 싸우는데 허접한 잔머리를 쓰다가 저들 앞에서 버둥거리고, 등을 보이는 수치를 겪게 하다니…….'

그날 밤 페르디카스 부대에서 비극이 벌어졌다. 최고 정예였던 은방패 부대의 고참병들이 텐트로 가서 페르디카스를 찌른 것이었다. "너는 우리의 대장이 될 자격이 없어"라는 한마디를 남기고서 말이다.

결국, 역전의 용사들이 대왕의 후계자를 선택했다. 그가 바로 서기 출신 에우메네스였다. 허무하게 죽은 4인방 대신 잠룡들이 이집트를 제외한 영토를 나눠 다스리게 되었고, 최후에는 소아시아를 통치하던 안티고노스와 에우메네스가 결전을 벌이게 되었다. 이때는 알렉산드로스 제국 전체가 아니라 소아시아 지역의 패권을 놓고 싸운 것이기는 하지만, 어쨌든 의미 있는 최종 승부였다. 이 두 사람의 마지막 전투에서 에우메네스가 거의 승리하는 듯했지만, 하필 후방에 둔 은방

알렉산드로스 부대의 전투력

알렉산드로스 부대의 수준은 어마어마했다. 특히 알렉산드로스 부대 중 최정예 부대는 은방패 부대였다. 이 부대는 알렉산드로스의 아버지 필리포스가 창설했던 마케도니아 장창병이었다. 그야말로 마케도니아 군대의 산 역사였다. 알렉산드로스가 죽을 무렵, 그들 주력이 60대가 넘었을 때임에도 불구하고 한번도 전쟁에서 패한 적이 없을 만큼, 이들은 최강이었다.

이렇다 보니 이 늙은 병사들은, 눈이 높아도 너무 높았다. 젊은 지휘관이 조금만 모자라도 '너는 우리를 지휘할 자격이 없어'라며 죽여버렸다. 페르디카스를 죽인 이들도 이 은방패 부대 부대원들이었다. 이후 그들은 스스로 다른 지휘관을 찾아나섰다.

패 부대의 가족과 재산이 안티고노스 군대에 노획되는 바람에 은방패 부대가 에우메네스를 배신하고 살해했다.

불운하게 패망하기는 했지만, 역사가들은 알렉산드로스의 후계자 중에서 에우메네스가 가장 뛰어난 실력자였다고 말한다. 에우메네스가 그리스인만 아니었어도 제대로 된 후계자가 되었을 거라고 말이다. 결국, 알렉산드로스 제국에는 4인방 중 프톨레마이오스만 남고 나머지 영토는 에우메네스를 제외한 잠룡들이 나누어 지배하게 되면서 제국이 분열되게 되었다.

황제 가족들의 불운

그렇다면 알렉산드로스의 가족들은 어떻게 되었을까? 알렉산드로스에게 록사네 말고 부인이 더 있었는데 바로 페르시아 황제의 딸이었다. 그런데 아들이 여러 명 태어나 불행의 단초가 될 것을 우려한 장군들이 록사네에게 왕비들을 독살해버리게 했다.

그리고 록사네와 그 아들 알렉산드로스는 마케도니아로 왔다. 처음에는 알렉산드로스 4세를 후계자로 삼으려 했지만 4세가 성장하고 실권을 장악하기 전에 4인방의 권력 구도가 정리되었다. 이제 그가 필요없어진 것이다. 당시 병사들과 백성들의 알렉산드로스에 대한 존경심을 고려했을 때, 그의 아들을 죽였다고 소문이 나는 것은 곤란했다. 그래서 마케도니아의 지도자 카산드로스(Kassandros, 기원전 350?~297)는 록사네와 알렉산드로스 4세를 비밀리에 해안 지역에 솟아 있는 요새 올린토스로 보내버렸다. 그리고 비밀리에 그들을 보호하고 있던 귀족에게 '소리소문없이 죽이고 흔적을 남기지 말라'고 명령을 내렸다.

그렇게 알렉산드로스의 하나뿐인 아들은 역사 속에서 사라졌다. 그가 어떻게 죽임을 당했는지, 어디에 묻혔는지 아직 아무도 알지 못한다. 사람들은 록사네와 알렉산드로스 4세의 무덤을 지금까지도 계속 찾고 있다. 이들의 무덤으로 추정되는 묘가 발견되기는 했지만, 아직 정확히 확인된 것은 아니다. 아마도 모자를 살해하고 파묻은 이는 아무 표식도 하지 않았을 것이다. 과연 무덤이나 제대로 썼는지 의문스럽다. 이렇게 알렉산드로스의 후손과 제국은 영원히 역사 속으로 사라졌다.

4인방의 미스터리

그렇다면 대체 왜 완벽한 스펙을 지녔던 후계자 4인방이 이렇게 허무하게 스러졌을까? 그리고 어떻게 전투 경험이 일천한 에우메네스가 최고의 후계자로 평가받았을까?

알렉산드로스는 잘 싸웠고 번개처럼 이겼다. 즉, 자기 주도형 전쟁을 했다. 그러다 보니 장군들이 10년 이상 종군했다 해도 알렉산드로스의 부품 역할에 그쳤다. 크라테로스 같은 경우 알렉산드로스의 모든 전투에 다 참전했는데 이런 명령을 받았다. "여기를 꼭 지켜라. 그리고 만약 적이 몰려서 이쪽으로 오면 너는 여기를 반드시 막아내야 한다." 그는 과연 막아냈을까? 결론부터 말하면 막아낸 적이 단 한 번도 없다. 왜 그랬을까? 알렉산드로스가 워낙 잘 싸워서 번개처럼 적을 섬멸하니 크라테로스의 구역까지 살아서 오는 사람이 없었던 것이다. 십몇 년을 따라다녔지만 크라테로스가 한 일은 전쟁의 뒷정리와 소소한 전투가 전부였다.

그렇다면 진짜 알렉산드로스의 전투를 아는 사람은 누구였을까? 오히려 알렉산드로스와 수족처럼 붙어 있으면서 그날그날의 전투를 정리하고 회고담을 적은 에우메네스였다. 레오나토스와 크라테로스가 전투에서 전술적 기동에 실패한 것도 다 이 때문이었다. 이것이 프톨레마이오스를 제외한 후계자 4인방이 알렉산드로스를 따라 종군하며 세계 역사상 아무나 갖지 못한 어마어마한 경력을 지니게 됐지만, 그의 사후, 신병처럼 싸우다가 죽어갔던 진짜 이유였다.

결국, 리더십에서 꼭 경험과 스펙이 중요한 것만은 아니다. 그 스펙을 얼마나 잘 이해하고 있느냐가 중요하다. 필자뿐만 아니라 전쟁사를 연구하는 모든 이들이 "에우메네스는 정말 탁월한 전술가였다"며 가장 알렉산드로스답게 싸운다고 평가한다. 잠룡들도 마찬가지다. 어째서 에우메네스가 4인방을 제칠 수 있었고 잠룡들이 영웅으로 거듭났을까? 심지어 잠룡 안티고노스는 알렉산드로스와 전쟁에 나가지 않고 소아시아에서 후방 지원만 했다. 그런데 생각해보자. 알렉산드로스를 따라 13년을 종군했지만 자리만 지켰던 4인방에 비해 안티고노스는 소아시아를 실제로 통치했다. 세금도 걷고 군대도 훈련시키고 반란도 진압했을 것이다. 전투 경력은 1년밖에 안 되지만, 통치자로서 그의 경력의 질이 훨씬 높았다. 안티파트로스 부자도 마찬가지였다. 마케도니아를 경영하고 통치했으니 그들의 전술적 역량이 4인방에 비해 더 나을 수밖에 없었다. 결국 통치를 실제로 해본 사람과, 따라다니며 보초만 선 사람의 경쟁이었다.

이들의 사례를 통해 우리 삶을 돌아볼 필요가 있다. 우리는 내가 어떤 경험을 하고 있는지 단순한 스펙으로 판단하고 있는 건 아닐까?

'나는 대기업에서 어떤 임무를 맡으면서 10~20년을 보냈다. 나는 무언가를 잘 알고 있다.' 그런데 이 정도만으로 특정 자질을 갖추었다고 판단할 수 있을까? 아니면 단순히 경험만 많은 것일까? 단순히 경험만 많다면 그 경험을 받아 적어 기록한 에우메네스보다도 실제 경영자로서의 능력, 리더십 역량은 더 부족할 수 있다. 내 스펙의 질은 과연 어떠한지 생각해보자. 단순히 물리적 기록으로 자신을 평가하고 있지 않은지, 질적인 차원에서 제대로 평가하고 있는지 되돌아보는 것이 필요하다.

곽거병
(한나라)

고대 명장 ⑥

뛰어난 지휘관이 훌륭한 정치가,
경영자가 되는 경우도 있지만, 그렇지 못한 경우도 많다.
탁월한 경영자도 다른 기업에 가면
성공을 이어가지 못하는 경우도 많다.
이 모든 이유는 자신의 경험에서 얻은 교훈을
새로운 환경에서 창조적으로 적용하지 못하기 때문이다.

중국을 통일 제국으로,
곽거병

"흉노를 밀어낸 세계사 대사건의 주인공"
"스무 살 청년 장수가 세계사에 일으킨 파란"

티베트 고원의 북쪽, 황량한 사막과 드넓은 초원이 펼쳐진 스텝(steppe) 지대의 경계에 대규모의 기병부대가 모여 있었다. 다양한 생김새, 무기, 병력, 들쑥날쑥한 모양새로 어수선하게 모여 있었지만 그들의 사기는 드높았다.

중국인들은 이 초원의 전사들을 두려워했다. 이들은 태어나면서부터 전사로 길러졌다. 걸음마와 함께 말타기를 배우고, 가축을 몰고 사냥을 하며 집단전술과 마상 무예를 익혔다. 평생 텐트에서 야영 생활을 하며, 가축과 생명을 지키기 위해 경계를 서고, 싸웠다. 이들의 생존 과정은 곧 전사로 성장하는 과정이며, 전사가 되지 못하면 생존할 수 없는 환경이었다.

늘 서로 싸우고 반목하는 이들이었지만, 오늘만은 초원의 모든 부족이 한 마음으로 모였다. 그들의 눈은 모두 누런 먼지가 피어오르는 지평선을 응시하고 있었다. 한나라의 대군이 고비사막을 건너 다가오는 중이었다.

그들에게 두려움과 자신감이 동시에 솟아올랐다. 한나라군이 초원 전투에 상당히 적응한 건 사실이지만, 초원의 전사들을 압도할 수준은 아니었다. 이곳은 그들의 땅이었다. 누구도 이곳에서 자신들을 상대할 수 없고, 살아서 돌아갈 수도 없었다. 적은 이 땅에서, 자신들의 칼 밑에서 쓰러질 것이다. 용케 칼날을 피해 도주하는 자들은 고비사막에 쓰러져 마른 해골이 될 것이다.

총지휘를 맡은 사령관은 부대 간의 간격을 반원형으로 더 넓게 펼치라는 명령을 내렸다. 한나라군이 믿는 건 병력뿐이었다. 그들은 똘똘 뭉쳐 밀집 대형으로 다가올 것이다. 초원 기병은 넓게 퍼져 그들을 감싸고, 파상 공세로 지치게 하고, 구멍을 내어 뜯어내고 절단할 것이다.

전사들 모두가 그런 마음으로 전방을 주시하고 있는데, 갑자기 뒤쪽에서 연기가 피어올랐다. 가끔 초원에서는 연기로 구원 신호를 알리는 경우가 있다. 하지만 이번에는 구원 신호 같지 않았다. 연기는 불규칙하게 피어오르더니 하늘에서 뒤섞이기 시작했다. "틀림없이 저건 방화다. 어딘가의 마을이 습격당한 것이다." 부족들 간에는 늘 원한 관계가 있다. 누군가가 전쟁을 틈타 몰래 습격한 것일까? 아니 그랬다간 초원에서 공적이 되고 말 것이다. 그렇게 비겁하고 간 큰 행동을 할 부족이 있을 리 없었다. 그렇다면 무슨 일일까?

모두가 연기를 보고 술렁이기 시작했다. 모두가 똑같은 생각과 의문을 품고 있었다. 그때 누군가가 급보를 알려왔다. "한군 기병이 우리 후방을 쳤습니다. 우리 방어선을 우회해서 후방으로 들어와 종횡으로 날뛰고 있습니다. 모든 마을이 무방비로 당하고 있습니다."

모두가 경악했다. 측면 공격과 후방 고립의 위험을 무시하고 화살처럼 적의 후방으로 침투해 짓밟는 전법은 초원 기병들의 전매특허였다. 그들만의 기동력, 속도, 대담성, 오랜 경험으로만 가능한 전술이었다. 농부들을 끌어모은 한나라 군대가 어떻게 자신들을 상대로 그런 전술을 사용할 수 있단 말인가? 비밀은 바로 그였다. 곽거병.

24년의 짧은 생, 고작 6년의 종군, 그러나 중국 역사를 통틀어 가장 위대한 공을 세운 어린 장군. 흉노 정벌의 영웅, 한나라 무장 곽거병(霍去病, 기원전 140~117)이다.

미천한 집안 출신이지만 한무제(漢武帝, 기원전 156~87)와의 인연으로 출세해 전무후무한 공을 세웠고, 후손들은 한나라 최고 권력자 가문이 되어 전한의 정치를 좌지우지하게 한, 그야말로 개천에서 난 용. 그는 어떻게 미천한 신분으로 중원에 진출했으며 역사 중에 역사를 썼을까?

〈사진 1〉 곽거병의 상.

소년, 장군이 되다

곽거병이 등장하기 전에 이미 한무제의 흉노 정벌은 시작되었다. 1차 전쟁의 장군은 위청(衛青, 기원전 ?~106)이라는 인물이었다. 위청의 어머니는 하녀였으며, 작은누이는 한무제의 후궁이 되었다가 황후가 되었다. 위청의 큰누나가 낳은 아들이 바로 곽거병이다.

한나라는 철저한 친족주의였다. 세습, 족벌이라고 하면 꽉 막힌 유리천장이 연상되지만, 이러한 친족주의는 때때로 벼락출세의 사다리가 되기도 했다. 신분과 출신을 불문하고 황후의 오빠나 형제는 고위직으로 등용되었다. 이들에게 보장되는 자리는 수도권의 군대를 거느리는 대장군이었다.

위청의 누이가 황후가 되자 양치기 소년이었던 위청이 벼락출세해 대장군이 되었다. 영화나 드라마의 클리셰대로라면 이런 낙하산 인사가 전장에 나가면 패가망신해야 정상인데, 그는 의외로 대성공을 거두었다. 1차로 흉노를 몰아내는 데 성공한 것이다. 그런데 문제는 그가 너무 조심스러운 사람이었다는 것이다.

벼락출세를 했으니 교만해질 법도 한데 그는 그럴수록 더욱 조심히 행동했다. 심지어 부하한테 맞아도 꾹 참아 넘길 정도로, 참을성이 대단한 인물이었다. 그런데 문제는 이러한 훌륭한 성품이 전쟁에서도 계속됐다는 점이다. 이기긴 하나 조심스럽게 하는 전쟁. 쉽게 말해 통쾌한 승리를 보여주지 못했다. 위청이 한나라 군대의 기반을 닦아 끌고 왔으나 2단계로 나아가기 위한 2퍼센트가 부족했다.

바로 그때 한 소년이 등장했다. 이 소년은 위청 누나의 아들로 친족주의에 의해서 불과 열여덟 살에 '시중'이라는 정승급 지위에 올라 있었다. 이 심각한 부조리와 측근 인사 덕에 소년은 어린 나이에 출정까지 하게 된다. 역시 소설적 클리셰에 의하면 이 건방지고 교만한 소년 장수는 노장들의 충고를 무시하고 제멋대로 설치다가 전쟁에서 패하고 즉사해야 정상이다. 하지만 그 반대였다. 어린 소년은 겨우 800명의 기병을 데리고 수백 리를 진군해 적진을 휩쓸어버렸다. 그야말로 혜성 같은 신인의 등장이었다.

흉노로 흉노를 쳐라

통일제국의 역량을 흉노 정벌에 쏟아부은 한나라. 이를 위해 그들은 흉노족을 분열시키고 그 일부를 한나라군에 편입시키는 전술을 썼다. 중국 내정의 입장에서 보면 이렇지만 전쟁사로 보면 '흉노로 흉노를 친' 전술이었다. 중국 외교상 가장 중요한 정책인 이이제이(以夷制夷)도 여기에서 나왔다. 단순히 흉노족을 분열시키는 정도가 아니라 정말로 흉노족을 끌어들여서, 흉노족 군대를 무기로 흉노족을 쳤다.

그러기 위해 가장 중요했던 것이 기병 전술의 도입이다. 유목민족과 싸우려니 기병 전술을 도입할 수밖에 없었다. 그러려면 말이 중요

흉노는 어떤 민족?

곽거병의 전술을 제대로 이야기하기 위해서는 흉노에 대한 설명을 먼저 해야 할 것 같다. 문제의 흉노는 어떻게 한무제를 괴롭히게 되었을까?

흉노는 원래 중국의 화북 지방 북쪽, 스텝(steppe) 지역에 사는 유목민족을 일컫는 말이다. 흉노라는 말은 본래 '저 위에 사는 말을 타고 돌아다니는 사나운 종족들'이라는 의미로 쓰였지만, 흉노는 몽골에서 중앙아시아에 이르는 스텝 지역의 부족으로 실제로는 인종이 완전히 다르다.

〈사진 2〉 흉노족의 모습.

전한의 6대 황제였던 효경황제(孝景皇帝, 기원전 188~141)의 능인 양릉에서 상당히 많은 토용이 출토되었는데 그중에는 말 탄 여자 기병 전사도 있었다. 그녀는 틀림없이 한족 군대에 참가한 흉노족 전사였다. 그녀의 얼굴을 보면 전형적인 북방 몽골계 여성의 모습을 하고 있었다.

서쪽으로 가면 흉노는 인도유럽어족이 된다. 중국 서안에 가면 한무제릉이 있는데 거기에 흉노 정벌을 기념하는 뜻으로 만든 조각이 있다. 한나라 군마가 흉노 병사를 깔아뭉개고 있는 모습인데 이때 흉노 병사를 보면 몽골계가 아닌, 눈 크고 수염 많은 이란, 이라크인에 가까운 얼굴을 하고 있다.

진나라가 중국을 통일하고 만리장성을 쌓으니 또 북쪽에 있던 유목민족들이 쳐들어온다. 제국이 커지면 전쟁이 없어지는 게 아니라 국경선이 넓어지면서 더 많은 적과 만나는데, 진한제국도 마찬가지였다. 더구나 수도가 국경에 있는 중국이니 더더욱 그랬다. 우리는 역사적으로 수도가 항상 국경에서 멀리 떨어져 있었는 데 반해, 중국 역사를 보면 항상 국경선 코앞에 수도가 있었다. 물론 송나라의 수도 개봉처럼 중앙부에 자리 잡은 경우도 있지만, 북방에 거점을 둔 왕조는 대부분이 그랬다. 대표적인 곳이 서안과 원나라 이후의 수도였던 북경이다. 이렇다 보니 북방 민족이 쳐들어오면 순식간에 수도가 함락될 위험이 있었다. 한나라 역시 그랬다. 한무제는 국력을 총동원해 그들과의 전쟁을 선포했다.

했다. 당시 유목 기병은 중국 기병의 상대가 되지 않았다. 비유하자면, 카레이서와 일반 운전의 차이였다. 기록에 남아 있는 이야기도 있는데 어느 날, 중국군 기병 100여 명이 중요 인물을 호위하고 북방 지역에 출동한 적이 있었다. 이들은 가는 길에 흉노 기병 3명을 만났다. 겨우 3명이었으니 겁없이 100명의 기병을 출동시켰지만 20명만 간신히 살아남고 전멸해버렸다. 그 20명마저 잡겠다고 3명이 쫓아오자 한나라군 주둔지 안으로 도망쳤다는 유명한 일화가 있을 정도다. 이렇다 보니 그들을 이기려면 흉노의 언어를 받아들이는 것은 물론, 기병 전술도 수입해야 했다.

그다음은 인물이다. 대규모 전투를 하려면 인재가 필요하다. 그래서 중국군은 전국적으로 모병을 했다. 중국 역사상 최대 규모의 모병이었다. 이 거대한 모병과 함께 흉노 정벌이 시작되었다.

그렇다면 곽거병은 이렇게 모여든 전사들과 흉노로부터 수입한 기병 전술을 어떻게 꿰었을까? 이때 한나라의 작전은 침공해오는 흉노족을 격파하는 것이 아니라 흉노의 근거지로 치고 나가서 그들을 저 멀리 밀어버리는 작전이었다. 지금까지 전 세계에서 아무도 깨뜨려본 적이 없는 스텝 기병을 스텝 지역에 가서 깨뜨려야 하는 상황에 맞닥뜨린 것이다. 적의 기병을 적의 전술로, 그것도 적의 홈그라운드에서 파괴해야 하는 전술. 적진에 들어가 적의 전술로 싸울 때, 이기려면 어떻게 해야 할까? 그곳을 내 홈그라운드로 만드는 수밖에 없다. 그곳이 나의 홈그라운드가 될 수 있도록 군사적 기술과 전술 등 모든 것

〈사진 3〉 몽골 스텝 지역의 모습.

을 갖춰야 한다. 이제까지 전쟁사에서는 없던 완전히 새로운 도전이었다. 손자는 이렇게 말했다. "적으로 하여금 저곳이 유리한 곳이라고 착각하게 만들어라." 적이 유리하다고 착각하게 만드는 가장 쉬운 방법은 적의 땅에 들어가는 것이다. 그들은 이렇게 생각할 것이다. '여기는 우리 땅이니까 우리가 이길 거야.'

그런데 그 적이 우리와 똑같은 군대, 똑같은 전술을 가지고 쳐들어와서 우리보다 더 잘 싸운다면? 그렇게 되면 그것은 적의 땅에서 싸우는 게 아니라 내 땅에서 싸우는 것과 같다. 곽거병은 이걸 해냈다.

역사는 실천하는 자의 몫이다

열여덟 살에 출정한 곽거병은 800명을 끌고 흉노의 스텝 지역에 들어가 그야말로 전장을 휩쓸어버렸다. 정확하게는 2,028명을 참수하거나 생포했다고 전해진다. 처음 이 기록을 봤을 때 필자는 '어디 민간 마을에 말을 타고 들어가 민간인을 쓸어 담아온 것이 아닐까?' 하는 생각을 했다. 그런 일도 전혀 없진 않았지만, 그는 당시 꽤 큰 규모의 부족장 등 황제급 우두머리도 체포해왔다. 단순히 약탈물을 쫓아 약한 부족을 공격해 쓸어온 것이 아니라 상당히 전술적, 전략적으로 행동했다는 얘기다. 이를 본 한무제는 말했다. "저자가 내가 찾던 자다. 우리는 이제 2단계, 흉노의 본거지를 밀어버리는 작전을 수행해야 하는

데 저자가 적격이다." 한무제는 곽거병을 제후로 봉하고 군사령관으로 임명했다. 이때가 기원전 123년이었다.

그로부터 2년 후, 곽거병이 스무 살이 되었을 때, 드디어 대군을 거느리고 출동했다. 이때는 무려 1천여 리를 진격해 부족장들을 추격해 죽이고 8천 명을 참수하고 생포했다. 그리고 그해 여름 2차 출병을 했는데, 이때 그 유명한 치롄산이라는 곳에 도착했다.

> 소월지국을 지나 치롄산까지 가서 추도왕을 잡았다.
>
> 투항자가 2,500명, 생포자가 32,000명.
>
> 다섯 왕과 왕자 59명, 장군 63명을 생포했다.
>
> 아군은 30퍼센트의 손실뿐이다.
>
> — 사마천, 『사기열전』, 「곽거병전」

여기에서 중요한 지점은 투항자, 생포자가 아니라 '아군의 손실이 30퍼센트'라는 부분이다. 아군의 손실이 30퍼센트면 결코 적은 손실이 아니었다. 그런데 전과는 더 대단하다. 쉽게 말해 '내가 가진, 내가 할 수 있는 모든 전력을 다 쏟아서, 우리도 더 이상 작동 불가능할 만큼 최대한 망가질 때까지 달렸다'는 의미였다. 곽거병이 거느린 대군은 자신의 군대를 한계까지 몰아붙였다. 이 점은 곽거병의 여러 전술 중 아주 중요한 부분이었다.

도대체 어떻게 겨우 스무살짜리 장군이 이런 대단한 전과를 세울 수 있었을까? 사실 그의 부하들도 대단했다. 사마천의 『사기』에 이런 기록이 있다.

> 조파노는 속복왕을 참수하고 계저왕을 생포했다. 그 휘하의 천기장은 다섯 명의 왕과 왕자 이하 40명을 잡았다. 포로가 3,330명, 나아가 그의 선봉 부대는 1,400명을 생포했다.
>
> — 사마천, 『사기』

대부분의 동양 기록들이 그렇듯 이 기록 또한 전투 장면이 자세히 묘사되어 있지는 않다. 따라서 이 전쟁의 상황을 이해하려면 여러 가지 추론이 필요한데 먼저 '서안에서 출동해 치렌산까지 갔다'는 기록을 보자. 치렌산은 지금의 치렌산맥을 말한다. 서안을 나서면 실크로드가 시작돼 돌산이 많은 평야를 지나고 서북쪽으로 마치 담장처럼 기다란 산맥인 치렌산맥과 만난다. 이러한 지형을 토대로 곽거병의 전술과 승리의 비결을 추론해보려고 한다. 아래 기록을 보자.

> 최고의 정예병을 곽거병에게 몰아주었다. 적진 깊숙이 진격해 싸울 자는 모두 표기장군 밑에, 곽거병 밑에 소속시켰다.
>
> — 사마천, 『사기』

한무제는 적진 깊숙이 진격할 사람, 다시 말해 기갑 병과는 모두 곽거병에게 주었고 위청에게는 보병만 주었다. 물론 위청 밑에도 기병을 주었지만, 현대전에 비유하자면 곽거병에게는 진짜 기갑 군단을 준 셈이었다. 이들은 다른 장수들보다 앞서서 깊숙이 진격했다. 곽거병에게는 행운까지 따라 한 번도 곤경에 처한 적이 없었다. 다른 장수들은 곽거병 때문에 공을 세우지 못하거나 벌을 받았다. 즉 진격할 만한 병사들은 다 곽거병에게 주었기 때문에 이들이 다른 병사들에 앞서 진군했고 운이 좋아 다치지도 않고 적진으로 들어가 해치우고 나왔으니 다른 병사들은 공을 하나도 세우지 못했고 심지어 벌을 받았다.

이 문관식 진술을 지형에 비추어 추정해보면 이렇게 됐을 것이다. 상대는 전형적인 기병 유목민족들이다. 당연히 쉽게 몰아낼 수 없고 쫓아가도 우리보다 빠를 것이다. 그렇다면 어떻게 해야 적을 소탕할 수 있을까?

먼저 보병에 비유했던 위청의 느린 군대가 진격했다. 그러면 적군이 이들을 막기 위해 포진했다. 그런데 흉노군은 중국군처럼 밀집 대형으로 포진하는 게 아니라 적당히 간격을 두고 포진해서 기동전을 펼쳤다. 이때 곽거병의 부대가 우회하거나 어딘가를 뚫고 들어가 후방으로 침투했다. 흉노군은 중국군이 이런 식으로 싸울 거라는 생각 자체를 못했다.

그런데 자신들만큼 강력하고 자신들만큼 빠르고 튼튼한 말을 타고 자신들보다 더 저돌적인 군대가 후방으로 들어왔다. 그리고 흉노의 여러 마을들을 공격하기 시작했으니, 적이 당할 수밖에 없었다.

아무리 그렇다도 해도 어떻게 곽거병의 군대가 한 번에 수천 명씩 소탕할 수 있었을까? 흉노족 자체가 언어가 다른 여러 부족의 연합이기 때문에 같이 모여 살며 도시를 이루고 있는 게 아니었다. 따로따로 흩어져 있어 소탕하기가 더욱 힘들었다. 한 부족을 소탕하면 바로 정보가 새어, 다른 부족들이 텐트를 걷고 도주해버렸다.

그렇다면 한나라 군대는 어떻게 해야 할까? 한 군데를 치는 게 아니라 여기저기로 갈라져서 한꺼번에 이들을 쳐야 했다. 그래서 적진 깊숙이 들어가서 싸울 수 있는 장군들, 다시 말하면 흉노 기병과 똑같이 싸울 수 있는 장군들은 전부 곽거병 밑에 두었던 것이다.

그렇게 되니 군대가 벌어지고 또 벌어져 그야말로 광활한 유목지에 흩어지고 갈라지면서 흉노 마을들을 찾아서 한 번에 소탕하게 된 것이다. 하지만 이렇게 하다 보면 언젠가는 바닷속에 모래를 뿌린 것처럼 흩어져버리게 된다. 이건 전술이 아니다. 그러니까 흩어져서 싸우더라도 최종 목적지는 정해야 했다. 그렇다면 최종 목적지는 과연 어디였을까? 바로 담장처럼 솟아 있는 치롄산맥이었다. 흉노족 입장에서는 중국 기병이 예상외로 자기들처럼 빠르니 자신들도 치롄산 쪽으로 도주했던 것 같다. 산악지대로 가야 탈출할 수 있다고 생각했기 때문이다.

이런 식으로 토끼몰이하는 상황에서 곽거병의 군대는 치롄산을 태워버렸다. 왜였을까? 산에서 나는 소산마저 없애버려 흉노 부족을 이주시키기 위해서였다. 사실 유목 스텝에 사는 사람들이라고 평야에서만 살지 않았다. 산비탈에서 양 등의 가축을 키우며 살기도 했다. 그런데 치롄산 쪽의 산지마저 태워버리니, 쉽게 말하면 평야에서 나는 소산도, 산에서 나는 소산도 다 없어져버린 것이다. 특히 가축대가 없어져 더 이상 살 수 없고, 멀리 이주할 수밖에 없었다. 이 전술은 광활한 스텝 지대에서, 적을 우회하면서 한 곳으로 몰아가는 굉장히 노련한 기병 전술과 용기가 필요했다. 지금까지 스텝 부족들의 전매특허였던 이 전술을 한나라 기병이 해냈기에 흉노를 소탕할 수 있었다.

대체 어떻게 스텝 민족들의 원천 전술로, 초보인 곽거병이 승리할 수 있었을까? 모든 전쟁의 승부는 시간만이 관건은 아니다. 누구에게 확고한 목표와 올바른 방법, 그리고 그것을 시행할 용기가 있느냐의 문제이다. 역사는 정확히 알고 실천하는 자의 몫이다. 곽기병은 여기에서 승기를 잡았다.

흉노 정벌이 세계사에 미친 영향

이렇게 한나라가 흉노족을 밀어내자 흉노가 서쪽으로 대이동을 하게 되었다. 어떤 이는 말한다. "흉노 정벌이야말로 최초의 세계사다. 지구촌의 역사를 바꾼 대사건이다." 서쪽으로 이동한 흉노와 로마제국을 멸망시키는 훈족, 이들은 분명 관련이 있다는 의견이 지배적이다. 물론 흉노와 훈족의 사이에는 300년이라는 시차가 있어서 이때 몰아낸 흉노족이 정말 그 사람들인지, 아니면 밀리고 밀리다가 온 건지는 정확하지 않다. 하지만 이들이 아시아 계통인 투르크 계열인 것은 확실하고, 흉노가 서쪽으로 간 것이 훈족의 이동과 게르만족의 이동을 일으킨 최소한의 간접적 원인이 되었다는 것이 지금의 통설이다. 그리고 이 게르만족의 대이동을 통해서 서로마제국이 멸망하고 유럽사에 격동이 일게 되었다.

중국사의 입장에서 볼 때는 한무제가 벌였던 흉노 정벌에 대해서 굉장히 비판적인 해석이 많다. 왜냐하면, 전쟁을 치르느라 어마어마한 돈을 지출했고, 살상도 많이 했기 때문이다. 그러다 보니 좋지 않은 평가를 받았지만, 역사가 아름다운 면만으로 채워질 수는 없는 법이다. 결과적으로 중국이 통일 제국을 만들고 오늘날로 치면 유럽 대륙만한 지역이 하나의 나라로 만들어진 것은 이때의 전쟁이 없이는 불가능한 일이었다. 그리고 이 전쟁이 세계사적인 족적을 남긴 것도 사실이다.

지구에는 아메리카 대륙을 제외하고 두 대륙이 있다. 그런데 한쪽에는 쪼개진 나라로 이뤄진 유럽 대륙이, 한쪽에는 하나의 국가체제(중국)가 만들어졌다. 어떻게 보면 이 사실 자체가 세계사적 사건이다. 오늘날 중국과 한국의 국가체제, 아시아적 형태와 유럽적 형태가 달라진 것이 이 전쟁에서 비롯되었다. 꼭 흉노를 밀어내서가 아니라 흉노를 밀어낸 후 중국 대륙 안에서 벌어진 사건들 역시 세계사적 사건이라는 사실은 인정해야 한다. 전 세계에 유례없는 중앙집권적 국가체제가 성립된 것, 그리고 그것을 통해서 사상과 제도가 만들어졌다는 점에서 한무제의 흉노 정벌은 지구촌적인 대사건으로서 의미가 있다.

결정적 상황에서 칼을 뽑다

흉노족 밀어내기에 성공한 한나라 군대는 점점 자신감이 생겨 기원전 119년에는 북쪽, 지금의 몽골을 향한 도전을 시작했다. 그들은 산시성을 지나서 고비사막을 넘어서 바이칼호까지 올라갔다. 역사적으로 대단한 도전이었다. 이들은 5만 대군을 이끌고 그대로 사막을 건너 몽골족과 싸웠다. 몽골족들이 봐도 이들은 겁이 없어보였을 것이다. 고비사막은 전 세계를 통틀어 가장 물이 없는, 가혹한 사막 중 하나다. 이곳을 5만 대군을 끌고 넘어가는 것은, 어느 군대도 시도는커녕 엄두도 내지 못했던 일이었다. 대군이 몰려오자 몽골족도 부족들이 연합해 모였다. 그들의 작전은 '고비사막에 들어가 싸우지 말고 기다리자. 저들이 고비사막을 건너면 다 지쳐버릴 것이다'라는 것이었다.

그래서 몽골족은 기다렸다가 고비사막을 건너온 한나라 군대와 정면 대결을 벌였다. 위청이 이 전투를 지휘했는데 하루 종일 싸운 결과, 한나라군이 승리했다. 모방자가 원조를 이긴 일대의 사건이 벌어진 것이다. 한나라 본토 군대가 사막을 건너가 스텝 기병을 깨뜨린 전무후무한 사건이었다. 이 바람에 몽골족은 거의 전멸할 뻔했다. 그렇다면 이 시각, 곽거병은 무엇을 하고 있었을까? 그는 사막을 건너는 정도가 아니라 사막을 달려가고 있었다. 위청이 미리 건너가 기다리고 있다가 싸웠다면, 곽거병은 달려서 건너가 적이 기다리기도 전에 후방으로 들어가 쓸어버렸다. 그래서 위청보다 어머어마하게 큰 공을 세웠다. 거의 5배가 넘는 전과였다.

인생이란 참 어렵다. 위청도 굉장히 훌륭한 장군이고 큰 용기를 내 일생일대의 모험적인 전투를 했다. 그런데 저 어린 장군이 자신보다 더 모험적인 전투를 해낸 것이다. 그래서 두 장수의 이야기를 읽다 보면, 곽거병이 훌륭하다는 생각보다 위청이 인간적으로는 안됐다는 생각이 많이 든다. 위청은 속으로 '저 광기 어린 젊은 녀석은 천성적으로 과감하니 100의 전과를 올리지만, 나처럼 소심한 사람은 30의 전과를 내는 데도 어머어마한 용기가 필요했어. 그러니 내가 더 잘했어'라고 자신의 전과를 정당화할지 모른다. 하지만 역사는 냉정하다. 위청이 어떤 용기를 냈든 위청은 30, 곽거병은 100의 전과를 낸 인물로 기억된다. 사회도 마찬가지다.

우리가 어떤 인물을 벤치마킹할 때 곽거병처럼 하면 상대를 이길 수 있지만, 위청처럼 하면 설사 10배의 용기를 냈어도 돌아오는 결과는 30에 불과하다. 그렇다면 위청은 어떻게 해야 했을까? 곽거병보다 10배의 용기가 아닌 30배의 용기를 내야 했고, 그렇게 해서 곽거병과 같은 100의 결과를 만들어내야 했다. 그렇게 극한까지 자신을 끌고 올라가는 것이 혁신이고 자기 발전이다. 물론 이렇게 하는 것은 매우 어렵다. 그러나 결국 이것을 해낸 사람이 역사에 남는다. 혹자는 말한다. '남을 따라가는 사람은 절대 성공하지 못해. 네가 남의 흉내만 내기 때문에 성공하지 못하는 거야.' 그렇지 않다. 따라해서 성공하지 못한 게 아니라 '그 사람만큼' 따라하지 못해서 성공하지 못한 것이다.

인생의 승부는 사실 간단한 데 있다. 결정적인 상황에서 용기를 내고, 사태를 정확히 분석해 자기가 해야 할 만큼의 도전과 시도를 하는 사람이 결국 성공한다.

창조적 적응이 영웅을 만든다

24년이라는 너무 짧은 삶을 산 곽거병. 그의 인생이 좀 더 길었다면 어땠을까?

한무제의 능인 무릉은 서안 북쪽 함안시(처음 진시황의 수도였던 곳) 외곽에 있다. 이곳은 원래 한나라 때 일종의 왕릉급 묘역의 집단 조성지였다. 진한시대에는 능묘 옆에 궁이나 저택을 짓고, 산사람을 봉양하듯이 집을 관리하고 음식을 바쳤다. 실제로 시가를 조성해서 살기도 했다. 후대에 이 풍속은 사라졌지만, 덕분에 무릉 주변은 거대한 왕릉군으로 조성되었다. 위청과 곽거병의 묘도 무릉 옆에 있다.

무릉은 중국의 황릉 중에서도 가장 큰 규모에 속한다. 2000년대 초반만 해도 벌판과 옥수수밭 사이에 무릉이 우뚝 서 있었고, 관광객이 올라갈 수도 있었다. 그러나 언제부터인가 이곳도 신도시 구역이 되어 주변에 아파트들이 늘어서기 시작했다. 어쩌면 한나라 당시의 모습으로 환원되었다고 할 수도 있겠다.

한국인들은 무릉에 별로 가지 않지만, 중국인에게는 이곳은 굉장히 인기 있는 관광지이자 성지다. 한무제는 대단한 폭군이었지만, 중국인들은 흉노나 북방 민족과 싸워 승리한 인물을 자랑스러워하는 경향이 있기 때문이다.

아마 중국인에게 물어보면 곽거병이 장년까지 생존했더라면 북방의 흉노를 더 멀리 쫓아내 중국의 영토와 역사가 달라졌을 것이라고 기대할지도 모르겠다.

그러나 곽거병이 죽을 무렵, 이미 한나라의 군사비 지출은 한계선을 넘고 있었다. 기원전 119년의 승리 후, 병사들에게 지급한 포상금만도 50만 금, 5천억 전이었다. 곽거병이 살았다고 하더라도 전쟁은 소강상태로 접어들었을 것이다. 곽거병은 외척이었고, 대장군 감이었다. 전쟁이 그치면 군인이 정치로 들어서는 건 한나라의 외척에게는 필수 코스였다.

곽거병은 병사들과 공차기를 하는 등 스스럼없이 어울리는 화통한 리더였다. 소탈함이 과해서 자신이 얻은 수익이나 황제가 준 하사품도 병사들과 나누거나 대놓고 집으로 퍼날랐다. 이런 모습이 전시에는 용납될 수 있고, 일부 병사들에겐 쾌남아처럼 보였을 수 있다. 그러나 정치의 세계에서는 말 하나, 행동 하나도 타인을 고려해 신중하게 해야 할 필요가 있다. 20대 초반의 젊은이였다고 하지만, 이러한 곽거병의 스타일은 정치인의 언행과는 다소 거리가 멀었다. 그는 자신에게 주어진 정치적 무게를 감당하기 어려워했다.

곽거병에게 지워질 권력의 무게는 결코 가볍지 않았다. 무제가 사망한 후 한나라의 권력은 곽 씨 가문에게 넘어갔다. 조선시대 세도정치처럼 곽 씨 가문은 대대로 외척이 되어 권력을 독점했고, 황제의 자리를 넘보는 수준까지 올랐다.

곽 씨 정권의 최초의 지도자는 곽광이었다. 그는 곽거병의 이복동생인데, 곽거병과는 성향이 전혀 다른 차분한 성격의 소유자였다. 만약 곽거병이 생존했더라면 곽광과 부딪치지 않을 수 없었을 것이다. 어쩌면 무제가 생존했을 때 벌써 사단이 발생했을 수도 있다. 무제는 인정사정없는 독재자로 자신의 권력을 넘본다는 이유로 태자까지도 살해한 인물이었다. 태자는 인망이 두텁고, 매사 조심스럽게 처신을 했는데도 결국 죽음을 면하지 못했다. 아마 곽거병은 무제에게 살해되거나, 설사 죽음을 모면했다고 해도, 곽광과의 권력 다툼에서 분명히 패배했을 것이다.

정치를 전쟁이라고 하는 이도 있고, 정치, 전쟁, 인생사 모두가 정글이라고 하는 이도 있다. 그러나 모든 전쟁은 원리와 방법이 다르다. 정글이라고 해서 다 같은 정글이 아니다. 수목과 생존법이 모두 다른 법이다.

마찬가지로 훌륭한 중대장이라고 해서 반드시 훌륭한 대대장이 되지는 않는다. 훌륭한 지휘관이 훌륭한 정치가, 경영자가 되는 경우도 있지만, 그렇지 못한 경우도 많다. 탁월한 경영자도 다른 기업에 가면 성공을 이어가지 못하는 경우도 많다.

이 모든 이유는 자신의 경험에서 얻은 교훈을 새로운 환경에서 창조적으로 적용하지 못하기 때문이다. 필자가 그동안 연구했던 모든 인물의 사례를 보면 역사에 등장하는 수많은 위인의 성장과 변신의 한계는 이 창조적 적응의 한계였다.

인간은 무한한 가능성, 변신의 가능성을 지닌 존재다. 곽거병도 단 24년의 삶으로 그의 후생을 단정하기는 어렵다. 그러나 개인적으로 추정해보면 그는 변신하기 쉬운 스타일은 아니었다. 평생을 전쟁터에서 보냈다면 그의 삶에 영광이 이어졌을 가능성은 적었을 것이다. 그렇다고 정계에서의 경쟁에서 승리했을 가능성도 더욱 낮아보인다.

2

리더가 되는 조건

| 중세 명장편 |

칭기즈 칸(몽골제국)

강감찬(고려)

살라딘(이슬람)

흑태자(영국)

척계광(명나라)

칭기즈 칸
(몽골제국)

중세 명장 ①

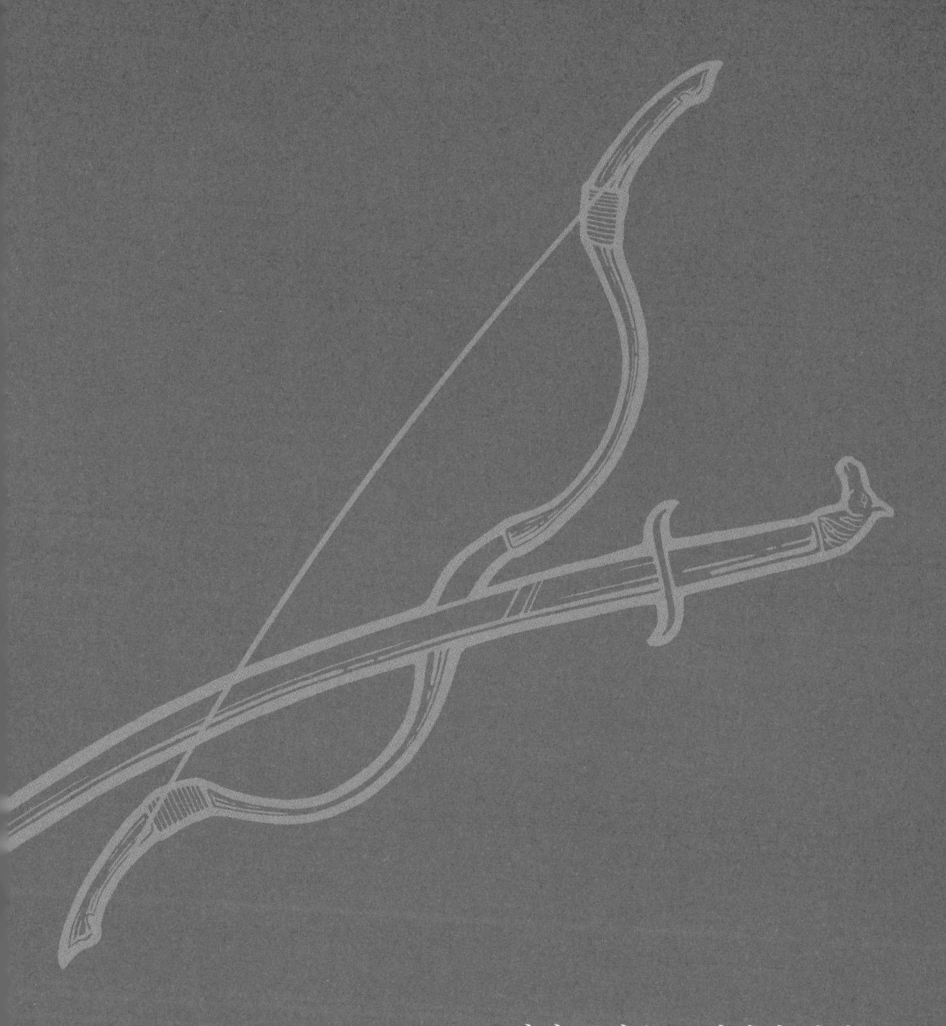

칭기즈 칸은 도전적인 인재들,
집단과 관행에 의해 억눌려 있지만,
자신의 인생과 목숨을 걸어
극복하고자 하는 열망 높은 인재를 찾아내
그들에게 기회를 주었다.
그것이 사람을 움직이게 하고, 집단을 움직이게 했다.

동·서양에 걸쳐 가장 광대한 제국을 이룬 칸, **칭기즈 칸**

"인간의 욕구를 꿰뚫어 내게 충성하게 하라" "부족 군대를 거대한 조직으로"

함성, 말 울음 소리, 비명, 전장의 굉음들이 점점 가까이 다가왔다. 그것은 아군이 밀린다는 소리였다. 불안해진 병사들이 모두 칭기즈 칸(Chingiz Khan, 1162~1227)만 바라보았다. 칭기즈 칸은 말 위에서 미동도 하지 않고, 전장을 주시하고 있었다. 칸은 키는 작지만 어깨가 떡 벌어져, 뒤에서 보면 단단한 철벽 같은 인상을 주었다. 전황이 위급해지고 있는데, 철벽은 말이 없었다. 병사들은 점점 불안해지기 시작했다. "주군이 더는 방법이 없는 게 아닐까?", "아니 도망치려면 벌써 도망쳤어. 그는 자신 없는 싸움은 절대 벌이지 않아." 병사들은 마음속에서 스스로 묻고 대답하며 불안감과 싸우기 시작했다.

"아투, 나와라!" 드디어 칸이 입을 열었다. '아투'라고 불린 이는 최근에 복속한 돌랑키트 부족의 젊은 장수였다. 돌랑키트는 세력은 그리 크지 않은 부족인데, 칭기즈 칸은 돌랑키트 부족의 중소족장이었던 아투를 케식(칭기즈 칸의 친위대)에 잠깐 소속시켰다가 이 전투에 데리고 왔다.

"지금 즉시 너희 부족들을 이끌고 전장을 우회해서 저기 붉은 깃발이 보이는 곳을 전력으로 쳐라. 그곳에 적의 지휘부가 있을 것이다." 주위 사람들이 경악했다. 어떻게 한창 전투 중인 공간을 지나쳐 적의 지휘부에 접근한단 말인가? 적이 그들을 발견하고 중간에 공격한다면, 아니 지휘부 근처에 적의 예비대나 지원 부대가 있다면 아투 부족은 전멸할 것이 뻔하다. 전황이 위태로우니 복속한 지 얼마 안 돼 아까울 것 없는 부족을 희생시켜 적의 주의를 돌리고 그 틈에 빠져나가려는 걸까? 누구라도 그런 생각이 드는 상황이었는데, 아투는 군말 없이 말을 달려 언덕 아래에 대기하고 있는 자신의 부하들에게로 갔다.

조금 후에 그는 달려 올라와 준비가 끝났다고 말했다. 칭기즈 칸의 대답은 간단했다. "좋아. 가라! 시간이 없다." "예, 칸!" 아투는 환한 미소를 짓더니 우렁차게 대답했다. 급히 말을 돌려 부하들에게로 달려가려던 그는 멈칫하더니 고개를 돌려 칸에게 말했다. "혹시 제가 잘못되면 제 동생을 부탁드립니다!" 칭기즈 칸의 표정과 말투는 변함이 없었다. "체렌은 오늘 이후로 평생 형의 영웅담을 자랑하게 될 거야." 칸은 잠시 말을 끊었다가 다시 이었다. "자네와 함께 말이지." 온갖 풍파를 겪고 살아온 그의 얼굴은 굵게 주름을 새긴 철벽 같았다.

아투는 오른손을 들어 경의를 표하더니 포효하며 언덕 아래로 달려내려갔다. 훗날 아투는 무엇을 믿고 그런 위험한 돌격을 감행했냐고 묻는 사람들에게 이렇게 답했다.

"칸은 승산 없는 싸움은 하지 않는다. 정찰대 운용으로 칸은 언제나 전장의 상황을 정확히 알고 있었다. 칸이 그런 명령을 내렸다면 우리를 습격할 예비대나 후원 부대가 없다고 확신할 수 있다. 칸은 나처럼 더 넓은 세상에서 자신의 용기를 시험해보고 싶어 안달하는 사람을 귀신같이 알아보는 능력이 있다. 그가 나를 불렀다는 건, 내가 그런 사람이라는 것이다. 우리 부족은 항상 나를 경계하고 중요한 일은 맡기지 않았다. 우리 부족이 평생 내게 주지 않던 기회를 칸이 주었다. 그렇다면 나 자신에게 먼저 나를 증명해야 하지 않겠는가? 설사 칸의 판단이 틀려서 내가 전장에서 죽더라도 나는 칸을 원망하지 않았을 것이다."

본명 테무친. '강철 인간'이라는 뜻이다. 그는 몽골의 고원 동부, 오논강 유역에 거주하던 작은 울루스(씨족공동체)에서 씨족장의 아들로 태어났지만 아홉 살에 부친 예수게이(Yesügei, 1134~1171)가 라이벌 부족에게 독살된 이후, 그의 씨족은 뿔뿔이 흩어졌고, 그는 포로가 되었다. 그 후 극적으로 탈출해 황야에서 살아남았다.

가족, 친지의 배신, 원수 부족의 공격, 낯선 사람의 도움, 우호적인 부족의 도움과 배신…… 어린 시절부터 여러 극단적인 경험을 하면서

〈사진 1〉 중국 내몽골에 있는 칭키즈 칸의 동상.

자라난 소년 테무친, 그가 자라서 칭기즈 칸이 되었다.

강철 인간, 칸이 되다

수많은 유목 집단이 살아가던 몽골 초원은 극과 극의 인정이 교차하는 곳이다. 당시 몽골을 방문한 중국인의 기행문에는 몽골인들이 순박하기 그지없으며 약삭빠른 여진, 금나라, 한인들에게 속고 고통당하는 민족으로 묘사되었다. 그러나 접경지대에 살았던 사람들은 그들을 잔혹하고 인정사정없는 약탈자로 묘사했다.

몽골인에 대한 이런 이중적인 관점은 현대인들이 미개 문명을 이해하는 태도와 같다. 어떤 이들은 그들을 식인종, 야만인으로 보고 어떤 이들은 타락한 현대인과는 질적으로 다른 자연의 순수함과 태고의 미덕을 간직한 사람들로 본다.

이런 오해는 어떤 일의 일면만을 보고, 환경과 인간성의 상관관계를 납득하지 못하기 때문에 생긴다. 가혹한 환경에서 살아남으려면 사람들은 더 협력하고, 더 의존하며 살아야 한다. 유목민 사회에서 유행하는 안다(의형제), 의부, 의자 관계와 같은 관습들은 자연과 타인의 습격에서부터 서로를 지켜야만 하는 환경의 소산이었다. 그런 환경 덕분에 그들이 각박한 도시인보다 더 의리 있고, 인정 넘쳤다. 하지만 목적 있는 선한 교류가 인간 본성의 뿌리까지 바꿔놓지는 못했다. 한

풍이 불어오면, 몽골 초원은 곧 늑대의 대지로 변했다.

몽골족의 전설에 그들의 시조는 푸른 늑대와 하얀 암사슴의 후예라고 전해진다. 이 이야기는 초원의 삶에 대한 적확한 상징이다. 테무친은 이러한 초원의 삶, 즉 늑대와 사슴의 낮과 밤을 너무 일찍, 너무 가혹하게 겪었다.

그러나 칭기즈 칸이 위대한 칸('칭기즈'는 '위대한'이란 뜻)이 된 이유는 이런 고난에 무너지거나 굴복하지 않고 더 큰 사람이 되었기 때문이다. 한편으로 그는 더 거칠고 잔혹한 리더가 되었지만 야심 있는 사람, 야심을 위해 도전하는 용기를 지닌 사람을 보는 눈을 키웠던 것만은 사실이다.

그 야심이 항상 출세와 욕망 같은 세속적인 것만은 아니었다. 여기서도 초원의 이중성이 발휘되는데, 그가 품은 야심에는 의리, 우정, 약자에 대한 동정, 호전성 등 몽골인의 습성에서 나오는 인성과 미덕도 포함되었다. 테무친과 평생의 전우, 보오르추(boɣorǰi, 1159~1226)와의 관계가 그랬다.

황야에서 고달프게 살던 시절, 테무친 일가의 말 8마리가 모두 도난당하는 사건이 벌어졌다. 남은 말은 마침 동생 벨구타이가 타고 나갔던 한 마리뿐이었다. 테무친은 그 말을 타고 홀로 도둑을 추격했다. 도중에 그는 또래 소년에게 말 도둑을 본 적이 있냐고 물었다. 소년은 그들의 행방을 가르쳐주었을 뿐만 아니라 테무친 혼자 도둑을 상대할 수 없다고 생각해 그의 지친 말을 자신의 쌩쌩한 말과 바꾸어주고, 함께 따라나서기까지 했다.

그 소년이 바로 보오르추였다. 테무친과 보오르추가 말을 되찾자, 도적들이 또다시 그들을 추격해왔다. 보오르추는 테무친에게 "내가 막을 테니 너는 달아나라"고 말했다. 테무친은 그 제안을 거절했고, 앞장서 돌진해오는 전사를 사살했다. 이 사건으로 그들은 둘도 없는 친구가 되었다. 보오르추는 평생 테무친의 동료이자 수하가 되었고, 테무친의 생명을 구해주기도 했다.

그렇다면 보오르추는 단지 의협심이 넘치는 착한 소년이었을까? 흔히 리더의 자질로 여겨지는 의협심, 능력 그리고 야심은 하나하나 분리되어 있지 않다. 이러한 자질은 복합적으로 구성되며, 다양한 상황에서 필요에 따라 적절하게 사용된다. 사람들에게 내재된 자질을 간파하고, 이에 따라 적절한 위치에 인재를 등용할 수 있어야 큰 리더가 될 수 있다. 테무친과 보오르추의 관계는 인연, 의리, 우정의 조합을 넘어선 것이었다.

이후 조력자의 범위를 넓혀가며 차분히 성장한 테무친은 동료 자무카(1158~1206)와 몽골 부족 케레이트의 마지막 지도자 옹 칸(Ong Qan, 1131~1203)의 후원을 받아 세력을 키웠다. 이후 그는 1199년까지 라이벌인 메르키트족, 나이만족을 정복하며 몽골 초원의 패권에 한발 다가섰다. 그러자 그동안 후원자이자 동료였던 옹 칸과 자무카가 그를 견제하고 대립하기 시작했다. 이후로도 파란만장한 사건들을 거쳐 1206년에 자무카 등 모든 라이벌을 제압하고 칭기즈 칸으로 등극했다.

칭기즈 칸은 사망한 1227년까지 이합집산을 거듭하며 분열되고 반목하던 몽골제국을 거대한 조직체로 바꾸어놓았다. 국가체제에서는 아직 미흡한 부분이 많았지만, 군사적 조직체로서의 구성은 거의 완벽에 가까웠다. 그는 이 군대를 이끌고 정복 전쟁에 나섰다. 금, 서하, 호라즘, 러시아를 침공했던 그는, 1227년 서하 원정 중에 병사했다. 그의 정복 전쟁은 미완으로 끝났지만, 그가 만들어놓은 군대는 계속해서 정복을 멈추지 않고 인류 역사상 가장 빨리, 가장 광대한 제국을 건설하게 되었다.

가장 광역으로, 가장 조직적으로 분산기동하다

칭기스 칸은 '조직력의 대가'였다. 이런 말을 들으면 독자들은 당혹스러울 수도 있다. 이런 표현은 오늘날의 기업 조직에나 어울리는 말이 아닌가? 하지만 야성적인 몽골 군대의 조직은 현대의 조직에는 없는 무언가가 있었다.

몽골군의 전술적 장기는 분진합격이었다. '분산해서 진격하고 합쳐서 적을 친다.' 앞서 곽거병 편에서 언급했듯 유목 기병의 가장 큰 위력은 '전선 없는 전투'를 한다는 점이었다. 위청과 곽거병도 그랬지만 몽골군 또한 적의 병력을 앞에 몰아넣은 다음 뒤로 돌아 들어갔다. 적의 군대를 어느 지점에 고정한 다음, 흩어져서 후방으로 뚫고 들어가 쓸어버리는 것이다. 이런 전투는 중국 같은 대도시나 잘 정비된 국가를 정복할 때, 무서운 위력을 발휘했다.

예를 들어 몽골 기병대가 5개 부대로 나뉘어 우리 국경을 위협한다고 해보자. 국가에서는 이에 맞서 군대를 동원해야 한다. 그리고 적의 진로를 막기 위해 5개의 요새에 군대를 배치한다. 그 순간, 5개로 흩어져 있던 몽골군이 후퇴하는 것 같더니 뒤에서 하나로 뭉친 다음에 5개 부대를 각개 격파하는 식이다.

더 무서운 방법은 5개 부대는 내버려두고 후방으로 침투하는 방법이다. 이때 어떤 일이 벌어질까? 먼저 5개 군이 궤멸한다. 그러면 군의 주둔지에 끊임없이 군수 지원을 해야 하는데 그 군수 지원로가 막혀버린다. 둘째, 지원 부대를 보내야 하는데 후방에 들어가서 모든 도시를 휩쓸며 도시와 도시의 연결로를 끊어버리면 아직 동원되지 않은 군대들의 동원 체제가 붕괴된다. 그렇게 되면 후방 부대가 제일 먼저 무너진다. 그러면 전방에 있는 부대도 결국 붕괴한다. 보급이 오지 않고 모든 명령 체계가 깨져버리니 도리가 없다.

사실 이러한 분진합격 전술을 몽골군이 창안한 것은 아니라 흉노족 시절부터 유목민족의 오랜 전매특허였다. 그런데 여기서 칭기즈 칸이 조련한 군대는 두 가지가 달랐다.

첫째, 칭기즈 칸의 군대는 후방으로 들어가서 분산 기동을 했는데 과거에 볼 수 없을 정도로 엄청나게 광역으로, 그리고 조직적으로 움직였다. 예를 들어 기존의 유목 기병들은 두 부대가 하루 이틀 거리로 떨어져서 각각 다른 마을을 약탈하고 있다가 갑자기 적의 정규군이 나타나면 서로 연락해서 모이거나 도주했다. 약탈 전쟁은 대개 이렇게 이루어졌다. 기병이라 해도 짐수레는 한정적이니 수레가 꽉 차면 돌아가는 선에서 약탈 전쟁이 진행되었다.

그러나 칭기즈 칸 군대는 하루 이틀 간격이 아니라 1천 킬로미터까지도 떨어졌다. 예를 들어 1연대는 서울에, 2연대는 부산으로 가는 등 엄청나게 넓은 범위로 흩어지고 이를 조직적으로 움직이는 것이다. 또 적당히 약탈하고 돌아가는 게 아니라 가장 중요한 전략적 목표지에서 다시 모였다. 보통 이렇게 되면 흩어져 있던 군대는 대응하기가 힘들다. 그런데 몽골군은 마치 무전이라도 있는 것처럼 1천 킬로미터 밖에 있는 군대와 연락해서 귀신같이 집결했다. 그냥 집결하는 게 아니라 "○○연대는 강을 끊고 와라"는 명령을 하면, 강 주변 요새로 모였던 적군이 실제로 궤멸되었다. 그렇게 도성으로 모여, 도성에 남은 잔류 부대를 전멸시키고 나라를 함락해버렸다. 칭기즈 칸처럼 엄청난 분산과 조직적 기동을 한 부대는 인류 역사에 없었다. 이렇게 했기에 최단 시간에 러시아, 아프가니스탄, 동유럽, 폴란드까지 정복하는 역사를 이룰 수 있었다.

두 번째는, 탁월하고 유능한 정찰대 운용이었다. 기병이란 원래 정찰 능력에서 뛰어난 역량을 발휘한다. 유럽의 코사크, 헝가리 기병이나 크로아티아의 경기병부대가 러시아, 오스트리아, 오스만, 프로이센 군대에 용병으로 스카우트되었을 때도 정찰 부대로서 탁월한 능력

〈그림 1〉 몽골군의 전투 모습(터키군사박물관). ©임용한

을 발휘했다. 코사크 기병대는 제1차 세계대전 때까지도 러시아군의 정찰 부대 역할을 도맡았다.

칭기즈 칸의 전술 배치는 사실 단순했다. 선두에 선발대, 중앙에 본대, 후방에 후위대를 두었다. 그럴 수밖에 없는 것이 초원 기병으로 더 이상 무엇을 할 수 있겠는가? 복잡한 진형과 전술은 보병이 중심이 되고 기병이 보병의 부속으로 존재할 때 가능하다. 몽골군처럼 기병 중심의 유목 부대는 말이 이해할 수 없는 대형을 사용해서는 안 되었다.

유목 군대의 미덕은 단순함이다. 복잡한 지형 대신 전진 방향의 360도 주변으로 무수히 많은 정찰 중대를 배치해 운용했다. 더 대규모로, 더 조직적으로, 더 넓게, 더 빠르게 운용하는 정찰대 덕분에 칭기즈 칸은 전장의 상황을 누구보다 정확하게 꿰뚫을 수 있었다.

전사와 명마는 만들어진다

몽골군이 유럽에 출현했을 때 유럽의 기사들은 몽골군의 신기에 가까운 기마술과 전투 능력에 넋을 잃었다. 그 대표적인 것이 파르티안 샷법이다. 말을 타고 가다가 뒤로 돌려 쏘는 것이다(우리나라 고구려 벽화에도 이 같은 모습이 있다). 몽골군의 가장 큰 장점은 말을 타고 달리는 중에도 360도로 사격할 수 있다는 것이다. 만약 화살을 한 방향으로

만 날릴 수 있는 기병이라면 공격 방향도 고정될 것이다. 고정식 포탑을 장착한 전함과 회전 포탑을 장착한 전함의 기동을 생각해보라. 회전 포탑을 장착한 전함은 전방위로 기동하며 포격할 수 있다. 몽골군과 대적할 때 어떤 군대라도 사방에서 날아오는 화살을 방어하지는 못한다.

이 같은 기술이 가능했던 것은 몽골 전사들의 역량 덕분이기도 했지만 몽골 말의 영향도 컸다. 몽골 말은 다리도 짧고 당나귀처럼 생겼다. 그런데 이 말은 다른 건 몰라도 지구력은 세계 최강이었다. 보통 경마용으로 쓰이는 아랍종은 체격이 좋고 잘 달리지만, 몽골 말은 아랍종보다 100킬로미터는 더 뛸 수 있었다. 게다가 배고프고, 춥고, 더울 때 버티는 능력은 몽골 말에 당할 마종이 없었다. 그래서 많은 이들이 몽골군의 군사력 비결이 몽골 말에 있다고 얘기한다. 또한 신기의 기사(말 타고 활 쏘는 기술)를 할 때에도, 몽골 말은 골격 구조상 달릴 때 수평을 유지하는 상태가 어떤 말보다도 우수한 것이다. 이것은 기사뿐 아니라 다양한 마상 무예와 기마술에도 유리하다. 달리는 말에서 뛰어내렸다 다시 올라타기, 말 위에서 물구나무서기, 일어서서 달리는 아크로바틱한 몸놀림 등의 기술들이 실전에서 다양한 용도로 쓰였다. 몽골군이 진격하다가 계곡에서 매복에 걸렸다고 해보자. 절벽 위에서 화살이 날아온다. 그럴 때 몽골 기사는 안장을 이용해 말의 옆에 달라붙거나 말에서 뛰어내려 발이 땅에 닿는 순간, 발로 땅을 차고 탄력을 이용해서 다시 올라타는 행동을 반복하며 화살을 피한다. 기병은 한 필이 아니라 말 여러 마리를 데리고 다니는데, 두세 마리의 말을 나란히 달리게 하고 그 사이에 매달려 가는 방법도 있었다.

몽골군이 체격이 작고, 말도 작으니 서양의 중갑 기사들과 백병전으로 맞붙었을 때는 서양 기사가 무조건 이길 것 같지만, 그렇지 않다. 몽골군은 이런 상황에서도 자신들만의 기술을 발휘한다. 덩치 큰 서양 기사들이 도끼를 휘두르는데 어느 순간 몽골 기병들이 사라지더란다. 나중에 보니 몽골 기병들이 말의 배에 붙어버린 것이다. 그 자세로 상대 말의 배를 찌르거나 다리를 꺾어버리거나 상대의 발을 찔러버린다. 그러면 갑옷 입은 기사는 말에서 떨어지고 큰 충격을 받는다. 이들은 날렵하게 말을 이용하는 다양한 기술이 있었기 때문에 중장갑 기사들과의 백병전에서도 불리하지만은 않았다. 체격 좋은 기사들도 몽골 기병을 도저히 당할 수가 없었다. 이렇게 개개인이 뛰어난 군대가, 세상 어디에도 없었던 전술적 기동까지 하니 당해낼 군대가 없었다.

하지만 몽골 말이라고 해서 모두 전투마가 되는 것은 아니다. 몽골 말이 초원에서 저절로 탄생한 초원의 선물이라고 생각하는 사람이 많지만, 사실은 전혀 그렇지 않다. 말의 품종이 기본적인 승리의 요인이기는 하지만, 몽골 말은 실제로 엄격한 사육 방식과 훈련, 선별로 탄생한다. 몽골 말로 태어났다고 해서 다 전사가 되는 것이 아니라, 그중 10~20퍼센트만이 전사용 말이 된다. 한 마리의 말이 전사가 되는 과정은 처절하고도 잔혹하다. 깜깜한 밤에 벌판에 새끼 말을 묶어놓는다. 망아지가 엄마와 떨어져 늑대 울음소리와 마주하면 실제로 겁에 질려 소리를 지른다. 하지만 어떤 말들은 늑대에게 잡아먹힐까 봐 입을 다문다고 한다. 이런 말은 전사 말로 합격이다.

또한 기마가 되려면 줄을 서서 침착하게 대기할 줄도 알아야 한다. 그리스의 군인이자 역사가 크세노폰은 기마를 선별할 때 "기병이 늘어섰을 때, 요동치고 펄쩍거리는 말은 죽이라"고 했다. 몽골 말은 군기가 얼마나 강한지, 줄을 서서 참고 인내하는 것은 기본이고, 야간 전투에서 땅에 엎드려 매복까지 수행했다. 다른 나라 기병들도 이런 작전을 펼 수는 있지만, 말의 요동과 소음을 방지하기 위해 입에는 재갈을 물리고, 다리를 묶어놓는다. 반면 몽골군은 말에게 재갈을 물리지도, 다리를 묶지도 않았다. 이것은 실전에서 굉장한 장점이 된다. 전투에서는 찰나의 순간을 잡는 자가 승리한다. 다리를 묶지 않았으므로 몽골 말은 신속하게 일어나 돌진할 수 있다. 재갈은 말에게 마스크를 씌우고 뛰는 것과 같아서 호흡 곤란을 야기하고 폐활량을 줄인다. 몽골 말의 지구력의 비결은 재갈을 물리지 않는 것이다.

어떻게 하면 재갈과 밧줄 없이도 들키지 않고 조용히 이동할 수 있을까? 몽골군은 말이 이동하거나 물을 먹으러 갈 때 줄을 서서 이동하게 하는 연습을 시킨다. 이때 새치기를 하거나 갈증을 참지 못하고 울고 요동하면, 가시가 박힌 채찍으로 말을 때린다. 이러한 잔인한 방법이 적용되는 데에는 들키지 않아야 한다는 목적 외에 추가적인 이유가 있다. 전쟁터에 가면 주로 기병이 화살로 공격하는데 말이 화살

〈사진 2〉 전투마로 키워지는 몽골 말의 이미지.

〈사진 3〉 질주하는 몽골 말의 이미지.

조선이 말을 키우는 방법

자동차가 없던 시절, 조선에서 말은 재산 1호였다. 말은 당시 유일한 이동 수단이자, 짐을 나르는 수단이었다. 그래서 사람들은 정성을 다해 말을 키웠다. 추우면 담요를 덮어주고 더우면 부채질을 해줬다. 그리고 여물을 푹 삶아 따뜻한 먹이를 제공했다. 그러니 말들이 조금만 더워도 쓰러지고 추우면 움직이지 않았다.

실학자 박제가가 청나라에 가서 말 키우는 것을 보고 왔다. 청나라는 몽골군의 영향을 받아 말에게 절대 여물을 끓여주지 않고, 배고프면 스스로 뜯어먹게 했다. 우리나라 말들은 늘 따뜻하고 말랑말랑한 음식만 주니 배고파도 풀을 안 뜯었을 뿐만 아니라 단단한 나무뿌리 등을 주면 안 먹고 굶어 죽고 말았다. 그는 "몽골 말들은 한겨울에도 풀뿌리를 캐 먹고 겨울에는 눈을 먹더라. 우리 말들은 이빨 시리다고 눈은 절대 안 먹으니 이 말을 어디에 쓰겠느냐?"라고 했다.

이러한 사례는 말이든, 병사든, 인재든 누구에게든 목적에 따른 맞춤형 훈련이 필요하다는 점을 상기해준다.

을 몸에 맞을 확률이 사람보다 5배나 높다. 백병전을 할 때도 주로 말을 많이 공격한다. 찔렸거나 아플 때 말이 요동치면, 타고 있던 기병은 떨어지고 만다. 그래서 훌륭한 장수를 태운 말들은 몸에 화살이 꽂혀도 끄덕하지 않고 같이 달려가야 하고, 화살이 꽂혀서 상대 말하고 부딪쳤을 때도 같이 물어뜯고 싸우면서 상대 기병을 떨어뜨릴 수 있어야 한다. 실제로 그런 훈련을 하기도 한다.

말이 다쳤을 때도 투지를 잃지 않는 훈련을 시킨다. 사람도 마찬가지인데 권투 선수도 잘하다가 한 대 맞으면 다리가 후들거려 쓰러지는 경우가 있다. 말도 똑같다. 잘 싸우다가 갑자기 화살이 박히면 푹 쓰러지는 말이 있다. 이런 말을 솎아내기 위해 가시 달린 채찍으로 때리고, 이 고통을 이겨내는 말과 이겨내지 못하는 말을 구별해 이겨내는 말을 전사 말로 골라내는 것이다.

말도 고생하지만 사람도 고생한다. 몽골 고원은 여름에는 폭염이 찾아오고, 겨울에는 한랭대의 엄청난 추위가 엄습한다. 몽골군은 늘 본거지를 이동하고, 텐트 생활을 했다. 사실상 일상이 야전군 생활이었다. 가축을 돌보고, 야생 늑대의 습격을 막고, 이웃 부족의 약탈 공격을 물리치려면 자신을 쉴 새 없이 단련해야 했다. 이런 일상의 훈련이 그들을 전사로 만들었다.

다만 여기서 꼭 알아야 할 사항이 있다. 몽골군이 이런 유목 생활을 하므로 진취적인 군대가 됐다는 착각이다. 흔히 '노마드 정신'이라고 하는 그럴듯한 말에는 함정이 있다.

유목민은 이동 생활을 하니 늘 미지의 세계로 들어가야 하고, 따라서 대단히 진취적일 것 같지만 사실 그렇지만은 않다. 환경이 거칠고 일상이 위험하니 오히려 더 소극적으로 된다. 들소 떼가 끊임없이 이동하는 것처럼 보이지만 실은 그들도 자신의 영역과 정해진 루트가 있다. 들소 떼는 미지의 영역으로 들어가는 용기가 극히 부족하다. 아니, 다른 동물보다 더 못할 수도 있다. 이미 자신들이 정한 루트만으로도 하루하루가 충분히 위험하고 가혹한, 내일 무슨 일이 일어날지 모르는 미지의 세계이기 때문이다. 노마드 정신은 미지의 세계로 들어가는 정신이 아니라 반대로 순환 루트를 고수하고, 미지의 영역에 발을 담그지 않으려는 정신이다.

이런 노마드 정신을 진취적인 노마드 정신으로 바꾸어놓은 것이 칭기즈 칸의 능력이다. 자신이 가진 잠재력, 일상의 능력에서 가능성을 발견하고, 미지의 세계에서 확인하게 하는 능력, 그 가능성을 스스로 발견하고 격려하는 능력, 리더십에서 이보다 더 중요한 요건이 있을까?

칸은 결코 인재를 버리지 않았다

그렇다면 칭기즈 칸 이전의 유목민은 왜 이런 조직력을 발휘하지 못했을까?

한나라와 싸웠던 흉노 군대나 금나라(거란), 칭기즈 칸 사후 북원의 몽골군처럼 유목민족이 대부대를 형성했던 경우는 많다. 그러나 누구도 칭기즈 칸처럼 효율적인 군대를 만들지는 못했다.

유목 부대의 장점이 유목 부대의 조직력을 저해하는 단점으로 작용했기 때문이었다. 칭기즈 칸 이전에는 대규모 유목 부대를 결성한다는 것은 결국은 수평적 조직의 연합일 수밖에 없었다. 상하 관계가 없다고 할 수 없지만, 상하 관계도 구슬을 쌓아 올린 피라미드처럼 수평적 동맹체를 쌓아올린 구성체였다.

이들은 수십 개의 정찰 부대를 편성할 수는 있지만 일사불란한 조직성과 신뢰를 구축할 수는 없었다. 계급과 사단, 연대, 대대의 편제가 생겨 수직적으로 조직되는 근대 군대에서도 기병의 운용은 쉽지 않았다. 기병이라는 병과가 태생적으로 다른 병과에 비해 자유로운 기질을 지닐 수밖에 없고, 전술 특성상 재량권을 부여할 수밖에 없는 부대이기 때문이다. 정찰을 내보내도 효과적으로 통제하면서 눈과 귀로 활용하기가 쉽지 않았다. 남북전쟁의 운명을 바꾼 게티즈버그 전투에서 무패를 자랑하던 리 장군이 참패한 결정적 원인도 눈과 귀가 되어야 할 스튜어트 기병대가 게릴라 전술에 몰두하여 제 방식대로 밀어붙인 탓이었다.

계급장을 단 군대도 이럴진대, 초원 너머, 산맥 너머에 사는 부족들을 제한된 임무로 묶어놓고, 기계처럼 움직이게 하는 것은 결코 쉬운 일이 아니다. 물론 우리는 칭기즈 칸의 정찰대가 어느 정도로 정확하게 움직였는지 알지 못한다. 수십 명의 스튜어트가 날뛰었을 수도 있다. 그러나 칭기즈 칸 부대의 진군 속도, 1천 킬로미터를 통제하는 연락병 시스템을 보면, 적어도 정찰 부대 또한 같은 수준으로 움직였다고 추론할 수 있다.

칭기즈 칸은 부족 집단을 만호, 천호, 백호 등 10진법 단위의 군대로 조직했다. 이 역시 이미 거란군도 사용했던 방법이다. 천하의 칭기즈 칸도 부족 체제 자체를 해체하진 못했다. 그랬다간 그들의 전투력도 사라져버렸을 테니 말이다.

이런 상황에서 조직력과 신뢰성, 활동력을 키우는 유일한 방법은 개인의 충성도와 열정을 키우는 방법뿐이었다. 칭기즈 칸은 도전적인 인재를 발굴하고 그들 앞에 끊임없이 목표를 던져주었다.

그는 한 부족을 정복하면 반드시 그 부족에서 인재를 찾아 등용했다. 당연해 보이는 이 인재 운용을 보통 부족들은 하지 못했다. 부족끼리의 싸움과 약탈이 일상이고, 그만큼 서로 마음의 원한도 많으므로 정복하면 죽이고 말지 활용하려고 하지 않기 때문이었다.

하지만 칭기즈 칸은 달랐다. 세계로 뻗어나아가야 하는 그에게는 그들도 귀한 인재였다. 그는 족장이 아니라 그 부족의 2인자, 3인자를 등용했다. 능력과 야심이 있지만 족보 사회의 특성상 실력 발휘를 못하고 살았던 사람들, 그런 인물들을 찾아내 자신에게 충성을 맹세하게 했다. 그리고 부족장을 죽이고 자신에게 충성을 맹세한 2인자를 부족장으로 앉히거나 자기 부하로 썼다.

물론 그렇다고 해서 그가 혈통을 완전히 배제한 것은 아니다. 야심찬 인재는 발굴만 한다고 끝나는 것이 아니다. 그들에게 끊임없이 새로운 목표와 먹이를 던져주어야 한다. 혈통과 세습은 여기에서 중요한 역할을 한다.

그래서 칭기즈 칸은 혈통 좋은 젊은이들로 특수부대를 만들기도 했다. 칭기즈 칸의 친위대 '케샥'은 단순한 경호대만이 아니라 재능 있고 충성스러운 인재들이 대를 이어 관계를 맺는 사교장 역할을 했다. 그가 이렇게 혈통과 능력, 사명감이 혼합된 사람들로 자기 조직을 만들었기에 한 부족을 포용할 때마다 전투력과 역량이 계속해서 올라갔다.

가족과 자신, 가문의 부와 지위를 영속시키려는 욕구는 인간의 기본적인 욕구다. 부와 지위에 대해 대를 잇는다는 보장과 가능성이 없다면 어느 시점에선가 그는 장기적인 노력을 중지할 것이고, 조직을 해치더라도 자신의 이익을 챙기고 떠날 것이다. 오늘날 세계의 많은 기업이 오너십(ownership)이 필요하다고 인정하는 이유도 기업이 장기적인 목표를 가지고 일관성을 유지하는 데 오너십이 중요한 역할을 하기 때문이다.

칭기즈 칸도 정복과 약탈이라는 미끼를 사용했다. 이 때문에 몽골군은 세계 최악의 약탈자, 잔혹한 집단이라는 오명을 얻었다. 몽골군이 호라즘(Khwarizm)에서나 압바스 왕조의 수도 바그다드에서 저지른 엄청난 파괴는 전설이 되었다. 하지만 이때 몽골군의 잔혹함은 심리전의 일부였을 뿐이다. 그들이 저지른 특별한 약탈에는 다른 사정이 있었다. 그들은 이 약탈을 적절히 과장해서 선전했다. 여기에 놀라 항복하는 도시에는 언제나 관용을 베풀었다는 의견도 있다.

비록 몽골군이 최악의 약탈자로 불렸지만, 다른 나라 군대라고 다르지 않았다. "근대까지도 정복은 약탈을 수반하고, 약탈자가 된 군대의 포악함은 우열을 가리기 힘들고, 가릴 필요도 없다"는 주장도 있다.

몽골 부족 간에도 강자가 약자를 갈취하고, 약탈과 약탈혼이 일상적이었다. 이러한 몽골 사회에서 그들의 성취욕을 불러일으키는 방법은 정글의 법칙밖에 없었다. 칭기즈 칸의 비결은 자신의 사회에서 동기 유발이 가능한 요인을 찾아내고, 그것을 더 높은 기준의 목표로 바꾸어 통용하게 한 것이다.

칭기즈 칸은 병사들에게 항상 더 높은 목표를 제시했다. 부족의 활동 영역을 벗어날 줄 모르던 초원의 전사들을 짧게는 3년, 길게는 5년 동안 훈련했다. 어쩌면 다시는 고향으로 돌아오지 못하고, 영원히 그곳에서 살아야 할지 모르는 미지의 세계를 향해 나아가게 만들었다. 황금과 육욕이 도전의 동기였다고 해도 정말로 황금에 대한 욕망만으로 이런 행군을 가능하게 할 수 있을까?

병사들을 제대로 이끄는 리더가 되기 위해서는 '그 이상'의 무언가가 필요했다. 그것을 위해 칭기즈 칸은 집단과 관행, 문화, 자연환경에 의해 억눌려 있지만, 자신의 인생과 목숨을 바쳐 그것을 극복하고자 하는 도전적이고 열망 높은 인재를 찾아내 그들에게 기회를 주었던 것이다. 그것이 사람을 움직이게 하고, 결국에는 집단을 움직였다.

강감찬 (고려)

중세 명장 ②

리더는 정략적 판단과 조직적 판단, 전술적 판단,
이 세 가지를 조화롭게 해야 성공할 수 있다.
특히 조직이 안정돼야 할 시기의
거시적 판단은 그 조직의 운명을 좌우한다.
이 세 가지를 정확히 분석해야
파고를 넘어 살아남을 수 있다.

더 이상의 침공을 허하지 않겠다, **강감찬**

"거란의 침공에 마침표를 찍은 문무겸비의 재상"
"국왕에 모험을 권한 남다른 배포의 장수"

1010년 음력 12월, 열아홉의 젊은 국왕 현종은 어쩔 줄 모르는 표정으로 옥좌에 앉아 있었다. 그는 심호흡하고 생각을 정리해보려고 했다. 며칠 전에 벌어진 통주 전투에서 고려군이 거란군에게 전멸에 가까운 피해를 입고, 사령관 강조는 행방불명됐다. 강조는 마지막까지 싸우다가 전사했다는 소문도 있었고, 거란군에게 생포되었다는 소문도 돌았다.

거란군은 계속해서 남하하고 있었고, 개경에는 이제 지킬 군대도 없었다. 현종은 생각을 정리하려고 했지만, 하나를 생각하면 새로운 걱정이 튀어 나오고, 그때마다 설움과 묵은 감정이 덧씌워지면서 생각은 길을 잃었다.

"생존한 병력은 평양으로 무사히 후퇴했다고 하지만 평양도 지킬 수 있을지 알 수 없다. 이제 항복해야 하나, 개경을 버리고 도망쳐야 하나, 도망치면 어디로 가야 하나? 도망치면 희망은 있을까? 강조는 평소에 그렇게 강한 척하더니 왜 그렇게 형편없이 패배한 걸까? 아니 도대체 그자는 왜 날 왕으로 세웠지? 아니 왕이 되지 않았으면 난 살해당했을 거야. 아니 강조도 언젠가는 날 죽였을지 몰라. 내가 왜 여기 있어야 하지?"

현종은 왕으로 즉위한 지 1년밖에 되지 않았고, 즉위 과정도 껄끄러웠다. 강조가 쿠데타를 일으켜 목종을 살해하고 절에서 살던 현종을 왕으로 앉힌 것이었다. 허수아비 왕 1년, 무슨 권력이 생겼겠는가? 조정의 대신들은 사생아인 현종을 우습게 보았고, 강조의 눈치만 보기 바빴다. 그런데 갑자기 강조가 죽었으니 현종은 거란군에게 잡혀 죽거나 그전에 신하들에게 살해될 수도 있었다. 이럴 때 누군가와 의논이라도 하면 좋으련만 조정에는 믿을 만한 사람이 없었다.

현종 혼자서는 결단을 내릴 수도 없고, 그런다고 해도 자신의 말을 따를지도 알 수 없었다. 그는 할 수 없이 조정 회의를 개최했다. 모두의 의견은 항복이었다. 현종은 속으로 쓴웃음을 지었다. '그래 내가 잡혀가면 너희들은 편히 살겠지. 나를 희생양으로 밀어넣으려 하는구나!' 하고 생각했을 터였다.

신하들의 생각은 복잡했다. 거란에게 항복하면 현종이 거란의 후원을 받아 왕권이 강화될 수도 있다. 그러나 현종은 지금까지 고난 속에서 살았고, 그렇기 때문에 고려 황실과 조정에 감정이 좋을 리가 없었다. 신하들은 거란에 항복하면 현종이 거란에 적극적으로 충성하고, 숙청의 칼날을 휘두를 수도 있다고 판단했다. 위험했지만, 거란과 맞서 싸울 방법이 없었다.

그런데 이때 자그마한 체구의 한 관원이 당차게 외쳤다. "끝까지 항전해야 합니다." 강감찬이었다. 나이는 벌써 오십 대 후반, 3품이라는 낮지 않은 직위였지만, 국정을 결단하고 좌우할 관직은 아니었다. 고려는 모든 권력이 2품 이상의 재상과 대신에게 집중되어 있어서, 3품과 2품은 숫자상으로는 1품계뿐이지만 실제 업무에서는 엄청난 차이가 있었다.

강감찬은 이번 위기를 타개할 방법이 있다고 말했다. "대신 국왕께서 잠시 피난하셔야 합니다." 조정에 갑자기 침묵이 흘렀다. 현종의 표정도 굳어졌다. 어쩌면 현종에게 피난은 거란군에게 항복하는 것보다 더 위험한 선택일 수도 있었다. 정상적인 상황이라면 말이 안 되는 이야기지만, 현종 개인의 처지나 고려의 국내 상황이 왕의 안전을 보장할 수 없었다.

현종은 묻고 싶은 말이 너무 많았다. "피난하면 누가 날 지켜주겠소, 지켜줄 병력은 있소? 피난한다면 어디로 가야 안전하겠소?" 항의하듯이 질문을 던지려던 현종은 강감찬과 눈이 마주치자 갑자기 입을 닫았다.

강감찬의 표정은 이렇게 말하고 있었다. "폐하. 그것은 폐하가 극복해야 할 시험입니다. 그 시험을 극복해야 안전을 보장받고 진짜 왕이 될 수 있습니다."

우리나라 전쟁사를 쓰다 보면 절반은 고려시대 이야기다. 그만큼 고려는 전쟁을 많이 한 나라였다. 그렇다면 고려시대 최대의 전쟁은

〈사진 1〉 강감찬 장군의 흉상.(출처: 전쟁기념관)

무엇일까? 많은 사람이 원나라 침공을 꼽겠지만 그렇지 않다. 몽골의 침공은 사실 소부대의 공격이 많았기 때문에 전면전은 아니었다. 반면 조선의 임진왜란과 병자호란 같은 전면전에 해당하는 것이 바로 거란의 침공이었다. 이 전쟁이 오히려 병자호란보다 훨씬 크고 거대했다.

거란 침공에 맞서 고려를 구했던 최고의 영웅 강감찬. 강감찬과 거란전쟁은 과소평가된 부분이 없지 않다.

최강군 거란이 고려를 침공하다

그렇다면 거란은 왜 고려를 침공했을까? 이 당시는 거란의 최전성기였다. 거란은 원래 만주에 살던 유목민족인데 만주에는 땅이 넓은 만큼 여러 부족들이 있었다. 농사 지으며 사는 민족들은 대체로 순했고 싸움도 잘 못했다. 싸움과 약탈을 잘하는 부족은 유목민족들이었다. 만주의 남쪽 부족들은 평야지대에서 농경을 하기에 상대적으로 유순했고, 북쪽 및 몽고와 가까운 부족들은 거칠었다. 그 사람들이 바로 거란족이다. 거란족의 정확한 유래는 알려지지 않았지만 만주에 있던 옛 선비족 등 몽골족과의 혼혈로 몽골족처럼 변한 집단을 대체로 거란이라고 본다. 이들이 세력을 확장하고 만주를 장악하기 시작하면서 중원 침공을 꿈꾸기 시작했다.

사생아 출신 고려 성군 현종

이름은 왕순(992~1031, 재위 1009~1031). 고려의 제8대 왕이다. 경종(고려 제5대 왕)의 왕비였던 헌정왕후 황보 씨는 경종이 사망한 뒤에 홀몸으로 살다가 이웃에 살던 왕건의 아들인 왕욱과 불륜에 빠진다. 헌정왕후는 임신을 하게 되는데, 출산을 앞두고 성종(고려 제6대 왕)에게 두 사람의 관계가 탄로 나고 말았다. 결국 왕욱은 귀양을 가고 헌정왕후는 출산하다가 사망하고 만다.

성종은 태조 왕건의 후손인 왕순을 대량원군에 봉하고, 궁에서 키운다. 하지만 성종이 사망하고 목종(고려 제7대 왕)이 즉위하자 목종의 모친 천추태후의 섭정이 시작되고, 그녀와 김치양의 불륜으로 아이가 태어난다. 천추태후는 그 아이를 목종의 후계로 삼기 위해 대량원군을 신혈사(현재의 서울 진관사)로 출가시켜 승려로 만들고, 몇 번이나 암살 시도를 한다.

이렇게 위태로운 삶을 영위하던 중에 1009년, 서북면 순검사 강조가 쿠데타를 일으켜 목종을 폐위, 살해하고, 현종을 신혈사에서 모셔와 왕으로 삼는다. 현종 즉위 후 실권은 강조가 장악하고 있었는데, 강조가 거란에 패해 포로가 되었다가 살해되자 현종은 강감찬의 책략에 따라 전라도 나주로 피난한다. 권력 기반이 없다시피 했던 현종은 피난길에 지방토호나 도적에게 습격을 당하며 죽을 고생을 하지만, 극적으로 목숨을 보전하고 나주에 도착한다.

거란군이 물러간 뒤에 개경으로 돌아온 현종은 강감찬을 재상으로 삼아 개경 재건에 착수한다. 이후 자신의 권력을 착실히 다지고, 거란의 침공에 완강하게 버텨 최종 승리를 거둔다. 특히 현종은 피난 시절에 겪은 무정부 상태에 큰 충격을 받고, 고려의 지방제도를 확고하게 정비하는데, 이것은 고려시대 지방제도의 골격이 되었다.

그런데 만주에 있는 부족이 중원으로 들어가려면 항상 한반도와 간도를 거쳐야 했다. 간도에는 여러 민족들이 살았다. 만주에 살던 부족들이 간도를 거쳐 중원으로 들어가기에는 인구가 부족했다. 여러 민족이 사는 간도를 거쳐, 중원이라는 인구 밀집 지역을 점령하려면 인구가 많이 필요했고, 이를 위해 집단이주를 했다. 이때 중국은 어떻게 대응했을까? 중국의 전통적인 외교는 이이제이(以夷制夷)였다. 만주에 있는 다른 부족들을 꾀어내는 것이다. "여기, 이 땅 비었다. 이리로 오라." 이것이 그들의 이이제이였다.

중국은 한나라 이후 내내 그런 식으로 대응했다. 그러다 보니 만주 부족들도 그 수를 읽었다. "내가 힘이 있다고 중국으로 그냥 가면 안 된다. 반드시 뒤를 평정하고 가야 한다." 생각이 거기에 미치자 인구 밀집 지역인 한반도를 평정해야 한다는 결론에 이르렀다. 거란이 서진해서 중국을 상대하다 보면 동쪽의 한반도나 간도의 여진족에게 등을 노출하게 되기 때문이다.

그래서 거란은 중국으로 가기 전, 먼저 고려를 친다는 전략을 국시로 채택했다. 대신 신속하게 쳐야 했다. 전쟁을 오래 끌면 승리해도 국력과 병력을 낭비하게 될 것이고, 송(宋)이 거란을 공격할 우려도 있었다. 마침내 거란은 최정예 부대를 이끌고 고려 침공을 감행했다. 이때가 거란의 최전성기였고, 고려는 건국 이래 최대 위기를 맞았다.

그렇다면 거란군은 어떤 군대였을까? 거란인은 몽골인과 혼혈이었기에 칭기즈 칸 편에서 서술했던 몽골군 전술의 기본은 모두 갖추었다고 볼 수 있다. 이들은 경기병의 속도를 앞세워 전격전과 기동전에 능했고, 빨리 움직이면서 약탈에도 강했다. 앞서도 언급했지만 기병은 말을 몇 필씩 끌고 다니면서 약탈하다 보니 현지 조달에 용이했고, 그래서 활동 반경이 넓었다. 국가 체제를 만들었던 민족이니만큼 스텝 민족보다 조직력도 좋았다.

몽골에는 여러 부족이 있었기 때문에 부족 군대들을 끌어모아 편제했는데 황제의 직할부대인 황제군, 황후의 직할부대인 황후군이 최정예였다. 그리고 힘없는 부족 병사들은 공성부대에 편제되었다. 하지만 이 체제는 유동적이었다. 공성부대에서 살아남으면 C급 기병으로, 다시 살아남으면 B급 기병으로 갈 수 있었다. 이런 방식으로 동기부여를 하니, 군대가 점점 강력하게 발전해갔다. 이렇게 다양한 전투를 겪으면서 조직화되고 실전 경험도 풍부히 쌓았던 거란군이 고려를 침공한 것이었다.

국왕을 움직이는 배짱을 보이다

거란전쟁의 주역이었던 강감찬은 어떤 인물이었을까? 강감찬의 선조가 고려의 개국공신으로 알려져 있지만, 당시 그가 출세하는 과정을 살펴보면 최고의 문벌 집안은 아니었던 것으로 보인다. 강감찬은 984년에 문과에서 장원을 하고 승진도 했지만, 눈에 띄는 활약상을 보이지 못했다. 그러다 거란 1차 침공 때부터 그는 갑자기 존재감을 드러냈다. 강감찬은 문과 장원 출신이지만, 장군으로 알려져 있다. 고려는 문무 구별 기준이 조선과 달랐고 문관과 무관의 정체성도 달랐다. 조선 선비는 의복과 행동거지부터 달라야 했고 활을 쏘아도 야전적으로 쏘면 안 됐다. 그런데 고려는 그런 기준이 없었다. 고려시대는 문과 장원 출신들이 야전에 나가서 전투도 잘했다.

강감찬도 말을 잘 타서 야전에서 실전을 뛰는 뛰어난 지휘관이었다. 그는 야전 판단력과 전술적 판단력을 겸비했을 뿐 아니라, 정략적 판단까지 해내는 인물이었다. '문무겸비.' 그것이 정략적 판단과 전술적 판단을 조화롭게 해내는 강감찬을 일컫는 가장 정확한 표현이다. 그가 거란전쟁을 이끌어가게 된다.

거란의 1차 침공은 탐색전이었고 2차 침공이 진짜 전쟁이었다. 거란은 임금 성종이 친정(親征)했다. 고려도 전쟁 준비를 하고 있었는데, 하필 강조의 쿠데타가 발생했다. 그런데 그때 성종이 이끄는 엄청난 대군이 밀고들어온 것이다. 그러자 강조도 고려의 병력을 다 모았다. 이렇게 정치적으로 안정되지 않다 보니 아군끼리 믿을 수 없는 상황이 돼버렸다. 그러니 전쟁이 몇 배로 위험했고 선택의 폭이 좁아졌다. 강조 입장에서는 군대를 남에게 맡길 수 없었고, 결국 본인이 직접 군을 이끌고 전장에 갔다. 문제는 그렇게 하자 수도가 비어버렸다는 점이다.

우리나라는 전통적으로 기마민족이 쳐들어오면 성에 들어가서 수성전을 하고 지연 작전을 하면서 시간을 끌면 됐다. 거란족의 최대 약

〈사진 2〉 낙성대에 위치한 강감찬 사당 앞의 동상.

사령관이 문관이라고?

조선시대에는 문관이 사령관을 맡는 경우가 많았다. 유교 국가라고 해서 무관을 차별해서가 아니라 전투를 책임지는 지휘관과 달리 총사령관은 전술을 짜는 역할, 즉 경영인으로 여겼기 때문이었다. 군수 물자를 받아 분배하고, 병력을 조직하고, 모든 전술적 조율을 해야 했는데, 그런 일은 문관들이 더 잘했다.

고려시대에는 장원급제를 하면 최전방 야전 중대장으로도 갔다. 그리고 야전 임무가 끝나면, 다시 문관직을 맡는 경우도 있었다.

그렇다면 좋은 사령관의 자질은 무엇일까? 그는 직접 작전을 짜지 않아도 된다. 다만 어떤 말이 옳고 그른지 판단할 줄 알아야 하고, 전술적 아이디어는 없어도 용기가 있어야 한다. 용기가 없으면 과감한 전술을 주장하는 야전 사령관의 제안에 쉽게 결정을 내릴 수 없다. 그 용기에는 책임감이 따른다. 그래서 나이, 경력, 업적을 떠나 책임감과 용기, 분별력이 있는 사람이 좋은 사령관이 될 수 있었다.

점이 시간이었기 때문이다. 그들이 고려 땅에 머물 수 있는 만큼만 버티면 됐다. 그것이 우리의 전술이었다. 그런데 강조 입장에서는 산성에서 버틸 수가 없었다. 그랬다가는 개경에서 무슨 일이 나도 날 상황이었다. 결국 강조는 단판 승부를 벌이기로 결정했다. 하지만 고려군은 대군을 거느리고 실전을 치른 경험이 없었고 거란군은 최정예 부대였다. 강조의 부대는 교과서적인 포진으로 대응하다가 유목 기병의 고전적인 전술에 완전히 휘말려 처참하게 패하고 말았다. 이 패전으로 고려군은 거의 섬멸되었다. 패전 소식을 들은 조정에서는 항복하자는 얘기가 나왔다. 강감찬이 등장해 현종에게 버티자고 한 것이 바로 이때다.

대체 강감찬은 이 상황에서 무엇을 본 것일까? 첫째, 거란군은 한 달 이상 여기 머무를 수 없었다. 둘째, 현종은 거의 허수아비 왕이었기 때문에 항복하면 그걸로 끝이다. 고려의 관료들은 목숨을 보전하기 위해 모두 항복하자고 했지만, 그는 현종에게 비록 위험천만한 몽진길이더라도 피난을 권유했다.

강감찬은 왜 그랬을까? 본인의 출세 욕망 때문일 수도 있다. 설혹 강감찬의 출세욕이 작용됐다 하더라도 '국가를 위해 왕도 목숨을 걸고 모험을 해야 한다'고 제안했다는 것 자체는 역사에서도 드문 일이다. 그 후로 거란전쟁의 주요 사건은 모두 강감찬이 해결했다. 그는 개경에 남아서 군대를 수습하고 2차 전쟁을 수행했다. 거란군은 끝내 물러갔다.

적의 실수를 유도하라

거란군은 물러갔지만, 또 올 것이었다. 그렇다면 고려는 무엇을 해야 할까? 수도 개경이 함락된 후 고려는 초토화되었다. 개경의 가장 큰 단점은 방어력이 약하다는 점이었다. 강감찬은 수도 방어를 위해 다시 성을 쌓아야 했다.

그리고 마침내 거란의 최후 도박이 다시 시작됐다. 보통 이를 3차 침공이라고 하지만, 그사이의 작은 침공까지 포함하면 6번째 침공이었다고 보는 의견도 있다. 중요한 건, 이것이 거란의 마지막 침공이었다는 점이다. 이번 침공은 거란의 소배압 장군이 사령관이 되어 이끌었다. 소배압은 과감하고 용감무쌍한 인물로, 몽골 및 거란 기병의 돌격전과 전격전에 아주 능했다.

그렇다 해도 거란 입장에서 고려 침공은 힘든 전역이었다. 제일 중요한 이유는 시간 제한이었다. 한반도 북쪽 땅이 영하 20~30도가 되는 12월에서 1월 사이에는 전투를 끝내야 했다. 더욱이 한반도의 옛길은 군대가 이동하기에 무척 험했다. 가령 조선시대 조령길은 지금처럼 직선으로 된 평지가 없었다. 이런 언덕길을 올라가다 보면 기병 부대의 손실이 컸다. 말 다리가 부러지는 일이 허다했고, 그래서 언덕길은 말에서 내려 걸어서 이동해야 했다. 거란군이 말을 타고 이동하면 하루에 50~60킬로미터를 진군할 수 있었지만 이들은 평소에 걸어 다녔다. 보급상의 어려움, 시간 제한, 거세지는 고려군의 저항으로 이제 거란군도 개경까지 다시 진군할 자신을 잃었다. 거의 전쟁 포기 수순까지 갔다.

결국 소배압이 과감한 작전을 세웠다. '최소한의 식량만을 싣고 개경까지 질주한다.' 사실 그렇게 하면 말도 많이 죽는다. 소배압은 말의 절반이 죽는 것과 병사들의 아사도 각오했을 것이다. 심지어 죽은 말을 먹으면서까지 갈 각오였을 것이다. '그렇게 개경까지 직공해서 바로 성을 함락시키고 돌아오면 된다. 이렇게 고려를 항복시키자.'

어느 나라든지 왕이 수도를 한 번은 버릴 수 있어도 두 번 버리면 쿠데타가 난다. 현종도 개경을 두 번 버리는 일은 없을 것이다. 그래서 개경 직공 작전을 쓴 것이다. 이들의 침공 징후는 고려에서도 파악했다. 침공 이전에 강감찬이 서북면 행영도통사로 임명받는데, 이는 사실상 고려의 총사령관이다. 그런데 왜 서북면이었을까? 전면전 이전에도 계속해서 거란군과의 전투가 있었고 이로 인해 평안도가 초토화된 상황이었다. 그 지역에서 반란이 일어날 수도 있는 절체절명의 상황이었기에 강감찬을 파견했던 것이다.

고려의 작전도 간단했다. 최대한 일선에서 적을 막고 시간을 끌면서 거란의 '타임아웃'을 소진하라. 작전대로 흥화진 동쪽 대천(지금의 삽교천)에서 강감찬이 수공을 펼쳐 대승을 거두었다. 엄청난 타격을 입은 거란군이 후퇴할 것으로 예상했지만, 모두의 예상을 깨고 소배압이 기병을 끌고 남하해버렸다. 고려군도 말은 잘 타지만 거란 기병의 속도를 이길 수는 없었다. 강감찬도 허를 찔린 격이 되어버렸다.

『손자병법』에도, "내가 아무리 뛰어나도 상대방의 마음을 움직일 수는 없다"고 적혀 있다. 거란군의 예측 불가의 행동은 강감찬을 당황하게 만들었다.

강감찬은 1만 명의 기병을 모아 김종현이란 장군에게 거란군을 추격하게 했다. 그러나 고려군이 거란 기병을 추격하기란 사실상 불가능했다. 적의 전술을 전혀 예측하지 못했던 것이 실책이었다. 거란군은 거침없이 개경을 향해 달렸다.

결국 거란군은 개경 근처까지 도달했다. 개경은 변해 있었다. 2차 침공 때는 보지 못했던 성벽이 개경을 두르고 있었다. 현종이 이번에는 피난은커녕 결사 항전하겠다고 선언한 것이다. 그런데 사실 개경에는 군대가 하나도 없었다. 거란군이 공격했다면 개경은 함락당했을지도 모른다. 아마 소배압이 정상적으로 판단했다면, 분명 개경을 공격했을 것이다. 하지만 전쟁의 결정적 변수 중에는 '압박'이라는 요소가 있다. 『손자병법』에도 나오지만, "전쟁에서는 상대방이 실수하도록 만드는 게 중요하다." 상대를 계속 압박해서 실수를 유발하는 것이다. 상대가 압박을 느껴 당황하다 보면 판단력이 흐려지는 순간이 오게 마련이다.

결국 소배압은 군대를 돌려 후퇴했고 이로써 전쟁의 주도권이 바뀌었다. 군대를 돌려 올라가는 길은 만만치 않았다. 계획대로 개경을 점령하고 전투력을 정비한 후에 올라갔어야 했는데 그렇지 못했으니, 전투력은 절반 이하로 떨어졌고 이 상태로 강감찬의 고려 주력군을 피해서 가야 했다. 그렇게 양군의 술래잡기가 시작됐다.

리더의 판단이 승리를 좌우한다

거란군은 어렵게 고려군의 추격을 뚫고 올라가 귀주 인근에 이르렀다. 그런데 거의 마지막 순간에 강감찬이 거란군의 진로를 탐지했고 샛길로 질러가 귀주에서 기다렸다. 양군은 귀주성 앞에서 만나게 됐는데, 이것이 바로 우리가 알고 있는 귀주대첩이다. 귀주성 앞에는 하천 두 개가 있는데, 이 하천에서 물을 막았다 터뜨려 이기는 장면이 영화에 등장하곤 한다. 하지만 이는 현실성이 없다. 우선 그곳은 그렇게 큰 하천이 아니다. 더구나 때는 한겨울이라 천이 얼어붙었을 것이고, 설사 이상 기온이 왔다 해도 물이 철철 넘칠 수는 없다.

귀주대첩 당시에도 고려군이나 거란군이 하천을 마음대로 건너는 것을 보면 얼어붙어 있거나 얼지 않았더라도 수량이 상당히 적었던 것이 분명하다. 게다가 거란군의 퇴로는 유동적이었고, 고려군과의 추격전이 어떻게 전개될지 모르기 때문에 거란군이 귀주로 와서 고려군과 조우한다는 보장은 없었다. 그렇기에 사전에 이런 상황을 모두 예측하고 고려군이 미리 댐을 쌓았다는 것은 말도 안 된다.

귀주에서 그야말로 정면 대결이 벌어졌다. 양군 모두 주력 부대였다. 거란군이 아무리 지쳤다 한들 최정예 군대였다. 서로 결사의 각오로 임했을 것이기에 전투는 팽팽하게 진행됐는데, 결국 소배압이 마지막 순간에 실수를 범했다. 언덕에 군대를 배치하고 자리를 지켰어야 했는데, 갑자기 강을 건너와 스스로 배수진을 쳤고 역시 배수진을 치고 있던 고려군과 대치했다. 바로 이때, 거란군을 추격해온 김종현이 언덕 뒤에서 나타났다. 앞뒤에서 압박을 받은 소배압은 그만 동요해버렸고, 고려군의 공격에 그대로 무너졌다. 김종현 부대와 강감찬 뒤에 있던 고려 기병은 도주하는 거란군을 추격해서 그야말로 섬멸해 버렸다. 그날 전투에서 죽은 거란군이 그동안 역대 거란 침공에서 사망한 병력보다 많았을 정도였다. 거란의 성종이 그 소식을 듣고 대노했고, 결국 고려 침공을 포기하게 되었다. 이후로도 거란군이 '고려는 건드리지 말고 중원으로 가자'는 전략을 택하면서 고려는 안정적인 국가를 유지하게 되었다.

결국 이러한 승리와 평화가 가능했던 것은 2차 침공 때부터 마지막 순간까지 강감찬의 전략이 맞아떨어졌기 때문이다. 강감찬은 현종의 피난을 주장했고, 후에 개경의 방비를 철저히 했다. 개경까지 밀고 들어온 소배압이 판단을 잘못해 우연히 고려가 승리한 것이 아니라, 소배압의 잘못된 판단까지 염두한 강감찬의 전략적 승리였다고 할 수 있다.

아쉽게도 강감찬에 대한 기록이 거의 없어 리더십에 대해서는 더 이상 자세한 이야기를 할 수 없다. 하지만 그가 이끌었던 전쟁을 보면 강감찬의 인물 됨됨이, 리더십의 본모습을 짐작할 수 있다. 그는 이

전쟁이 국가의 장기적인 운명에 어떤 영향을 끼칠 것인가 충분히 알고 결정을 내렸다. 그리하여 거국적인 도전을 했고 치열한 전면전을 통해 압도적인 승리를 거둠으로써, 이후 고려가 300년 이상 안정적인 국가를 유지하도록 기틀을 만들었다.

국가적 판단, 군사적 판단, 전술적 판단, 이 세 가지 요소가 맞아떨어져야만 전쟁을 제대로 운영할 수 있다. 조직도 마찬가지다. 리더는 정략적 판단과 조직적 판단, 전술적 판단, 이 세 가지를 조화롭게 해야 성공할 수 있다. 특히 조직이 안정돼야 할 시기의 거시적 판단은 조직의 운명을 좌우한다. 그리고 항상 성장기에 거대한 도전이 오는데 그 도전을 이겨낼 때도 이 세 가지를 정확히 분석해야 파고를 넘어 살아남을 수 있다.

살라딘 (이슬람)

중세 명장 ③

시대를 앞서가는 것, 변화를 예측하고 준비한다는 것은
반드시 예언자적 능력을 요구하는 행위가 아니다.
결단의 문제다. 대부분의 사람들이 이를 알면서도 회피한다.
이유는 다양하지만 결과는 같다.
그는 신중하고 소심한 사람이었다.
하지만 세상이 요구하는 지도자상을 알았고,
자신을 거기에 맞추어 단련했고,
심지어는 모험을 했다.

적군과 온 역사가 칭송한 관용의 군주, **살라딘**

"이슬람 세력의 전무후무한 군주"
"역사를 휘어잡은 온화한 카리스마"

단테의 『신곡』에는 '연옥'이라는 곳이 있다. 그 연옥에 가기 전에 기독교인은 아니지만 차마 지옥에는 넣을 수 없었던 훌륭한 사람들이 사는 신기한 공간이 하나 있다. 그곳에 유일한 무슬림이 있다. 수많은 영화의 주인공이 된 이슬람의 영웅, 성지 예루살렘을 탈환하고 십자군 왕국을 멸망시킨 군주, 그럼에도 기독교 세계에서 무한한 존경을 받았던 진정한 기사이자 영웅, 살라딘(Saladin, 1137~1193)이다. 기사의 모범, 포용력의 제왕으로 추앙받는 그는 어떤 미덕을 지녔기에 서양 세계에서도 존경받는 인물로 남을 수 있었을까?

〈사진 1〉 살라딘의 흉상.

군주의 성공은 어디에 달렸나

살라딘은 쿠르드족 출신이다. 오랫동안 나라가 없었던 민족, 그러나 아직까지도 나라를 세우기 위해 싸우고 있는 민족이 바로 쿠르드족이다. 쿠드르족에게 가장 흔한 직업은 전쟁 용병이었다. 살라딘의 아버지도 용병이었는데, 그는 모술의 왕이었던 장기(1085~1146)라는 사람의 군사령관으로 출세했다.

장기는 탁월하고 야심 찬 군주였다. 그는 전쟁으로 파괴된 도시를 재건했고, 산업을 부흥시켰다. 또 수준 높은 의료, 복지 체계를 완성했다. 그는 자애로운 통치자였지만 군인으로서는 엄한 지휘관이었다. 병사와 노예들에게 대단히 엄했고, 한번 내린 명령은 반드시 이행해야 했으며, 일말의 자비도 없었다. 그 자신도 뛰어난 전사로, 거구의 프랑크족 기사를 향해 선두에서 기병 돌격을 감행하는 용사였다.

그는 시리아의 통일과 십자군 축출이라는 두 가지 과업에 도전했다. 그의 꿈은 모술에 이어 십자군 왕국의 중심 지역이었던 시리아의 3대 도시 알레포, 다마스커스, 예루살렘을 정복하는 것이었다. 그는 알레포와 난공불락의 십자군 요새인 에데사를 함락시키며 기세를 올렸지만, 그만 노예들에게 암살되고 말았다. 평소에 너무 엄하고 자비가 부족했던 것이 문제였다.

장기가 죽자 살라딘 가는 다마스커스의 왕에게 발탁되어 발벡이란 도시의 지배자가 되었다가, 다시 장기의 아들 누르 앗 딘(1118~1174)

모술

이라크 북부 지역의 중심 도시. 현재 이라크 제2의 도시로 인구는 180만 명 정도다. 티그리스 강변에 세워진 도시로 메소포타미아 지역에서 유래 깊은 고대 도시 중 하나다. 아시리아 왕국의 수도였던 니네베가 바로 이곳 모술에 있었다. 지금도 과거의 니네베 지역인 구도심과 신도심 지역으로 나뉘어 있다. 무역의 중심지이지만 전략적 요충지이기도 해서 중동에서 벌어진 수많은 전쟁에서 전투의 중심이 되곤 했다.

이 다마스커스를 정복하자 옛 주군의 아들에게 충성을 서약했다.

누르 앗 딘은 아버지 장기보다 더욱 뛰어난 군주였다. 장기는 가혹하고 각박했는데, 누르 앗 딘은 장기의 모든 장점에 더해 인격까지 갖추었다. 이때 살라딘은 아직 어렸지만, 이런 누르 앗 딘의 통치 방식과 전쟁 수행은 살라딘에게 큰 영감을 주었다.

1098년 비잔틴 왕국의 요청으로 결성된 1차 십자군은 안티오크와 예루살렘을 함락했고, 레반트라고 불리는 시리아에서 레바논을 거쳐 팔레스타인에 이르는 해안 지역에 십자군 왕국을 세웠다. 1차 십자군은 그 후의 십자군에 비해 특별히 강하지도, 전술적으로 우수하지도 않았다. 그럼에도 1차 십자군이 대성공을 거둔 이유는 당시 이 일대를 지배하던 셀주크 왕국이 분열되어 있었기 때문이다. 십자군이 출

1차 십자군의 기적 같은 세 번의 승리

십자군은 전투력이 뛰어난, 용맹한 기사들이 참여하긴 했지만 유력 영주와 기사들의 엉성한 연합부대였다. 통합 지휘관도 없었고, 혈기왕성한 중대장들만 모여 있는 군대였다. 조직, 행군, 병참 등이 모두 제멋대로였다.

1차 십자군 전쟁의 서전이자 교두보 확보전이라고 할 수 있는 안티오크 포위전에서는 자멸 직전에 몰렸지만, 이슬람 구원부대가 도착하기 직전에 안티오크 수비대장이 배신해 공략에 성공할 수 있었다.

십자군은 도릴레움 계곡 전투에서도 조직적인 클르츠 아슬란군의 공세에 간신히 버티다가 전멸 직전까지 몰렸다. 이때 십자군 부대는 행군의 기본 원칙도 몰랐다. 그래서 여러 부대로 나누어 제멋대로 행군해서, 인접 부대 사이에 위치도 확인되지 않고, 연락도 되지 않았다. 1차 십자군 전쟁의 지도자 중 한 명인 보에몽은 아슬란군과 조우하자 서둘러 고드프루아 부대에 연락병을 보냈다. 이 연락병은 고드프루아 부대의 위치를 몰라 하루종일 헤매다가 간신히 연락이 닿았다. 그사이 보에몽은 패전 직전에 몰렸고 승리를 확신한 아슬란군이 총공세와 약탈을 벌이면서 후방 경계가 소홀해졌다. 하필 이때 고드프루아 부대가 뒤에서 나타나 일제 공격을 퍼부었다.

마지막 예루살렘 공성전에서도 승리를 확신할 수 없는 상황이었지만 기적적으로 승리했다. 이 세 번의 승리로 십자군 왕국이 수립됐다. 현대 학자들은 한결같이, 이슬람 세계가 조금만 단합되었고, 예루살렘과 시리아 사이에 제대로 된 왕국만 존재했어도 1차 십자군은 절대로 성공할 수 없었을 것이라고 말한다.

현하기 4년 전인 1092년, 셀주크의 술탄이 사망하고, 셀주크 왕국이 내전에 빠졌다. 지역의 봉건 군주들이 독립해 서로 반목하던 시기였고, 그 틈을 서방의 기사들이 파고들었다.

장기와 누르 앗 딘의 등장 배경에는 십자군 왕국 수립의 영향으로 인한 이슬람 세계의 자각과 사명감이 깔려 있었다. 이슬람이나 기독교는 둘 다 강력한 유일신 사상으로 무장하고 있었다. 이슬람의 입장에서는 자신들의 성지와 영토를 다른 종교의 이민족이 점령하고 있다는 현실은 신의 질책을 유발하는 것이었다.

이슬람 세계가 단합하지 않는 한 십자군을 몰아낼 수는 없을 것이고, 또 어설픈 단합은 유럽인들을 더 강하게 단합시킬 뿐이었다. 더 빨리 더 강하게 단결하는 세력이 성지의 주인이 될 것이다. 이 단합 경쟁에서 승리하기 위해서는 군사적 역량을 갖춘 선각자가 필요했다.

선각자에게는 리더십이 요구된다. 이슬람 세계는 도시왕국과 부족 간에 뿌리 깊이 분열되어 있었다. 이런 집단을 모아 단합시키려면 어떤 리더와 리더십이 필요할까?

단순히 영웅적인 리더의 출현만으로는 문제가 해결되지 않는다. 국가적 단결에는 두 가지 방법이 있는데, 여러 독립국가가 연합군을 구성하는 방법과, 더 고도화하고 능률적인 국가 체제를 수립하는 수직적 통합 방법이 있다. 그런데 이 두 가지는 결국 만나게 되어 있다.

독립왕국이 연합군을 형성한다고 해도 이를 통솔하려면 영웅적 리더가 필요하고, 침략군의 격퇴나 대외전쟁을 승리로 이끈 영웅이 새로운 군주나 제왕으로 군림하게 되는 것은 역사상 수없이 반복된 패턴이었다.

그러므로 십자군과 싸우는 리더는 군사적, 외교적 역량을 발휘하는 것으로는 부족하다. 도시와 부족을 통합할 수 있는 새로운 국가, 더 강력하고 효율적인 국가 체제의 청사진과 군주상을 보여주어야 했다. 장기의 국가는 바로 이런 자각과 노력의 결과였다.

존경과 권력, 두 마리 토끼를 잡다

십자군 왕국과 싸우면서 이슬람 세계가 변화하는 동안 십자군 왕국의 지도자들도 전략적 각성을 시작했다. 이들은 왕국을 지키기 위해 시리아, 이라크, 레바논, 팔레스타인 지역의 이슬람군과 싸우는 중에, 정작 중요한 지역을 놓치고 있었다는 사실을 뒤늦게 깨달았다. 바로 이집트였다.

황금과 보석이 넘쳐나는, 최대의 곡물 생산지였던 이집트의 전략적 중요성은 그야말로 대단했다. 십자군 지도자들이 조금만 현명했더라면 고대 페르시아 제국부터 동로마시대까지, 이집트를 아우르지 않은 제국이 없다는 사실을 더 빨리 알아차렸을 것이다.

시리아가 성장하고, 십자군 왕국이 이집트에 야욕을 뻗기 시작하자 이집트는 다급해졌다. 십자군이 오기 전 압바스 왕조가 중동을 지배할 때, 이집트도 압바스 왕조에 정복당해 칼리프의 한 지파에 의해 통치되었는데 이 집안이 마호메트의 딸 파티마의 후손이라고 해서 파티마 왕조라고 불렸다.

이때는 이집트의 정치 상황도 엉망이었다. 분열과 내전, 십자군의 침공까지 겹쳤기 때문이다. 결국 이들은 당시 가장 강력한 이슬람 국가였던 시리아의 누르 앗 딘에게 구원을 요청했다. 시리아군은 이집트로 출정했고, 예루살렘 왕국의 군대와 혈전을 벌이게 되었다.

이 시리아 구원부대의 사령관이 바로 살라딘의 삼촌 시르쿠(?~1240)였다. 이때 누르 앗 딘은 무슨 생각이었는지, 살라딘에게 삼촌을 따라 이집트로 가라고 요구했고, 살라딘은 이를 거절했다. 그는 전쟁이 싫었고, 자신에게는 소질도 없다고 생각했다. 그러나 누르 앗 딘은 강제로 살라딘을 삼촌의 부대에 합류시켰다. 누르 앗 딘에게는 꿍꿍이가 있었던 것 같다. 결국 시르쿠의 군대는 침략군을 격퇴했을 뿐 아니라 이집트의 지도자마저 제거했고, 그는 이집트의 통치자가 되었다. 시르쿠는 임무를 훌륭하게 수행한 사람이었지만, 조금 불안한 인물이었다. 아니나 다를까 거사를 치른 뒤 사흘 만에 시르쿠는 폭식으로 사망해버렸다. 이것이 행운이었는지, 누르 앗 딘의 뒷공작인지는 알 수 없다. 이러한 상황에서 겨우 서른 살의 조용한 청년 살라딘은 시루크의 부장들에 의해 후계자로 추대되었다. 이제는 군사 작전이 아니라 통치가 필요한 시점이었다.

누르 앗 딘은 살라딘의 소심함을 믿었을 것이다. 이집트를 지배할 구상의 핵심은, 자신을 배신하지 않을 지도자를 내세우는 것이었다. 그러나 누가 이집트의 풍요와 황금을 저 멀리 있는 군주에게 고스란히 가져다 바칠 것인가? 시르쿠 같은 용병대장의 충성심은 언제나 의심스러웠다. 누르 앗 딘은 서른 살의 소심하고 신실한 청년에게 기대를 걸었다. 그것이 유일하게 가능성 있는 선택이었을 것이다. 하지만 살라딘은 만만한 젊은이가 아니었다. 그는 소심한 것이 아니라 주도면밀하고 정확했을 뿐이다. 소수 민족인 쿠르드족 출신의 관리로 살아가기 위해 그는 어떻게 처신해야 했을까.

살라딘은 처신의 귀재였다. 먼저 그는 소유하지 않았다. 그는 모든 재산을 국고에 귀속시켰고, 돈으로 복종을 요구할 수 있는 사람들에게는 과감히 돈을 썼다. 백성을 위해 선정을 베푸는 것은 말할 것도 없었다.

그는 문화 정책도 폈다. 알렉산드리아에는 당시 세계 최대의 도서관이 있었고, 지금 우리가 알고 있는 수많은 그리스 고전 작품들이 그곳에 보전돼 있었다. 종교를 기반으로 한 정권은 배타적이고 타종교에 적대적이기 쉬운데, 살라딘은 이 빛나는 문화유산의 가치를 제대로 알아본 군주였다. 그는 10만 권이 넘는 도서의 복사 사업을 지원했다. 그리고 그 원본을 자신도 정부도 아닌, 그 사업을 주관한 학자에게 주었다.

살라딘은 사람들에게 원하는 것을 줌으로써 존경과 권력을 얻는 법을 알았다. 여기서 '권력을 얻는다'는 부분이 중요하다. 타인에게 베푸는 것으로 존경을 얻는 사람은 많지만, 권력을 얻는 사람은 드물다. 비천한 곳에서 일어난 권력자들은 대개 자신의 권력과 부를 복종자, 고용인, 용병, 무기와 같은 권력의 직접적 표상을 매입하는 데 사용한다. 하지만 진정한 권력자는 권력을 사오지 않고 만든다. 존경이 바탕이 된 권력만큼 강력한 것도 없다. 동시에 이 방법은 매우 힘들고 위험하다. 보통의 권력자는 이렇게 말할 것이다. "총과 부가 뒷받침되지 않는 존경은 종잇장에 불과하다."

어쩌면 살라딘도 이 말에 동의할지 모른다. 하지만 그는 군대의 지지도 미약했고, 정식 왕도 아닌 시리아 정부의 대리인이었으며, 이집트인들에게는 구원자라는 명분으로 들어와 정복자가 되어버린 위선자였다. 이런 상황에서는 돈과 총으로 세우는 권력 역시 종이 한 장의 힘에 불과했다.

살라딘은 이집트에서 위대한 도전을 시작했다. 누르 앗 딘은 사람을 잘못 보았다. 살라딘은 착하고 소심한 청년이 아니라 권력의 속성을 누구보다 잘 아는 야심가였다. 그는 자신의 처지를 잘 알았고 도달하려는 이상이 높았기에 착한 통치자의 길을 선택했다.

살라딘은 누르 앗 딘의 간섭을 조심스레 배제하면서 자신의 권좌를 쌓기 시작했다. 예상했던 대로 존경보다 지지를 얻기가 더 힘들었다. 군부는 충성스럽지 않았고 여기저기서 반란이 일어났다. 살라딘의 배신에 분노한 이집트인은 십자군, 심지어 유럽 국가와 내통하려는 시도까지 했다. 시칠리아 군대가 상륙한 적도 있었다.

이런 위기에서 살라딘은 위태위태한 모습을 보였다. 그의 군사 지도자로서의 능력은 의심스러웠다. 살라딘 군대의 노병들은 선두에서 적진을 향해 돌격하던 장기의 모습을 그리워했을 것이다. 살라딘은 군대를 모집하고 훈련을 하기보다는 비밀통로와 피난처를 몰래 축조했고, 상황실에서는 중동 지도를 펼쳐놓고 유사시에 도주할 곳을 물색하는 그런 지도자였다. 특히 그는 분노한 시리아의 군주가 이집트로 찾아오는 상황을 두려워했다. 그가 오면 자신의 군대는 그들에게 투항할 것이고, 이집트 군중은 누가 봐도 강해 보이는 쪽으로 붙을 것이었다.

살라딘은 모든 걸 포기하고 도망갈 생각을 한 적도 있었다. 하지만 망명지를 물색하기 위해 지도를 펴놓고 보니 시리아의 세력권과 십자군 왕국을 제외하면 주변에 그가 갈 수 있는 곳은 아라비아의 사막뿐이었다. 그곳은 20세기까지도 낙타를 탄 사나운 부족들의 땅이었다. 할리우드 영화에서는 모든 아랍인이 늘 그런 전사들로 묘사되지만, 압바스 왕조 시대의 중동인은 서구인보다 훨씬 세련된 도시인이었다. 살라딘은 목욕탕도 화장실도 없는 모래사막의 삶에 몸서리를 쳤고, 자신의 자리에서 버티기로 결정했다.

살라딘은 십자군과의 전쟁으로 유명해졌지만, 이집트에서의 행적은 거의 알려지지 않았다. 그러나 이집트에서 살라딘의 삶은 몇 가지 중요한 교훈을 준다.

첫째, '멀리 보고 높은 곳을 향해 걸어간다'는 말의 의미다. 우리는

'야망을 가져라', '꿈을 간직하고 도전하라'는 말을 귀가 아프도록 들으며 산다. 그러나 왜 그래야 하는지, 그렇게 살기 위해서는 어떻게 행동하고 자신의 어떤 점을 개선해야 하는지를 배우는 경우는 드물다. 야망이나 꿈을 간직한다는 건 마음속에 이를 품고만 있으라는 의미가 아니다.

민물고기가 바다를 꿈꾼다고 해보자. 늘 바다를 상상하고, 멋진 삶을 그려본다. 그러나 지금은 아무것도 하지 않는다. 바다에서 살아남으려면 더 강한 힘과 바다에서 헤엄치는 법을 배워야 한다. 하지만 민물고기는 아무것도 하지 않는다. 여기는 바다가 아니니까, 당장은 개울에서의 삶에 충실해야 한다. 민물고기가 개울에 살고 있어도 먼 훗날의 바다를 준비하고 나를 계발하는 것, 이것이 '도전'의 영역이다. 그렇지 않고 더 넓은 무대를 마음으로만 품고 있다면, 그것은 평생 가슴속에 상실감, 열등감, 아쉬움, 좌절이란 가시로 남아 자신을 괴롭힐 뿐이다.

둘째, 그는 역사의 흐름을 읽고 시대에 투자했다. 시대를 앞서가는 것 그리고 변화를 예측하고 준비하는 것은, 예언자적 능력을 요구하는 행위가 아니다. 오히려 이것은 결단의 문제다. 대부분의 사람들은 이를 알면서도 회피한다. 이유는 다양하지만 결과는 같다. 살라딘은 야망이 커서 이슬람의 구원자가 되겠다는 목표를 품었던 것이 아니다. 그는 신중하고 소심한 사람이었다. 하지만 장기와 누르 앗 딘을 통해 세상이 요구하는 지도자상이 어떠한지 깨닫고, 자신을 거기에 맞추어 단련했고, 심지어는 모험을 했다.

어쩌면 그가 쿠르드족이었다는 이유 하나만으로도 그의 기사도적인 행동과 관용적인 태도를 설명할 수 있을지 모른다. 이는 종교적 갈등이 극에 달한 시대에 보기 힘든 행동과 태도였다. 출신 배경이 미약하고, 그런 배경을 가지고 높은 자리에 올랐던 사람들은 주로 한 명의 적이라도 만들지 않기 위해 조심했다. 살라딘처럼 더 높은 과제와 더 많은 적을 향해 달려가는 경우는 보기 힘들다.

시대가 요구하는 흐름을 읽은 사람만이 이러한 모험을 할 수 있다. 이것이 인생에서의 투자다. 살라딘은 생존을 걱정해야 하는 허수아비 시절부터 지도자로 만들어지고 있었다. 그런 그에게 예기치 않은 운명이 닥쳐왔다.

리더십이 부족한 강군은 없다

1174년 누르 앗 딘이 갑자기 사망했다. 살라딘은 군주와의 껄끄러운 관계에서 벗어났을 뿐 아니라 시리아와 이집트를 통합하는 새로운 제국의 군주가 될 기회를 얻었다. 착한 왕 살라딘은 하늘이 준 기회를 마다하지 않았다.

20세기에 벌어진 중동전쟁에서 시리아-이집트 통합왕국은 이스라엘의 악몽이자 중동의 영웅 나세르(이집트 대통령)의 꿈이었다. 그는 통합국가 수립에 성공할 뻔했다가 실패했는데, 12세기의 십자군 왕국은 바로 현재의 이스라엘-레바논-시리아 해안 지역에 펼쳐져 있었다. 살라딘이 쿠르드족이 아니었거나 쿠르드족이 현대까지 버티지 못하고 역사 속으로 사라졌다면, 나세르는 이집트-시리아 통합국가에 의한 지하드(성전)를 추구하면서 살라딘을 자신의 표상으로 등장시켰을 것이다.

누르 앗 딘이 사망한 후 살라딘은 시리아로 진군해 아슬아슬한 전투 끝에 다마스커스와 알레포를 점령했다. 이제 살라딘은 중요한 결정을 내려야 했다. 시리아 왕국을 재건하려면 모술과 예루살렘을 마저 점령해야 했다. 시리아를 기반으로 팔레스타인을 점령해야 이집트와 연결되고, 메소포타미아를 정복해야 중동 제국이 완성된다. 하지만 시리아를 마저 점령하려니 앗 딘 세력의 저항이 만만치 않았다. 이 대결에만 평생이 걸릴 수도 있었다.

더 큰 문제는 중동 국가들이 살라딘에게 저항하기 위해 모든 수단을 사용한다는 것이었다. 이슬람의 정적들은 세계 최고의 암살단을 고용해 살라딘을 세 번이나 습격했다. 그때마다 살라딘은 아슬아슬하게 암살 위기를 넘겼다. 아마 이들의 공격을 세 번이나 받고 살아난 사람은 살라딘이 유일할 것이다. 그 말은 네 번째 시도는 더욱 치명적일 것이라는 의미였다.

게다가 이들은 이교도들, 즉 프랑크인이라고 불렸던 십자가를 새긴 유럽인까지 끌어들여 기꺼이 살라딘의 뒤를 치려고 했다. 살라딘은 두 가지 과제와 마주했다. 이슬람 국가들과 도시들이 반(反)살라딘 연맹으로 결합하는 것을 막아야 했고, 십자군의 방해를 저지해야 했다.

십자군도 살라딘의 대두를 지켜보고 있었다. 십자군은 빠르게 움직였다. 예루살렘 왕국의 마지막 영웅인 보두앵 4세(1161~1185)는 살라딘 군대를 격파했고, 그를 거의 사로잡을 뻔한 대승리를 거뒀다. 살라딘은 형에게 시리아를 맡기고 이집트로 후퇴한 후, 이 위태로운 상황을 타개할 묘책을 고민했다. 결국 그는 누르 앗 딘 왕조와 화해하고, 1180년 중동의 지도자들을 모아 지하드를 위한 2년간의 휴전을 제안했다. "나는 이제부터 성도 예루살렘을 탈환하고, 이교도를 신성한 땅에서 몰아내는 일에 전력을 다할 것이다. 대신 여러분들은 모든 분쟁을 멈춰 달라."■ 현실이 녹록지 않았지만, 살라딘은 명분을 확고하게 쥐었다.

살라딘이 초래한 위기에 십자군 왕국은 긴장했다. 십자군 왕국, 또는 라틴 왕국은 동양 국가들과 같은 중앙집권 국가가 아니었다. 예루살렘 공국이 지도자 역할을 하긴 했지만 이 왕국은 공작령과 백작령이 뒤섞인 유럽판 봉건국가의 연합이었다. 1차 십자군 원정이 성공하면서 예루살렘을 중심으로 해안가에 여러 십자군 왕국들이 생겨났다. 프랑스 백작, 바이킹족 후손 등 지도자의 국가도, 구성원도 다양했다. 게다가 십자군 병력은 상설 군대가 없다시피 했다. 유럽 각 지역에 있

■ 스탠리 레인풀 지음, 이순로 옮김, 『살라딘』(갈라파고스, 2003), 195쪽.

는 왕이나 귀족, 기사들이 서약을 한 후 참전했는데, 관계가 있는 공국으로 가서 그야말로 '봉사'를 하는 식이었다. 자신이 지은 죄를 속죄하기 위해 오는 경우도 있었고, 가난한 기사나 불우한 귀족이 꿈과 한탕의 기회를 찾아서 오기도 했다. 과거에는 이런 이들이 십자군의 주력이라고 이해되었지만, 근래의 연구는 이들의 비중이 생각처럼 높지 않았고, 절대 주류는 아니었다고 보고 있다.

중세 기사들은 체격도 좋았고 중장갑으로 무장해 백병전에서 거의 지지 않았다. 다만 전투는 개인의 역량이 아니라 팀플레이를 요구하고, 팀플레이에서 승리하려면 훈련을 통해 손발을 맞춰야 한다. 지원병과 의용병으로 이루어진 십자군은 병력도 부족했고, 손발을 맞출 시간도 없었다. 기사들은 대부분 혈기왕성한 젊은이들이었고, 언어도 다르고 혈통적 자존심도 강했다. 이들을 하나의 군대로 조직한다는 건 무척 어려웠을 것이다.

이런 상황을 타개하기 위해 십자군 국가들이 찾은 해법은 강력한 요새 구축이었다. 요새 방어전에서는, 성의 구조가 진형을 대신하고 병사들은 자기 배치 구역을 지키면 되기 때문에 팀플레이의 부족한 부분을 메워줄 수 있었다. 그렇다고 요새 방어에 팀플레이가 필요 없는 것은 아니지만, 야전보다는 확실히 적응이 쉬웠다.

중동 지역은 축성술 연구의 보고다. 수천 년 전 고대 메소포타미아 시절부터 이곳에는 놀라운 요새들이 축성되었다. 여기에 로마와 유럽의 건축술이 더해지면서 십자군의 요새는 동서양의 축성술이 결집된 최강의 요새가 되었다. 십자군들은 이 요새에서 전설적인 스토리를 만들어내며 버텼다. 소수의 십자군 기사들이 성벽에서 10 대 1의 전투력을 발휘하기도 했고, 7명의 기사가 백 명 단위의 부대를 지휘해 수천 명의 이슬람군을 막아낸 놀라운 이야기가 탄생했다.

십자군 요새가 매우 견고하다 보니, 야전에서는 십자군이 절대 열세라는 그릇된 오해가 생겼다. 오래전 서구 영화에서는 십자군 기사의 역량을 과장되게 표현했는데 이는 그에 대한 반발일 수도 있다. 과거 제국주의 국가들이 중동에서 벌인 만행과 서구 편향적인 서술에 부담을 갖던 유럽의 저술가들은 양심고백이라도 하듯이 십자군이 전술적으로 단순하고 무지한 집단이었다고 깎아내리는 경우도 있었다. 그러나 '진실'의 기준은 관념적 정의가 아니어야 한다.

십자군이 야전에서 약점을 지닌 것은 맞다. 병력도 부족했지만, 기동성에서도 약점이 있었다. 반면 이슬람 군대는 경무장하고 빠른 말을 탔으며, 말을 달리며 화살을 발사하는 능력이 유럽 기사들을 능가했다. 발사 무기를 이용한 원거리 공격에서도 이슬람군이 유리했다. 이들이 사용하는 각궁은 강력해서 중장갑 기사의 방패와 갑옷도 충분히 뚫었다.

십자군의 더욱 심각한 약점은, 힘으로만 밀어붙이려는 기사들의 우직함이었다. 그래서 '무모하고 어리석고, 개인의 힘과 용맹에 의존하는 유럽 기사들에 대해서는 정면으로 맞대결하지 말고, 유인해서 전술로 대적하라'는 가르침이 오래전부터 전해내려왔다.

전설의 요새, 크라크 데 슈발리에

크라크 데 슈발리에(Krak Des Chevaliers)는 현재의 시리아 트리폴리 백작국에 세워진 십자군 요새로, '기사들의 성'이라는 뜻이다. 크라크 데 슈발리에는 십자군 축성술의 정수를 보여준다. 트리폴리 공국은 프랑스 툴루즈 백작이던 레이몽드 가의 영지다. 레이몽드 가문은 십자군 왕국 중에서도 이슬람 국가들과의 대결에서 선봉에 섰던 대표적 가문이었고, 살라딘과는 악연으로 엮인 원수였다. 이런 사정으로 최고의 요새를 쌓았던 것 같다. 살라딘도 이 성을 공격했지만 실패하고 물러선 경험이 있었다.

이 요새는 사각 지점이 없는 완벽한 설계로 이루어졌고, 접근로는 외길이며 강력한 두 개의 탑으로 감제된다. 또 모든 방면에서 최고의 화력을 집중할 수 있도록 설계되었다. 인공으로 축성한 언덕은 공격군이 병력을 집결할 공간을 주지 않는다. 외성은 내성보다 높고 내성과 외성 사이의 간격이 좁아 적군을 향해 이중으로 화력을 퍼부을 수 있으며, 내성이 돌파당해도 내성과 외성 사이의 좁은 공간에 갇히게 된다. 잘 구획된 방어 구역은 절묘한 통로와 비밀 통로로 서로 연결되고 엄호된다.

그러나 여기에도 오해가 있다. 전쟁에서는 서로가 학습한다. 전쟁이 진행될수록 유럽 군대도 요령을 찾았다. 십자군도 야전에서 이슬람 군대를 상대할 효과적인 전술을 개발했다. 먼저 기병 돌격을 방어하기 위해 창병을 세우고 창병과 창병 사이에 석궁병이나 궁병을 배치했다. 열세인 발사 무기의 약점은 석궁으로 메웠다. 십자군의 크로스보우(crossbow)는 무거워서 말을 타고는 사용할 수 없었지만, 보병이 땅에 발을 붙이고 사격하면 웬만한 이슬람 궁수만큼이나 멀리 나갔다.

앞에서는 창병이 버티고, 뒤에서는 석궁으로 공격하니 이슬람 기병들도 돌파가 쉽지 않았다. 보병과 석궁이 기병을 상대하는 동안 유럽 기병들은 말에서 내려 후위에서 대기했다. 화살의 타깃이 되는 것을 피하고, 체력을 비축하려는 목적도 있었지만 흥분해서 멋대로 달려나가는 기사를 제지하는 제일 좋은 방법이 말에서 내려가게 하는 것이었다. 처음에 기사들은 말에서 내리는 것을 좋아하지 않았지만 금세 익숙해졌고, 보병으로 싸울 때도 그들은 강력한 전사이자 예비대가 되었다. 이슬람 기병이 지치면 말에 올라 출격했다. 유럽 기병이 아무리 느려도 지친 상대는 따라잡을 만했다.

이 전술은 효과적이어서 야전에서도 이슬람 기병들이 쉽게 이기지 못했다. 대신 유럽 군대는 멀리 추격하거나 공격적으로 적을 포위하고 섬멸하는 작전은 사용하기 힘들었다. 자신감이 넘쳐 추격해 갔다가는 매복에 당하기 십상이었다. 그러나 전투를 많이 경험한 기사들은 여간해서 매복에 걸려들지 않았다. 유인 전술에 말려들지 않는 십자군에 대해 감탄하는 이슬람 측의 기록도 있다. 한마디로 이들은 야전에서 주도적인 공격은 쉽지 않지만, 방어와 역습에는 충분히 강한 군대였다.

십자군의 진짜 약점은 불안정한 리더십이었다. 왕정의 전투력은 국왕의 리더십에 직접적인 영향을 받는다. 장기와 살라딘은 모두 직접 군대를 이끌었다. 하지만 봉건영주들인 십자군은 개인 역량에 따른 편차가 더 크고, 단합은 더욱 어려웠다. 십자군의 잔혹 행위가 더 돌발적이고 불안정해 보인 것은 개인의 교양과 정치 체제의 불안정성이 컸기 때문이다.

어쨌든 살라딘의 이슬람 세력과 십자군은 무수한 악행과 학살의 기록을 남겼다. 그런데 이것이 과연 이 전쟁의 특수한 단면일까? 중세의 전쟁을 보면, 마을과 도시의 함락은 종종 상식을 넘어선 잔혹한 장면을 연출했다. 기독교든 이슬람이든 이런 가혹 행위는 이교도를 상대로 저질러지기도 했지만, 같은 종교와 동족 사이에도 잦았다.

어떤 종교가 더 잔혹하냐는 말은 바보스러운 질문이다. 학살자들이 "이교도를 죽여라"고 소리쳤다고 해서 그들의 행동이 신앙심에서 우러나온 것인지, 탐욕에서 나왔는지는 판단하기 어렵다. 가장 대표적인 학살의 신은 '정의'였다.

이슬람 세력과 기독교 세력은 서로가 원수였고 서로 간에 잔혹 행위만 일삼았다고 생각하기 쉽지만, 그 또한 그렇지는 않았다. 잔혹한 학살은 대부분 전투 중에 발생했음을 망각해서도 안 된다. 도리어 십자군 왕국들이 자리를 잡으면서 주변 이슬람 주민이나 촌락들과는 우호 관계, 공생 관계가 생겼다. 결혼으로 사돈을 맺는 이들도 생겼다. 지금까지도 기독교와 이슬람 세계는 앙숙이고, 당시는 역사상 양 세력 간의 대립이 가장 심한 시대였지만, 어찌 보면 두 세력 간 사이가 가장 좋았던 시절이기도 했다. 전쟁과 평화가 공존하던 시대였다.

다만 이들의 우정은 당연히 불안정했다. 이들의 관계는 종교, 민족, 계급이라는 맹목적 적대감을 키우고, 인정과 상식의 도리를 단숨에 휘발시켜 집단적 탐욕의 불을 당기는 데 대단히 유용하고 발화점이 낮은 소재였다. 어제까지 잘 지내다 인정사정없는 관계로 돌변할 가능성이 높았고, 실제로 그런 일이 벌어지기도 했다.

예루살렘 탈환전

분열한 이슬람 세계를 통일하고, 지긋지긋한 자객의 습격에서 벗어나기 위해서라도 살라딘은 빨리 가시적인 성공을 거두어야 했다. 그러나 막상 야전에서 이슬람 군대가 승리하기가 생각처럼 쉽지 않았다. 장거리 원정 전투는 더 힘들었다. 워낙 기후가 좋지 않다 보니 이동 자체가 쉽지 않았다.

극한의 기후라면 토착민이 유리하지 않을까? 이슬람 군대도 멀리 이동하면 똑같이 지친다. 전투가 오래 지속되면 너무 강렬한 태양빛에

전쟁과 재화

십자군 왕국은 시리아에서 지금의 레바논, 이스라엘로 이어지는 지역으로 '레반트'라 불리던 곳에 위치해 있었다. 이곳은 옛 페니키아, 카르타고 시절부터 최고의 무역로이자 세계 최고의 부를 만들어내던 지역이었다.

십자군 왕국이 그곳에 있었던 것은 종교적 이유 때문만은 아니었다. 이슬람과 기독교 세력은 대립했지만, 무역로를 중심으로 거래가 이뤄지기도 했다. 그 속에서 자연스레 인간적인 교류도 이어졌다.

후에 동로마제국이 멸망할 때도 마찬가지였다. 이슬람이 기독교 왕국을 쫓아냈다고 하지만 오스만제국의 무역 담당은 제네바 상인들이었다. 이들은 제네바와 무역 계약을 맺고 있었다. 이스탄불, 비잔티움을 함락시킬 때 한쪽은 제네바 상인들의 도시이고 한쪽은 동로마제국이었다.

그런데 오스만제국이 비잔틴제국을 함락할 때 '제네바는 건드리지 말라'고 명했다. 그래서 치열한 전투 속에서도 제네바는 내버려둔 것이다. 심지어는 비잔틴 사람들이 피난을 위해 제네바 배에 올라타는 촌극도 벌어진다. 그만큼 전쟁에 재화는 절대적 영향력을 발휘한다.

실명하는 일도 예사였다. 아랍의 영웅이 된 영국 장교, 그 유명한 아라비아의 로렌스(Thomas Edward Lawrence, 1888~1935)는 이렇게 말했다.

> 유럽 사람들은 이슬람인들이 그 뜨거운 기후에서 잘 버틴다고 착각한다. 하지만 그 사람들도 똑같이 힘들다. 그저 거기에서 살아야 하기 때문에 참아야 한다는 사명감이 더 강할 뿐이다.■

이슬람 군대도 더위와 갈증에는 녹아내린다. 당시 십자군 왕국의 왕이었던 한센병 환자 보두앵 4세는 불행하게 젊어서 죽었지만, 상당히 능력이 뛰어난 왕이었다. 살라딘이 군대를 모아서 쳐들어오면 일부러 나가지 않고 적이 멀리 이동하게 해서 막상 십자군 왕국 앞에까지 왔을 땐 지쳐 나가떨어지게 하는 전술로 왕국을 방어하고 있었다. 살라딘도 다음 전투에서 보복하긴 했지만, 1177년에는 그 덫에 걸려 목숨을 잃을 위기에 처하기도 했다.

하지만 보두앵 4세가 병으로 일찍 사망하자 십자군 측의 사정이 여러 가지로 복잡해졌다. 1187년 여름, 살라딘은 이것을 노리고 군대를 출전시켜 지금의 갈릴리 호수 부근인 티베리아스를 공격한다. 정치가 군대에 개입하면 대부분 지게 되어 있다. 평소 보두앵 4세 같았다면 절대 나가지 않았을 것이다. 왜냐하면 티베리아스까지 가다 보

■ 토마스 로렌스, 최인자 옮김, 『지혜의 일곱 기둥』(뿔, 2006).

면 군대가 녹초가 될 것이기 때문이었다.

그러나 왕이 죽고 나자 갑자기 리더십의 부재가 생겼다. 그러자 백작들의 후계 전쟁이 시작됐고 결국 기 드 뤼지냥(Guy de Lusignan, 1159~1194)이 새 왕이 된다. 기록에 따르면 '기'는 아주 나쁜 인물로 묘사되지만 여기에는 사정이 있었다. 권력 다툼을 하는 백작들이 '겁쟁이가 아니라면 출정하라'며 기의 용맹함을 끊임없이 시험하려 들었고 기는 그때마다 뜻하지 않게 출정하게 된다. 그 결과 티베리아스까지 가버리게 되었다.

살라딘은 계속해서 기병들을 보내 위장 공격과 기습 공격을 하며 상대의 전력을 소진시켰다. 유럽 기사들은 7월에 갑옷을 입고 철갑투구를 쓴 채 사막을 진군해야 했다. 적이 언제 올지 모르니 갑옷을 벗을 수도 없었고 투구까지 쓴 채로 가다 질식해서 쓰러져 죽는 일도 많았다. 물을 마시려면 갈릴리 호수까지 가야 했다. 한번은 이들이 진군하는 중에 5킬로미터쯤 떨어진 하틴이라는 마을에 도달했다. 탈수증에 고생하던 병사들은 우물이 있을 것이라는 기대를 가지고 달려갔지만 우물은 이미 메워지고 없었다. 이때 살라딘은 또다시 기발한 작전을 썼는데, 타는 듯한 갈증에 시달리고 있던 십자군 쪽으로 불을 피워 연기를 보냈다. 한여름 온돌방에 불을 땐 격이었다. 결국 병사들은 탈진 상태에서 죽을 줄 알면서도 갑옷을 벗어던지고 갈릴리 호수를 향해 달리기 시작했다. 갈릴리 호수는 천 년 전에 예수가 설교하던 곳이지만, 이번에는 자비심이라고는 조금도 찾을 수 없는 이슬람 기

〈그림 1〉 하틴 전투에서의 살라딘.

병들이 기다리고 있었다. 결국 열에 아홉이 섬멸되었고, 쓸 만한 자만 생포됐다. 사실상 학살이었다. 살아남은 자도 노예로 팔려가는 상황이 되고 이로써 십자군 왕국의 주력부대는 전멸했다. 이에 살라딘은 예루살렘을 전격 포위하게 된다. 십자군 전쟁의 시작과 끝은 예루살렘이다.

예루살렘의 탈환은 살라딘에게 이슬람 단합의 절대 명분을 제공할 것이었다. 이슬람 세계를 단합시키거나, 그러지 못하더라도 최소한 이슬람 세계에서 최고 군주가 될 명분을 얻는 상징적인 사건이었다. 21세기 현재까지도 예루살렘 쟁탈전이 이어지고 있을 만큼 예루살렘의 종교적·정치적 상징성은 어마어마하다. 그러니 살라딘은 어떻게 해서든 예루살렘을 함락해야 했다.

이때 유명한 이벨린의 기사 발리앙의 담판 일화가 탄생했다. 하틴에서 살아 돌아왔던 발리앙이라는 기사가 예루살렘 방어전을 지휘하다가 함락될 위기에 처하자 살라딘과 만나 담판을 벌였다. 살라딘 입장에서는 황당했다. '협상이라니? 너희는 줄 게 없잖아.' 예루살렘 수비대는 이미 전투력이 고갈된 상태였다. 이틀이면 함락될 텐데 무슨 카드로 협상을 한단 말인가? 이때 발리앙이 유명한 말을 한다. "모두 죽이고 죽겠다."

예루살렘만 얻으면 되는 상황인데, 모두 죽겠다고 하니 오히려 고마운 일 아닌가? 그런데 그게 아니었다. 문제는 예루살렘에 있는 주민이 기독교도만이 아니었다는 점이다. 그곳에는 이슬람 주민들도 많이

들어가 살고 있었다. 십자군 왕국이 무역의 거점이 되면서 이슬람 세계의 여러 왕국과 부족들도 예루살렘에 들어가 있었던 것이다. 게다가 예루살렘은 기독교와 이슬람교, 양교의 성지다. 그렇다 보니 순례를 위해서도 많은 기독교, 이슬람교도들이 들어와 있었다. 그런데 발리앙이 다 같이 죽겠다고 한다. 그렇게 되면 과연 예루살렘을 탈환했다고 그가 이슬람의 영웅으로 추대될 수 있을까? 더욱이 그는 쿠르드족 출신이어서 자신의 기반이 되어줄 왕국도 없는 상황이었다. 발리앙은 이 점을 노렸다. "적이 원하는 것을 얻지 못하게 하라." 발리앙의 협상은 현재까지도 비즈니스 세계에서 중요한 교훈이 되고 있다.

하지만 이 협상의 진정한 승자는 살라딘이었다. 살라딘은 발리앙의 제안을 받아들여 예루살렘 백성들의 안전한 퇴각을 보장했다. 영화 〈킹덤 오브 헤븐(Kingdom Of Heaven)〉에도 등장하는 장면인데, 영화에서 살라딘은 예루살렘이 무엇이냐는 질문에 "아무것도 아니고, 모든 것이기도 하다(Nothing, everything)"라는 명대사를 남긴다. 사실 그렇게 말하지는 않았다. 그랬다가는, 전 이슬람 세계에서 공적이 되었을 것이다. 그리고 감히 아무것도 아니라고 하기에는 살라딘에게 예루살렘은 너무나 중요했다. 영화가 말하고자 했던 메시지는 살라딘이 신앙심으로 성지를 원한 것은 아니라는 것이었다. 이는 어쩌면 오늘날까지 예루살렘을 두고 세계대전의 위험까지도 불사하는 정치인들에게 보내는 조롱인지도 모른다.

살라딘이 이 담판의 승자가 될 수 있었던 데는 그의 유연한 사고가 한몫했다. 그는 '플랜 A'에 집착하지 않았고, 즉시 대안을 찾았다. 그가 얻으려는 것은 아랍 세계의 존경과 권위였다. 적의 피 위에 세워진 성지를 탈환하는 것만큼 확실한 명분은 없다. 그런데 그 영광의 깃발이 동족의 피로 얼룩지려고 했다. 그러자 그는 재빨리 방법을 바꿨다.

"적의 피를 포기하고 하얀 테이블 위에 깃발을 두자. 불만이 나오겠지만, 동족을 구하지 못했다는 비난보다는 덜할 것이다. 아니 기왕 이렇게 하는 것, 불멸의 명성을 씌우자. 적한테도 관용을 보였다면 존경하는 세력도 분명 생길 것이다. 그러니 나는 관용의 군주가 될 것이다."

그는 예루살렘에 있던 기독교인들의 퇴로를 열어주었을 뿐만 아니라 어마어마한 자비를 베풀었다. 그가 베푼 관용은 오랜 분열로 굳게 닫혀 있는 이슬람인들의 마음도 열어줄 것이었다.

살라딘은 몸값을 지출하는 조건으로 이교도들의 안전을 보장한 철수에 합의했다. 그리고 군대를 딸려 보내 그들의 안전을 확실하게 보장했다. 입성하는 날, 그는 거리와 골목에도 군대를 배치해 가혹 행위를 철저히 막았다. 오히려 그의 부하들은 몸값을 내지 못하는 가난한 노예들을 도와주기도 했다. 그러고도 남은 가난한 사람들을 개인의 사비를 털어 구제하고 방면했다.

이 놀라운 자비가 유럽에 전해졌을 때, 유럽인들은 감동과 충격을 동시에 받았다. 그들은 1차 십자군이 예루살렘을 함락하는 날 벌였던 피의 만행을 떠올렸는데, 원수를 사랑하라는 예수의 가르침을 쿠르드인 군주가 실행했다는 데에 감동했다. 또, 이교도에게도 관용을 베푸

〈그림 2〉 이집트 카이로에 있는 살라딘 사원.

는 사마리아인의 선행이 사마리아인보다도 못한 이교도에게서 실행되었다는 데서 충격을 받았다.

그들은 살라딘을 진정한 기사도의 화신으로 인정하고 추앙하는 것으로 보답했다. 그리고 단테는 살뜰하게 연옥에 살라딘의 거주지를 마련했다. 할리우드 영화에서도 마찬가지였다. 오래된 고전 영화에서부터 최근작까지 살라딘만큼 멋지게 연출된 군주는 없었다. 그렇게 살라딘은 세상에 없던 군주가 되었다.

살라딘은 인생의 목표를 위해 처절하고 철저하게 노력했던 인물이다. 그리고 그 목표가 내가 원하는 것과 다른 결과를 가져온다는 것을 알았을 때는 가차없이 수정하고 다음 목표를 위한 '플랜 B'를 완벽하게 수행해 최선의 결과를 만들었다. 이 때문에 그는 위대한 리더이고 역사의 승자가 되었다.

오늘날 우리의 수명은 길다. 머지않은 장래에 정년 또한 사라질 것이라는 예측도 있다. 우리는 평생을 살아가며 플랜 B가 아닌, 플랜 F, G로의 변화를 경험하게 될지도 모른다. 이때는 단순히 플랜을 바꾸는 것이 아니라 나의 전 인격과 삶까지도 바꿀 수 있는 유연함을 발휘해야 한다. 바로 이것이 살라딘이 우리에게 주는 교훈이다.

흑태자 (영국)

중세 명장 ④

흑태자는 굉장히 유연한 전술적 판단력을 가진 지휘관이었다.
상황에 따라서 자기가 어디에 있어야 하는지,
기병을 어떻게 운영해야 하는지를 정밀하게 판단했다.
최고의 기사이면서 직업군대 최고의 전술적 사령관이었던 그는
이전 세대와 다음 세대의 전쟁이 만나는
시대의 교차로에서 가장 뛰어난 리더였다.

시대의 교차로에 선 극강의 리더십, **에드워드 흑태자**

"잔혹한 약탈자와 세기의 카리스마 사이"
"역사상 최고의 영국군 사령관"

프랑스의 한 마을 외곽에서 불길이 솟아올랐다. 석조와 흙벽은 조금 나았지만, 나무로 만든 지붕과 마루, 창틀, 그리고 집 안의 자재 등 불을 키울 내연재는 얼마든지 있었다. 불은 더욱 거세지며 도심 중앙까지 덮쳤다. 중앙에는 십자가가 달린 첨탑이 버티고 있었다. 화염은 성소까지도 넘보기 시작했다.

흑태자(Edward the Black Prince, 1330~1376)는 무심한 심정으로 불이 도시를 삼키는 과정을 지켜보고 있었다. 영국군이 도시의 작은 수비대를 진압하고, 더 이상 전투 지휘가 필요 없어진 다음부터 그는 별말이 없었다. 옆에 있던 시종이 간신히 들은 말이라곤 "안타깝도다"라는 한마디였다. 무엇이 안타까운지는 그도 알 수 없었고 알려고도 하지 않았다. 그는 시종이라는 직위 때문에 저 광란의 현장에 참여하지 못하는 것이 안타까울 뿐이었다. 저 도시에 남겨진 모든 재물은 먼저 차지하는 사람이 임자였다. 그는 계속해서 어떻게든 이 자리를 벗어날 방법이 없는지만 궁리하고 있었다.

그때 갑자기 왁자지껄한 소리가 들려왔다. 어느 백발의 신부가 병사들에게 붙들려 흑태자를 만나게 해달라고 아우성을 쳤다. 그 사람이 어떻게 여기까지 왔는지 모르지만, 흑태자는 기사의 매너가 몸에 밴 사람이었다. 흑태자는 손을 들어 신부를 가까이 오게 하라고 말했다.

신부가 그 앞에 무릎을 꿇자 흑태자는 얼른 말에서 내리더니 제법 유창한 프랑스어로 말했다.

"하나님의 종이여, 일어나시오, 나는 (신에 대한) 그런 무례를 감당할 수 없소."

그의 목소리는 놀랄 정도로 차분하고 공손했다. 그 태도에 감복한 신부는 도시에 대한 약탈을 거두어달라고 호소했다. 그는 충격으로 감정이 격앙되어 있었고, 횡설수설하기까지 했다. 그는 흑태자의 할아버지인 에드워드 2세를 모신 적도 있다고 말했다. "정말이오? 어디서 우리 할아버지를 뵈었소?"

흑태자는 위대한 전사이자 정복자였던 에드워드 2세의 명성을 사모하고 존경했지만 정작 자신은 할아버지를 본 적도 없었다. 에드워드 2세는 흑태자가 태어나기 3년 전에 사망했다.

"십자군 원정 때였습니다. 저는 견습 종군 사제로 그분의 부대에 함께 있었습니다. 제게 말을 건 적도 있으셨죠."

"그런가? 당신은 용기 있는 하나님의 사제로군요."

태자는 부하들에게 손짓해 신부를 일으켜 세우게 했다.

"신부님을 내 텐트에 손님으로 모시게. 이분은 합당한 대접을 받을 자격이 있네."

공손한 말투와 무관하게 병사들이 우악스럽게 신부의 팔을 붙잡고 태자의 앞에서 끌고 나갔다. 말과 행동, 분위기가 맞지 않는 이상한 행동이지만, 흑태자의 병사들은 이런 아이러니에 익숙해져 있었다. 흑태자는 흑태자대로 텐트에서 신부를 만나면 예의를 다할 것이다. 하지만 병사들이 그를 불손하게 대하는 태도에는 개의치 않았다.

신부가 병사들에게 끌려가면서 소리를 질렀다.

"전하, 제발 자비를 베푸소서. 당신의 할아버지는 이교도로부터 하나님의 왕국을 보호하기 위해서 싸웠소. 그런데 이게 무슨 짓입니까. 같은 그리스도인의 도시를 그것도 교회와 수녀들까지…… 그리스도도 당신의 할아버지도 당신을 용서하지 않을 거요."

거친 발언에도 아무런 반응도 보이지 않던 흑태자는 문득 엉거주춤 앉아 있는 시종을 보며 말했다.

"십자군이라…… 이 전쟁만 아니었다면 나도 십자군에 종군했을 거야. 그렇다고 해도 내가 이 불운한 도시를 슬픔에서 구할 수는 없네. 신은 공평하시지. 그것이 신이 내게 준 사명이야."

〈그림 1〉 흑태자의 초상화.

그는 백년전쟁 최고의 지휘관이었다. 영국 왕 에드워드 3세의 아들. 아버지보다 먼저 사망해 왕이 되지 못했지만, 이미 열여섯 살에 전사에 길이 남을 크레시 전투를 치렀고 수많은 전투에서 승리한 인물이었다. 실력과 매너를 겸비해 '당대 최고의 기사'라는 찬사를 받았지만 전쟁터에서는 더없이 잔혹했던 인물. 훗날 '영국 최고의 군인'이라 불린 인물, 에드워드 흑태자다.

백년전쟁은 프랑스의 승리인가

백년전쟁은 영국과 프랑스가 싸웠던 전쟁이다. 물론 실제로 백 년 동안 전쟁이 벌어진 것은 아니다. 중간의 휴식기가 더 길었지만, 전쟁이 시작해서 끝날 때까지 백 년이 걸렸다. 왜 이렇게 긴 전쟁이 됐을까?

당시 영국의 영토는 지금과 완전히 달랐다. 노르망디 공 윌리엄(William I, 1028~1087)이 영국으로 건너가 영국 왕이 됐기 때문에 당시에는 노르망디와 영국이 하나의 나라였다. 이를 '앙주 제국(Angevin Empire)'이라고 했다. 반면에 스코틀랜드는 영국 땅이 아니었다.

프랑스도 마찬가지였다. 노르망디를 빼고는 지금의 프랑스와 꽤 유사하지만, 전통적인 봉건제로 지역 간의 대립, 왕족 간의 대립이 심각한 수준이었다. 당시 총체적 국력으로 보면 영국은 프랑스의 상대가 될 수 없었다. 인구도 겨우 5분의 1 수준이었다. 그럼에도 백 년간 지리한 대결이 있었고, 주요 전투에서 모두 영국이 승리하는 놀라운 상황이 벌어졌다. 이유는 바로 프랑스의 분열 때문이었다. 프랑스 내에서 권력 다툼(반드시 지역과 연관된)이 벌어질 때면 영주와 귀족들이 영국과 동맹을 맺곤 했다. 이 혼란한 시대가 끝나고, 노르망디와 칼레처럼 영국의 지배하에 있던 지역들이 프랑스에 귀속되어 오늘날과 같은 영국과 프랑스의 모습이 만들어진 전쟁이 바로 백년전쟁이다.

이 전쟁은 의외로 복잡하다. 국제 전쟁 안에 내전이 뒤섞여 있다. 영국 왕이 프랑스에서 싸우고 있는데 이쪽이 내 편이 되고 저쪽도 내 편이 되는가 하면, 갑자기 스코틀랜드가 쳐들어왔다는 소식이 들려오기도 하는 식이었다.

프랑스가 노르망디를 빼앗으며 마치 프랑스가 이긴 것처럼 보이지만, 정작 중요한 전투는 모두 영국이 승리했다. 백년전쟁 3대 전투가 크레시 전투, 푸아티에 전투, 아쟁쿠르 전투인데, 세 전투 모두 영국이 대승을 거두었다. 더욱이 세 전투 모두 전력상 영국군이 불리했음에도 말이다. 이 세 전투 중 크레시와 푸아티에 전투에 흑태자가 참전했다. 이 두 전투가 주목받는 이유는, 이때가 영국의 영광이 극에 달했던 시기였고, 중무장한 기사들이 활약하는 봉건적 전투에서 평민 병사의 손에 쓰러지는 근대식 전투로 넘어가는 이행기였기 때문이다. 그는 이 전투들의 주역이었다. 크레시에서는 가장 격렬했던 언덕 지형을 그가 맡았고, 푸아티에에서 그는 총사령관이었다.

〈그림 2〉 프루아사르(Jean Froissart)의 〈크레시 전투〉.

〈그림 3〉 푸아티에 전투.

프랑스 기사들의 갑옷

프랑스 기사들이 처음부터 플레이트(plate) 갑옷을 입었던 것은 아니다. 중세시대에 보편적이고 인기 있던 갑옷은 철사를 엮어서 만든 체인 갑옷이었다. 여기에 중요 부위에 금속판을 보강하기도 했다.

갑옷의 딜레마는 튼튼하면 무겁고, 가벼우면 약해진다는 것이다. 체인 갑옷도 의외로 굉장히 무거운데 판금 갑옷이 체인 갑옷 이상의 방호력을 가지려면 상당히 두껍고 사람이 기동할 수 없을 정도로 무거워진다.

하지만 갑옷 장인들은 점점 강력한 강철 판금을 만드는 기술을 익혔다. 여기에 인체 공학적 설계를 더해 마침내 중세 갑옷의 걸작인 전신 판금 갑옷(풀 플레이트 갑옷, Full plate)을 만들어내게 된다.

1970년대까지도 고증이 잘 된 중세 영화에서는 풀 플레이트 갑옷을 착장하면 무게 때문에 기사가 제대로 움직일 수 없는 것으로 묘사했다. 이 갑옷을 입고 토너먼트(중세식 기사들의 대결)에 참가하는 기사를 말에 태우기 위해 기중기로 말의 등에 올리는 장면이 있을 정도였다.

그러나 실제로 갑옷을 연구하고 복원해본 결과, 움직임을 제한하지 않는다는 사실을 발견한다. 갑옷 안에 아마포 같은 푹신한 소재로 만든 완충제를 받쳐 입으면 낙마했을 때도 충격을 줄여주어서 기사를 보호해준다는 사실도 발견했다.

풀 플레이트 갑옷이 보급되면서 왕과 대공, 영주라면 당연히 이 멋지고 튼튼하고 다양한 기능성을 갖춘 갑옷을 장착하는 것이 유행이 되었다. 이런 갑옷은 모두 맞춤형 개인 제작이었으므로 갑옷마다 다양한 방어 장치와 아이디어가 더해졌다. 투구와 갑옷의 방호력을 높이기 위해 중요 부위를 덧대고, 화살을 미끄러트리는 경사 장갑을 도입했다. 육탄전에서 갑옷을 공격용으로 사용할 수도 있으므로 어깨, 팔꿈치, 가슴에 돌출 부위를 장착하기도 했다.

프랑스만이 아니라 영국, 이탈리아, 독일의 영주, 기사들도 풀 플레이트 갑옷에 매혹되었다. 이 나라들 간에는 지금도 은근한 자존심 싸움이 심하다. 특히 영국과 프랑스의 자존심 대결은 모든 분야에서 가리지 않고 벌어진다.

영국의 런던탑에 가면 왕과 왕자들의 갑옷들이 멋지게 전시되어 있다. 뿐만 아니라 병기고에는 일반 병사용 판금 상의들도 가득 전시되어 있다. 과거의 모습을 그대로 보여주는 것이지만 '우리는 이 정도로 무장을 시켰다'는 과시로 보이기도 한다.

프랑스도 군사박물관에 아예 창고 개방형으로 플레이트 갑옷 창고를 전시해놓았다. 보통 박물관이라고 하면 유물이 많아도 그중 몇 개만을 전시해놓는 것이 보통인데 프랑스 박물관에는 아예 이러한 갑옷들이 쌓여 있다. 프랑스의 갑옷이 수량과 다양성 측면에서 영국을 압도하는 것은 사실이다. 크레시 전투, 푸아티에 전투에서 프랑스 기사들의 은빛 광채가 전쟁터를 뒤덮었던 것처럼 말이다.

〈사진 1〉 풀 플레이트 갑옷.

그렇다면 모든 상황에서 불리했던 영국군은 어떻게 3대 전투에서 압승을 거둘 수 있었을까? 먼저 프랑스 기사단의 갑옷이 문제였다. 프랑스 기사단의 갑옷은 멋있고 비싸기로 유명했다. 그중에서도 단연 풀 플레이트 갑옷이 멋진데, 이것이 문제가 됐다. 크레시 전투와 아쟁쿠르 전투 때 비가 왔다. 갑옷에 물이 묻으니 햇빛을 받으면 은빛 광채가 나면서 무지개가 비쳤다. 그렇지 않아도 멋있는 플레이트 갑옷이 더 멋있어 보였을 터였고, 기사들의 사기를 돋우었음은 물론이다. '우리는 천하무적, 프랑스 기사'라는 자부심이 치솟았을 것이다. 그렇게 힘차게 돌격했지만, 영국 장궁병들이 쏘는 롱보우(장궁)에 뚫려 실패하고 말았다.

이를 영국 장궁병과의 싸움, 즉 무기의 싸움에서 졌다고 보는 견해도 있지만, 진짜 중요한 차이는 따로 있었다. 당시 프랑스군은 기사단이었는데, 30명의 백작이 모이면 30개의 군대가 합해졌다. 기사단은 갑옷 하나는 경쟁적으로 갖춰 입고 오니 멋은 있었지만, 군사적으로 보면 그야말로 오합지졸이었다. 갑옷으로 중무장한 용맹한 기사들의 제멋대로의 싸움과, 갑옷도 입지 않은 평민 병사들이지만 전문성을 갖추고 통제된, 조직력을 갖춘 군대와의 대결은 언제나 후자의 승리로 귀착된다(영국군에는 평민인 직업군인이 많았다. 프랑스군에도 용병은 있었다. 그러나 프랑스군의 주축은 기사단, 영국군의 주축은 직업군인이었다).

중세-근세의 징검다리에 선 영국군과 프랑스군

특히 영국군의 용병 조직 자체가 용병과 직업군인의 중간 형태여서 스스로가 프로페셔널이 되어야 한다는 생각이 있었다. 어떻게 봉건제였던 중세시대에 직업군인이 생길 수 있었을까? 영국의 사회체제는 프랑스처럼 강력한 봉건제가 아니었다. 이미 중앙집권화가 진행되고 있었다. 반면 프랑스는 아직도 봉건영주 체제였고, 지역성이 강했다. 영국에서는 봉건영주 아래 사회계층 분화가 이뤄지고, 다양한 계층이 생겨나기 시작했다. 중상공인, 출세를 꿈꾸는 평민 등이 나타났는데, 이들 입장에서는 봉건영주보다 왕이 유용했다. 왕의 군대에 들어가면 봉건영주 밑에 있는 것보다 훨씬 쉽게 출세할 수 있었다. 영국의 직업군인들은 이렇게 탄생했다. 봉건영주에 예속된 군인들 대 출세하고 싶은 욕망으로 모여든 왕의 군대, 어느 쪽이 창의적인 모험심이 더 강했을까? 당연히 후자, 즉 영국군이었다.

프랑스군은 총체적으로 문제가 있었다. 봉건영주의 힘이 절대적이었고, 기사들은 왕의 말을 안 듣고 반발하기 일쑤였다. 단적인 예로, "포복하라"는 지시에, "나는 기사다. 죽어도 말에서 맞아 죽지, 땅을 길 수는 없다. 당신 왕 자격이 있는가?" 하며 반발했다. 전술에 따라서 말을 탈 수 없는 곳에서는 내려야 하는데, "나는 꼿꼿이 서 있다 죽겠어"라고 말하고는 실제로 그렇게 했다. 크레시 전투가 바로 그런 전투였다. 무려 열다섯 번 이상의 돌격전에서 프랑스군이 계속해서 죽어

나갔다. 이렇게 기사-기병 중심의 전투를 했으니, 전술이 통할 리 없었다. 거기에 더해, 용병도 제한적으로 운영될 수밖에 없었다.

영국은 달랐다. 영국 기사단은 말에서 내리라면 내렸다. 더구나 영국군은 전투 경험이 많았다. 스코틀랜드와의 분쟁에서 전투가 잦았고, 시행착오를 통해 다음 전투의 교훈을 얻었다. 반면 중세 전투의 상징이었던 풀 플레이트를 갖춰 입은 은빛의 프랑스 기사들은 실상 전투를 해본 적이 별로 없었다. 그래서 프랑스 기사들의 문제는, 전투 현장에서 적군의 행동 양식을 이해하지 못하는 것으로 나타났다.

영국에도 문제는 있었다. 영국은 군인들의 월급을 감당하지 못했고 결국 도시를 털어 이 비용을 조달했다. 이때 도시 약탈을 하도 많이 해서 '흑태자'가 되었다는 설도 설득력이 있다. 영국 왕의 수입으로는 도저히 비용이 감당이 안 되었다. 그래서 전술적 목적으로 전쟁을 하는 것이 아니라 전투 경험도 쌓고 약탈도 해야겠기에 파리가 아닌 프랑스의 지방을 약탈하기 시작했다. 이렇게 하다 보면 군대는 잔인해지기 마련이다. 처음에는 양심상 자제했지만, 약탈이 반복되면 오히려 경쟁심이 불타오른다. 그러다 보니 약탈의 양상은 점점 잔혹해졌고, 반면 장기적인 전략은 부실해졌다.

다음 단계는 무엇일까? 이제 먹고살 만해졌으니 파리로 진군해야 했다. 하지만 영국군은 약탈하느라 지칠 대로 지쳤고 약탈품만 산처럼 쌓여갔다. 그들은 그 안에서 허우적대느라 본분을 잃어갔다. 그런 까닭에 결국 전쟁에서 질 수밖에 없었다.

그렇다면 프랑스는 어떻게 해서 전투에서 지고, 전쟁에서는 이겼을까? 이것은 영국과 반대로 생각하면 된다. 영국이 노르망디를 쑥대밭으로 만드는 동안 파리는 상대적으로 안전했고 프랑스는 최종 승자가 될 수 있었다.

팔색조 지휘관, 흑태자

그렇다면 영국군 사령관 흑태자는 편했을까? 절대 아니었다. 오히려 규율이 잡혀 있고 사회에서 관습이 만들어져 있는 군대를 지휘하는 건 편하다. 이러한 혼란기의 직업군인을 지휘하기는 더 어렵다. 쉽게 말해 대기업과 스타트업의 차이다. 체계와 기업 문화가 잡혀 있는 회사에서 경영을 하는 것과, 시스템이 안 되어 있는 곳에서 조직원을 설득하고 컨트롤해 조직력을 발휘하는 것에는 엄청난 차이가 있다. 후자는 전자보다 훨씬 창의적이고 도전적이어야 한다. 결국 여기에서 지휘관의 역량이 갈린다.

중세에서 근대로 넘어오던 이때, 영국군이 프로페셔널하다고 했지만 여전히 기사들도, 전통적인 군대도 많았다. 이런 상황에서 흑태자는 평민 출신 직업군인과 정통 기사들을 동시에 다뤄야 했다. 또 스코틀랜드, 웨일즈, 심지어 외국에서 오는 용병도 상대해야 했다. 이렇다 보니 흑태자는 동시에 여러 얼굴을 가질 수밖에 없었다. 조금 전까지 잔혹한 행동을 했다가 갑자기 기사도를 운운하며 자애로운 미소를 지어야 하는 일이 허다했다. 현대의 관점에서는 이러한 모습이 위선적으로 느껴진다. 하지만 모든 지도자의 운명이 그렇듯이 이 시절 흑태자가 놓인 상황에서는 특히나 팔색조 역할이 필요했다. 시대의 전환기에 살았던 이 왕자 지휘관은 필요한 역할들을 모두 해냈다. 그랬기에 흑태자가 당대 가장 뛰어난 지휘관이 될 수 있었다.

흑태자가 사령관으로 참전했던 대표적인 전투는 푸아티에 전투다. 이때 흑태자는 스물여섯 살이 되었다. 당시 적군 사령관이 장 2세(Jean II, 1319~1364)였다. 그의 별명은 '선량왕'이다. '검은 악마' 흑태자와 '선량왕' 장 2세의 대결이었다. 흑태자가 최고의 기사라 칭했던 장 2세는 기사 중의 기사였다. 흑태자는 토너먼트가 있을 때 깃발이나 흔들어주는 스타일이었다면, 장 2세는 토너먼트에 직접 참전하곤 했다. 흑태자가 기사 시대의 끝물에서 양다리를 걸치고 있는 인물이었다면, 선량왕 장 2세는 '기사'라는 공룡의 멸종을 아쉬워하고 그 끈을 놓지 않으려는 화석 같은 인물이었던 셈이다. '기사의 몰락'의 상징, 그리고 '기사의 꿈'의 상징인 두 사령관이 푸아티에에서 만났다.

1355년 9월에 흑태자가 프랑스 보르도에 상륙했다. 이때 병력이 2,600명 정도였는데(후에 푸아티에 전투 때는 약 4,000명이었다) 이때의 상륙은 전투가 목적이 아니라 자칭 '전략적 행동'이었다. 전략적으로 '프랑스의 전쟁 능력을 상쇄한다'는 의미란 대체 무엇일까? 다시 말해, 있는 대로 약탈해서 세금을 못 내게 함으로써 국가 재정을 어렵게

열여섯 흑태자의 패기(크레시 전투)

1346년 크레시 전투 때 흑태자는 겨우 열여섯 살이었다. 부친 에드워드 3세는 경험이 풍부하고 노련한 군인이었다. 이 전투는 약탈물을 잔뜩 들고 안전지대인 플랑드르로 진입하려는 에드워드의 영국군과, 그를 추격하는 필리프 6세의 대결이었다. 프랑스군은 크레시라는 마을 근처의 언덕에서 영국군을 겨우 따라잡았다. 병력은 프랑스군이 영국군의 3배가 넘었다. 크레시 전투의 지휘는 에드워드 3세가 맡았지만, 이날의 격전 현장에는 흑태자가 있었다. 에드워드는 언덕 비탈을 이용해서 군을 포진시키고, 자신은 뒤쪽 중앙 고지에 자리 잡았다. 프랑스군과 제노바, 보헤미아 용병들은 자신들의 기준에서 좌측 언덕을 집중 공격했는데, 그곳이 흑태자가 있는 자리였다. 프랑스 기사단은 영국 장궁병의 화살에 말들이 죽어 겹겹이 쌓여 있는 상황에서도 굴하지 않고 돌격을 감행했다. 이렇게 저돌적으로 공격하다 보면 어딘가에 틈이 생기게 마련이다. 프랑스 기사 몇 명이 화살망을 뚫고 영국군 대열 앞까지 도달했다. 하지만 여기서도 대기하고 있던 잉글랜드 중기병들이 도끼와 칼로 그들을 제압했다. 그런데 한창 전투 중에 흑태자가 넘어졌다. 옆에 있던 기수가 재빨리 깃발로 태자를 가렸다. 태자의 체면을 지키고, 그 광경을 보고 프랑스 기사들이 달려드는 것을 방지하기 위해서였다. 비록 흥분한 상태에서 넘어지긴 했지만, 태자는 곧 이성을 되찾았다. 에드워드 3세가 태자를 보호하기 위해 기사 20명을 태자 쪽으로 보냈는데, 기사들이 도착했을 때 태자는 이미 두 손으로 칼을 짚고 여유만만하게 서 있었다고 한다. 훗날 가장 위대한 영국 군인이 될 소년의 남다른 패기였다.

한다는 전략이었다. 이런 목적을 가지고 흑태자는 수많은 도시와 마을을 지나며 무려 1,000킬로미터를 행군했다. 이렇게 해서 백년전쟁 역사상 가장 잔혹한 학살극과 약탈극이 벌어졌다.

그는 도착하는 곳마다 약탈했고 불을 질렀다. 과거 전쟁에서 벌어졌던 약탈과 폭행의 양상은 무시무시했다. 앞서도 언급했지만, 어느 나라의 어떤 사람들이 더 폭력적이었느냐는 질문은 우문이다. 전쟁의 승자 쪽이 더 악독해 보인다고 말할 수밖에 없다. 크레시 전투 때 에드워드 3세의 군대는 도시를 침공할 때마다 할 수 있는 모든 짓을 다했다.

흑태자는 한술 더 떠서 교회 등 종교시설을 가리지 않고 지나는 곳마다 방화를 저질렀다. 흑태자는 안타까운 듯이 말했다. "훌륭한 도시와 요새가 많이 불타고 파괴되었다."■ 그는 자신의 행동이 절대로 악마적인 폭력이 아니라 전략적 행동이라고 확신했다. 비록 그의 수하들이 짐승 같은 욕망을 채우고 있더라도 말이다. 그는 자신은 절대로 그들의 욕망을 위해 이 고생을 하는 것이 아니라고 생각했을 것이다. 현대인들은 이런 이중성을 '위선'이라고 말하지만, 현대인이라고 다르지 않다. 우리는 그들과는 다른 방식으로 '위선'을 발휘하고 있을 뿐이다.

당시 프랑스는 군대를 모으려 했지만, 그럴 비용이 없었다. 그래서 삼부회를 열어서 세금을 증액하겠다고 했고, 이에 의원들이 다 반대했다. 그런데 흑태자가 상륙했던 해안 도시는 가장 돈이 많은 지역이

■ 데즈먼드 수어드 지음, 최파일 옮김, 『백년전쟁 1337~1453』(이지북스, 2018), 11쪽.

었다. 그 지역을 흑태자가 휩쓸고 있으니 한시라도 빨리 쫓아내야 할 터였다. 그래서 무려 3만에서 4만 명을 모을 수 있는 군비 재정을 의결했다. 그렇게 해서 장 2세가 대군을 거느리고 출정하게 되었다. 물론 이들은 모두 직업군인은 아니었고 기사들이 더 많았다.

흑태자는 이 말을 듣고 도주하기 시작했는데, 약탈물을 짊어지고 가다 보니 속도가 느렸다. 그러다 결국 장 2세의 군대에 따라잡히고 말았다. 그렇게 해서 푸아티에라는 곳에서 양군이 조우하게 되었던 것이다.

흑태자도 이제 싸워야 할 시간이 다가왔음을 알았다. 장 2세의 군대는 언덕에 진을 쳤다. 그들은 언덕 비탈에 포진해 흑태자를 언덕으로 올라오게 해서 지치게 하고 기사, 보병들이 달려가 전투를 끝내는 전술을 계획했다. 영국군 4천 명 대 프랑스군 3만 명. 바로 직전에 있었던 크레시 전투에서도 비슷하게 싸웠지만, 그때는 프랑스 기사단이 통제받지 않고 맹목적으로 돌격했다가 영국군이 이겼었다.

프랑스군도 이번에는 작전을 바꿨다. 독일 용병들을 불러 선봉에 세웠다. 독일 용병이 먼저 돌격해서 궁수대를 치게 하고, 그 뒤로 군대를 종대로 세웠다. 뒤로 갈수록 약한 병력이지만 군사 수는 점점 많게 도열시켰고, 1진, 2진, 3진을 구성했다. 기사를 마구잡이로 선봉에 세웠던 크레시 전투와는 달리, 각 진마다 사령관을 배치해 돌격을 지휘하게 했다.

이렇게 크레시 전투의 경험을 바탕으로 분명히 전술을 개량하긴 했는데, 문제는 상대에게 그 개량된 전술이 먹히느냐는 것이었다. 손자가 한 유명한 말이 있다. "적을 알고 나를 알라." 손자의 진의는 적을 알고 적을 이길 만한 전술을 고안해내라는 것이다. 프랑스군은 자신들을 알긴 했지만, 자신들의 개량 전술이 어떤 역량을 발휘할지는 알지 못했다.

전투가 시작되고 프랑스군이 용병부대를 앞세워 돌격했지만, 영국군 화살의 위력은 바뀌지 않았다. 또다시 프랑스 기사들이 롱보우의 제물이 되기 시작했다. 하지만 크레시 전투 때와는 달리, 이번에는 조직된 2진, 3진, 4진이 있었다. 영국군은 2진까지 격파했지만, 다음에 상대할 3진은 2진의 두 배가 넘었다. 영국군도 탈진했고 마침내 탈주병도 생기기 시작했다.

세 번째 돌격이 오면 끝장이라는 위기 상황에서, 흑태자는 어떻게 했을까? 그는 군대를 이끌어 그대로 돌격해버렸다. 무모한 행동이었을까, 아니면 탁월한 전술적 판단이었을까?

객관적 전력으로 볼 때, 프랑스군은 아직 절반도 더 남아 있었다. 하지만 흑태자의 돌격은 절대 맹목적이지 않았다. 흑태자는 이 어려운 상황에서 대담한 결정을 내렸다. 400명밖에 없었던 기병대의 일부를 빼내 동쪽에 있는 숲을 우회해서 적의 뒤를 치게 했다.

1만 명이 넘는 군대에 맞선 기병 400명의 돌격전이 과연 효과적일 수 있을까? 그가 기병을 측면으로 우회해 돌파시킨 것은 그동안의 전투 경험을 통해 적의 상황을 파악했기 때문이다. '프랑스군은 지쳤고, 공포에 떨 것이다.' 크레시 전투의 악몽이 남아 있던 프랑스군은 2진이 붕괴되는 것을 보면서 공포감이 커져갔다. 이때 흑태자가 돌격 명령을 내렸다. 그는 장 2세가 있는 곳을 목표로 설정했다. 그는 기수에게 프랑스 국왕을 향해 나아가라고 명령했다. 태자의 깃발은 전군에게 목표 지점을 알리는 방향타였다. 물론 그 깃발 아래에는 흑태자가 있었다. 스물여섯 살이 된 흑태자는 직접 검을 빼어 들고 프랑스 병사들과 격투를 벌이며 앞으로 나갔다. 기록에 의하면 그는 사자처럼 용맹하게 싸웠다고 한다. 영국 왕실의 무용담을 논한다면 라이온 하트 리처드 1세의 무용담 다음으로 꼽힐 만한 장면이었다.

이 광경에 고무된 궁수들도 실탄이 떨어진 활을 버리고, 검과 도끼를 주워들고 백병전에 가담했다. 프랑스 국왕의 눈 아래서 격렬한 백병전이 벌어지는 가운데, 갑자기 프랑스 왕의 뒤쪽에 영국군의 깃발이 나타났다. 흑태자가 몰래 우회시킨 60명의 중기병과 100명의 궁수였다.

프랑스군은 지칠 대로 지쳤고, 흑태자의 예상 밖의 역공과 후미에서 갑자기 등장한 영국군에 놀라고 동요했다. 프랑스 전사들이 공포에 질려 무너지기 시작했다. 측면 기습에 대비하지 않았던 원인이 컸다. 크레시 전투에서 영국군이 측면 기습을 하지 않았기 때문에 그에 대비하지 않은 것이다.

프랑스군이 마구 도주하기 시작했고 지휘관들은 후퇴를 명했다. 하지만 영원한 기사 장 2세는 커다란 도끼를 휘두르며 끝까지 버텼다. 그리고 결국, 그는 포로로 사로잡혔다. 다섯 배도 넘는 병력의 우위를 가지고 시작해, 왕이 포로가 되어버린 전쟁. 이는 실로 황당한 결과가 아닐 수 없었다.

이렇게 푸아티에 전투는 흑태자와 영국군의 승리로 끝났고, 허망하게도 프랑스 왕과 태자가 포로로 잡히는 처참한 결과가 벌어졌다.

시대의 교차로에 선 흑태자의 리더십

흑태자는 군인이었고, 기사도를 선망하는 사람이었다. 그런 사람이 어떻게 그렇게 잔인한 약탈과 무자비한 과세로 백성들을 고통에 몰아넣었을까? 중세시대는 현대의 상식으로는 이해하기 힘들 정도로 거칠고 불안정한 시대였다. 게다가 흑태자는 십 대 때부터 전쟁터에서 살았다. 20세기 전반까지도 전쟁의 논리는 모든 악을 덮었다. "악으로 더 큰 악을 예방한다"는 것이 전쟁의 논리였다. 물론 그 시대에도 이런 하드보일드한 사고를 비판하는 사람은 많았다. 다만 "악으로 악을, 전쟁으로 전쟁을"이란 주장을 당당하게 외칠 수 있었다는 점이 현대와의 결정적인 차이였을 것이다.

그렇다고 해도 흑태자의 기사도 정신은 다소 왜곡돼 있었는데, 그는 신의와 명예를 중시했지만 그것을 어긴 상대에 대해서는 그 사람뿐 아니라 그가 지배하는 도시와 마을, 주민들에게까지 징벌을 내려야 한다는 생각이 확고했다.

그럼에도 중세에서 근대로 바뀌던 시대, 두 개의 이질적 집단을 이끌 수 있는 리더십에 있어서 프랑스의 장 2세보다 영국의 흑태자가 더 탁월했다. 조직을 이끄는 리더십에는 두 가지가 있다. 하나는 그 집단이 원하는 것을 얻게 하는 리더십이고, 다른 하나는 명예와 존경을 얻는 리더십이다. 그런데 자기들끼리만 살 때에는 명예와 존경을 얻는 것이 훨씬 나은 것 같아 보인다. 그런데 이 당시는 시대 전환기이자 전쟁기였다. 직업군인들은 돈, 출세 등 저마다 원하는 것을 얻고 싶어했고 기사들은 명예와 존경을 얻고자 했다. 그들이 원하는 것을 주고 내가 원하는 승리를 이끌어낼 수 있는 리더십이 필요했다.

모든 지휘관이 그렇겠지만 특히 이런 시기에 용기란, 반드시 분별력이 뒷받침돼야 한다. 무모한 용기가 아닌, 냉철한 판단에 의한 용기 말이다. 이 둘은 전쟁에서 승패를 가른다. 흑태자는 분별력 있는 용기를 지녔다. 프랑스는 전투의 경험을 개량했지만 진정으로 개량하진 못했고, 영국은 크레시 전투를 재현한 것 같았지만 완전히 개량된 전술을 썼다. 가장 위태로운 상황에서 최선의 시도를 찾아내는 것, 이것이 전장의 리더십이다.

흑태자는 굉장히 유연한 전술적 판단력을 가진 지휘관이었다. 궁병에만 의존하지도 않았고 언덕 전투에만 의존하지도 않았으며, 상황에 따라서 자기가 어디에 있어야 하는지, 기병을 어떻게 운영해야 하는지를 정밀하게 판단했다. 최고의 기사이면서 직업군대 최고의 전술적 사령관이었던 그는 이전 세대와 다음 세대의 전쟁이 만나는 시대의 교차로에서 가장 뛰어난 리더였다.

척계광
(명나라)

중세 명장 ⑤

척계광의 교훈은 진법과 전술에만 있지 않았다.
그는 농민을 군사로 만드는 법, 조직을 단결시키고
최대한의 역량을 발휘하게 하는 데에 이전에 없던
새로운 방식과 능력을 발휘했다.
여기에는 전투의 본질에 대한 탁월한 통찰,
분석적이고 실용적인 사고,
인간의 심리와 본성에 대한
냉철한 성찰이 들어 있었다.

전술사에 큰 획을 그은 군사 천재, **척계광**

"원앙진과 기효신서의 창안자"
"명나라의 명운을 연장시킨 세기의 전술가"

병사들을 몰아 앞으로 나아가자 야트막한 언덕 위에 창검을 번쩍이며 왜구들이 앉아 있는 것이 보였다. 왜구는 고지 정상 아래 비탈의 사면에 방패를 세우고, 3열로 포진하고 있었다. 질서정연하게 도열해 있지는 않고 적당히 포진 형태를 갖추고 앉아 있는 그들은, 명군이 등장했어도 전혀 신경 쓰지 않는 듯했다. 언덕 정상에는 대장으로 보이는 인물이 금빛과 붉은빛이 번쩍이는 갑옷을 입고 있었다. 그는 금빛으로 칠한 앞면이 넓은 부채를 들고 있었는데, 『서유기』에 등장하는 파초선을 연상하게 했다.

명군이 산기슭에 도착했는데도 그들은 꿈쩍하지 않았다. 예상치 못한 명군의 자신감에 겁을 먹고 잔뜩 움츠러든 것이 틀림없었다. 깃발을 흔들어 총공격 신호를 보내자, 명군이 비탈을 오르기 시작했다. 여기서 이상한 징조가 생겼다. 지금껏 대오를 이루며 진격하던 명군의 대형이 흔들리기 시작했다. 전위부대가 뒤처지고, 전진을 망설이는 부대가 섞여, 전열의 선이 깔끔하지 못하고 일그러지기 시작했다.

갑자기 왜구가 창검을 번쩍이며 방패를 열고 튀어나왔다. 석양을 등지고 있는 그들의 창검이 현란하게 번쩍였다. 왜구 수는 적었지만 창검이 빛내는 광채는 더욱 밝고 강력했다. 왜구가 충돌해 오자, 명군 대형이 버텨내는 듯하더니 갑자기 뒤에서부터 우수수 무너졌다. 벌레가 나뭇잎에 구멍을 내듯 커다란 구멍이 생기더니 산산이 찢겨나갔다.

"저놈들, 저놈들!" 장군은 화가 나서 소리를 질렀는데, 왜구를 향한 욕설인지 아군을 향한 욕설인지 알 수 없었다. 왜구와 충돌한 부대보다 뒤에 있던 부대가 더 빨리 물러서거나 갑자기 방향을 틀어 전투와는 아무 상관 없는 지역으로 진군하기 시작했다. 물러서는 부대, 와해되어 도망치는 부대, 머뭇거리고 나가지 않는 부대, 우측이나 좌측으로 선회하는 부대……. 명군 대형은 마치 파리떼가 날아오른 듯 분주하고 정신 사나워졌다. 반면에 왜구는 명군의 약한 곳을 정확히 노리고 송곳처럼 치고 들어와 병사들을 도륙했다.

청년 장군은 이를 악물었다. 어떤 부대는 장교가 먼저 도망치고, 어떤 부대는 병사가 먼저 궤산했다. 용감하게 진군하는 대오도 없진 않았다. 그러나 병사가 용감하면 장교가 도주하고, 장교가 용감하면 병사들이 주춤

거렸다. 책임감 있는 장교와 용감한 병사들이 제일 먼저 희생양이 되어 쓰러졌다.

패기를 보이던 부대가 와해되자 명군 전체가 눈 녹듯이 무너져 도주하기 시작했다. 그나마 대오를 유지하고 있는 부대는 접전지에서 멀리 떨어져 있었다. 그들은 아군을 구하러 올 생각은 하지 않고, 함성만 지르거나 의도적으로 다른 방향으로 나가다가 빙 돌아서 진지로 되돌아왔다.

변명의 여지가 없이 완벽한 참패였다. 그간 해왔던 훈련은 실전에 들어가자 아무 소용이 없었다. 달라졌다고 생각했던 장교와 병사들의 마음가짐, 연병장에서의 눈빛과 사기는 모두 가식이고 거짓이었다.

패배보다 실망과 좌절감에 의한 충격이 더 컸지만, 젊은 장군은 포기하지 않았다. 도대체 어디서부터 잘못된 것일까? 나는 무엇에 속은 것일까? 그는 처음부터 다시 시작하고, 뿌리부터 바꾸기로 결심했다. 이날 첫 번째 전투에서 왜구에게 패한 이 젊은 장수는 명나라 군대를 새로운 조직술과 전술로 재무장시켜 끝끝내 왜구를 격퇴한다. 여기에 그치지 않고 북방에서 몽골군과의 전투에서도 승리한다. 명나라 최고의 무장 척계광(戚繼光, 1528~1588)이다.

〈그림 1〉 척계광의 초상화.

왜구를 타개할 세기의 전술, 원앙진

척계광은 산동 출신이다. 산동은 예전부터 주민의 체격이 컸고 무골이 많이 태어난 지역으로 유명했다. 이곳 명문 무장가에서 태어난 그는 일찌감치 무과에 급제해 북방의 몽골 지역에서 군 복무 경험을 쌓았다. 자부심과 사명감이 넘쳤던 그는 엄격한 군율과 군기로 병사들의 기강을 잡았고, 부대 분위기를 일신했다. 그의 재능을 알아본 상관들은 이 청년 장교를 승진시켜 절강성으로 파견했다. 절강성은 중국의 남북을 이어주는 경제 동맥인 대운하의 남방 종착점으로 경제와 산업의 중심지였다. 소주와 항주는 강남의 부가 모이는 곳으로 중국에서 가장 화려하고 향락이 넘치는 도시였다.

같은 이유로 절강은 왜구의 습격이 가장 빈번한 곳이었다. 젊은 장교는 의욕과 자신감이 넘쳤다. '기강을 세우고, 병사를 엄하게 단속하고 훈련하면 왜구를 이길 수 있다.' 왜구는 적을 때는 10여 명, 잘해야 100명도 안 되는 병력이었다. 그는 10배가 넘는 병력으로 왜구를 잡지 못하는 것은, 장교가 책임감이 부족하고 앞장서지 않았기 때문이라고 생각했다.

명나라 군대는 직업군인인 장교와 동원 예비군 같은 일반병으로 구성되었다. 일반병들은 허위 명부가 대다수였고, 명부에 올라 동원되는 병사도 훈련 상태나 정신무장 상태가 엉망이었다. 전투를 할 때는 항상 적의 단점과 나의 장점에 주목해야 한다. 하지만, 명나라군이 막상 왜구와 싸워보니, 명군만의 장점도 없었고, 이길 수 있는 가능성도 없었다. 명군은 농민군을 징발한 병사들인 데 반해, 왜구는 전문 병사들이었다.

이때의 왜구가 다 일본인으로 구성된 것은 아니었다. 일본인과 중국인 해적의 혼합 집단이었다. 이를 추정하는 수치마다 다르지만, 왜구의 70퍼센트가 중국인이었다는 설도 있다. 중국인 해적도 농민군이 아니라 전문 병사들이었기 때문에, 백병전이 벌어질 때 이 차이는 매우 컸다.

상대가 특별한 장점을 지니고 있을 때 무조건 이를 따라잡으려고만 하면 실패할 것이다. 백병 능력의 차이는 병사의 존재 자체에서 오는 것이다. 명나라는 군사 제도를 모병제로 개혁하고, 전문 군인을 양성하기 전까지는 백병 능력, 전투 능력의 차이를 극복할 수 없었다.

그렇다면 해결책은 나만의 장점을 살리는 방법뿐이다. 척계광은 명군의 장점을 찾고 군대를 만들어갔다. 중국이 가진 유일한 장점은 인구수였다. 그런데 이때는 인구수가 많다는 것이 장점이 아니라 단점처럼 보였다. 오합지졸이었기 때문이다. 오합지졸일수록 수에 의존하다가는 약점만 더 부각될 수 있다. 물을 지나치게 섞은 불량 시멘트를 더 두껍게 쌓으면 강도가 세지기는커녕 오히려 붕괴 위험만 높아지는 것과 같은 이치다.

척계광은 병력이 많다는 점을 어떻게 진짜 장점으로 만들 수 있을지 생각했다. 병력 수를 전투력의 증강 효과로 연결하는 방법은 없을까? 물론 훈련을 시키면 더 큰 효과를 거둘 수 있다. 그렇다면 이 농민들을 대체 어떻게 훈련시켜야 할까? 당시 왜구들에게 언제부터 칼을 잡았느냐고 물으면, 대개 다섯 살이나 일곱 살 때쯤이라고 말했다. 그에 맞서 싸우게 하기 위해 스무 살이 넘은 농민들을 10년 동안 훈련시키면 그들은 중년이 지날 터였다. 여기서 척계광은 놀라운 발상을 했다. '우리가 가진 건 병력이야. 그러면 왜 일대일 대결을 시키려고 하지? 12명을 한 팀으로 만들어서 12가지 동작 중에 하나만 시키자.'

간단히 말해, 개인의 무술은 공격과 방어를 할 때 찌르거나 베거나 막는 것인데, 각자마다 모든 무술을 익힐 필요가 없다는 것이었다. 12명이 뭉쳐서 그중 하나씩만 하는 것이다. 찌르는 역할을 맡으면 찌르기만 하고, 막는 역할을 맡으면 막기만 하면 된다. 병기도 특화시켰다. 이러한 공격과 방어가 한 번에 끝나지 않을 테니 2진은 다른 무기를 쓰게 했다. 이런 방식으로 12개의 동작을 12명에게 나눠주고 병기까지 특화시킨 전술이, 바로 그 유명한 원앙진이다. 그들은 왜구와의 전투 때, 이 원앙진으로 훨씬 빠르게 승리할 수 있었다.

전쟁에서 무기와 과학기술의 발달은 가장 중요한 요소 중 하나다. 이 시기는 전 세계적으로 군사 제도가 변하던 때인데 바로 화약이 발명되었기 때문이다. 총과 대포가 실용화되면서 바야흐로 화기의 시대가 열렸다. 척계광의 병법에서 중요한 부분이 바로 화기의 활용이다. 척계광도 화약 무기의 화력을 도입했다. 예를 들어 쾌창이라는 것이 있는데, 창에 화통 같은 것을 붙여 쏘는 것이다. 일대일 대결에서

〈그림 2〉 척계광의 원앙진.

이를 활용하면, 혹시 맞지 않더라도 상대를 위협할 수는 있다. 상대가 당황한 틈을 타 찌르는 전술이다.

당시 농민군의 투지나 사기는 형편없었다. 게다가 중국군의 가장 큰 문제는 넓은 영토를 가졌다는 점이었다. 중국은 침략당하면 싸우려고 하지 않는다. "도망가면 쫓아오다가 전쟁이 끝난다. 도망가다 보면 적이 오다가 늙어 죽는다"라는 얘기가 있을 정도였다. 그래서 여차하면 그들은 도망쳐 집으로 가버렸다.

용기와 투지는 훈련만으로 만들어낼 수 없다. 척계광은 기존의 엉성하고 타락한 징집병에 대한 미련을 접고, 새로 광산촌에서 광부들을 모았다. 그들의 강도 높고 지속적인 노동, 집단적 규율과 협동심, '헝그리 정신'에 주목했다. 당시 광산촌은 극빈층과 몰락 농민들이 몰려드는 곳이었다. 전쟁에서 무엇보다 중요한 부분이 생명을 담보로 하는 단결력이었다. 농부들도 농사를 지을 때 여러 협동 작업을 하지만 농부의 협력과 광부의 협력은 질적으로 달랐다. 농부의 협력은 상호부조의 개념이라면, 광산에서의 협력은 전장에서의 단합력과 유사하다. 광산에서는 작은 실수 하나로도 팀원 전체의 목숨이 위협받기에, 그들은 서로에게 목숨을 의지해야 한다. 여기에 힘든 노역과 격리된 생활 등으로 광산촌 특유의 끈끈한 연대감이 형성돼 있었다.

훌륭한 부대란 결국 개개인의 책임감이 확실한 부대이다. 병사들은 서로의 목숨을 서로에게 맡기고, 지휘관에게는 전체의 책임을 맡긴다. 내 눈에 보이지 않고 확인할 수도 없지만, 나의 측면과 등 뒤를 동료들이 지켜주고 있다는 믿음과 확신이 있어야만 그 부대가 전투에서 제 몫을 할 수 있다.

원앙진에서 개개의 병사들은 손과 발, 머리가 되어 한 팀을 이룬다. 심지어 왜구가 두 손으로 하는 동작을 12명이 나누어서 하는데, 이런 유대감은 훈련만으로는 생기지 않는다. 그래서 척계광은 광부들에게 주목했다. 그는 배운 자나 도시 상인 같은 부류를 제일 싫어했고, 심지어 병사로 선발해서는 안 된다고도 했다. 이들은 개인주의가 강하고, 약삭빠르다는 것이 이유였다.

현대 군사 경험으로 보면, 교육 수준이 높고 직업적 전문성이 높은 집단이 책임감도 강하다. 그들은 군 생활에 대한 이해도나 적응력이 높아서 훌륭한 병사가 될 확률이 높다고 한다. 무기가 전문화 · 고도화된 이유도 있지만, 나라마다 군대의 평균 학력 수준을 높게 잡는 이유가 이 때문이다.

하지만 척계광의 시대에는 교육 방식이나 기준도 달랐고, 전투 방법도 달랐다. 그래서 이런 편견이 생겼을 수도 있다. 아마도 가장 중요한 이유는 배운 자들과 광부 · 농민들 사이의 위화감이었을 것이다. 당시에는 신분과 계급적 권위가 현대보다 높았다. 교육은 전문성이나 생계 수단을 나누는 기준이 아니라 신분을 나누는 도구였다. 학생은 곧 관직에 오를 수 있는 신분이었다. 그러므로 학생, 도시민, 상인을 군인으로 뽑지 않는다는 척계광의 원칙은 책임감과 조직의 일체감, 동화 능력을 중시하라는 교훈으로 받아들여야 한다. 역사의 교훈은 형식이 아니라 내면과 본질에 있다.

척계광은 책임감을 위해서 철저한 보수 제도도 시행했다. 현대로 치면 성과급과 감봉 제도까지 있었다. 병사로서의 의무를 다하지 않는 자, 특히 전투에서 비겁한 행위를 하거나 의무를 저버리는 행위를 하는 자는, 감봉하거나 심지어 처형하기도 했다.

제일 가혹한 처벌은 원앙진의 분대장이 도망치는 경우로, 이때는 분대 전원을 처형했다. 분대장의 도망은 곧 본인과 전체의 목숨을 위험에 빠뜨리게 하는 행위였다. 도망친다고 살 가능성이 높아지는 것도 아니고, 오히려 본인과 전체의 목숨을 더 위험하게 한다. 척계광은 '원앙진에서 지휘관은 두뇌이고, 다른 대원은 손과 발이다. 손과 발이 분리되거나 머리가 떨어진다면 모두에게 죽음뿐이다'라고 생각했다.

척계광이 원앙진에만 의지한 것은 아니었다. 원앙진의 결정적 약점은 속도였다. 12명이 동작을 나누어 하기 때문에 기동전에 약할 수밖에 없었다. 왜구의 단점 또한 속도였기 때문에 원앙진이 통했을 수 있다. 만일 왜구의 화력이 더 세고, 육상에서 더 기동력 있게 움직였다면 과연 원앙진이 성공할 수 있었을까? 그렇지 않았을 것이다.

그래서 척계광이 북방으로 갔을 때는 원앙진에 의존하지 않았다. 그렇다면 상대의 기동을 저지하기 위해 어떤 전술을 써야 했을까? 중국군은 예로부터 수레로 막는 전략을 썼지만, 이제 이것이 통하지 않았다. 그래서 척계광이 찾아낸 해결책이 화력이었다. 북방민족들은 왜구보다 화력에 더 약했다. 특히 화포나 포성에 적응이 안 된 말들은 속수무책이었다. 그래서 화기와 수레를 이용해 상대방의 기동을 차단하고 공격하는 전술을 개발했다.

이외에도 척계광은 상대와 상황에 맞춘 창의적 전술을 여럿 개발해냈다. 자기의 자원을 그대로 쓰는 것이 아니라 상대에게 맞춰 창의적으로 가공한 것이다. 실제로 전쟁터에서 이 정도 창의를 발휘하기란 쉬운 일이 아니다. 더구나 이런 변형을 유기적으로 사용하기는 더욱 어렵다.

세기의 실용 병서, 『기효신서』

그렇다면 창의적인 지휘관, 성공하는 지휘관의 조건은 무엇일까? 성공하는 전술은 목적과 목표가 정확하고 그 목표를 실현하는 방법 또한 명확하다. 예를 들어, 이 전쟁의 목표가 전멸이 아니라 적을 몰아내는 것이라고 한다면 가장 좋은 방법은 적의 식량 창고를 터는 것이다. '식량 창고를 털려면 저 지점을 점령하면 되겠다. 그러려면 이런 전술이 가장 좋겠다.' 이러한 부분들이 정확하게 맞아떨어지면서 최고의 전술을 펼칠 수 있다. 그렇게 하기 위해 나의 장점, 적의 장단점, 지리적 환경, 군대의 수준을 정확히 파악해야 한다.

그런데 이게 말처럼 쉽지가 않다. 이런 능력을 배양하려면 항상 실체적이고 실용적으로 사고해야 한다. 『기효신서』를 보면 척계광의 실체적 사고를 볼 수 있다. 중국의 병서는 『손자병법』과 『기효신서』로 나뉜다 해도 과언이 아닌데, 『손자병법』에는 관념적인 이야기들로 가득하고, 실전을 다루지는 않는다. 어떻게 보면 그것이 『손자병법』의 성공 비결이다. 첫 병서였으니 원칙을 제시하는 것이 맞다. 군대란 무엇인가? 전략이란 무엇인가? 전술이란 무엇인가? 이 모두가 중요한 원칙들이다.

하지만 이 원칙을 실천하기 위해서는 실용적 요령도 필요하다. 그

성벽 보초병이 든 등불은 미끼?

옛 사극을 보면 성벽에서 보초 서는 병사들이 등불을 들고 걸어 다니는 장면이 나온다. 보초병이 한 손에는 창을, 한 손에는 등불을 들고 성벽에서 순시하는 모습이다. 필자는 그 모습을 보고 혀를 끌끌 찼었다. '아니, 성벽에서 등불을 들고 걸어 다니면, 내 위치를 알려주는 거잖아?'

그런데 척계광의 『기효신서』에는, 실제로 그랬다는 내용이 나온다. 당시 서치라이트가 없으니 척계광이 내놓은 아이디어는 낚싯대처럼 길게 끈을 드리워 등불을 매다는 것이었다. 그러면 등불이 성벽 밑을 비출 것이고 보초병은 빛 뒤에 있어 안 보이고 성벽으로 접근하는 적은 완벽하게 보인다. 『손자병법』에는 없는, 이런 실용적 사고가 『기효신서』에는 가득하다.

紀效新書 卷十一

閘下勢.

閘勢緣何要挈脚. 挈脚乃是起步法. 連身坐下向前冲. 上面不着下面着.

拗步退勢.

直進直出君須記. 站住卽是中平勢. 高低左右任君行. 切挫鈎閘毋輕易.

一五〇

〈그림 3〉 척계광의 『기효신서』

래서 척계광이 집필한 책이 『기효신서』이다. 이 병서를 보면, 척계광이 어떻게 원앙진을 만들었는지, 북방에 가서 어떻게 성공했는지, 그 실전 비결을 알 수 있다.

이 무렵, 척계광은 중국에 조총을 들여온다. 총은 철저히 규격화하고 표준화해야 한다. 총알마다 규격이 다르고 화약을 넣는 양이 달라진다면, 명중률이 떨어지기 때문이다. 총이 표준화돼 있으면 정확한 거리에 정확한 총알이 날아가니, 적을 쉽게 무너뜨릴 수 있다. 그러면 자신감이 생기면서 돌격 명령이 떨어졌을 때 총을 던지고 칼을 뽑아 돌격할 수 있다. 상대방이 돌격해올 때 승리를 확신하고 뛰어오는 것과 뒤에서 몰아치니 할 수 없이 뛰어오는 것, 베테랑 병사들은 이를 단번에 알아본다. 승리를 확신하고 돌격할 때는 상대도 겁을 먹을 수밖에 없다. 그렇게 전투에서 승리하는 것이다. 『기효신서』에는 이런 실용적 이야기가 담겨 있고, 모든 것이 수치화돼 있다. 그전의 병서에는 수치란 없었다. 조총이 정확하냐? 활이 정확하냐? 이러한 질문에 척계광이 답을 내려준다.

> 조총의 명중률은 고니를 쐈을 때 쾌창의 10배, 활의 5배로 높다.
>
> —『기효신서』

『기효신서』에는 임진왜란 때 이순신의 해전을 언급하는 대목도 있다. 해전에서 가장 중요한 무기는 화약이다. 거북선의 화포에 대해 척계광은 이야기한다. "해전에서 화기가 중요한 건 맞지만, 당시 화기의 기술력이나 파괴력을 고려했을 때 해전에 부적합한 무기가 너무 많다." 좋은 지적이다. 임진왜란 당시 우리나라는 화약 무기의 사거리를 따지기에 바빴다. 장군전은 몇 킬로미터, 현자총통은 몇 킬로미터, 지자총통은 몇 킬로미터 날아간다는 이야기만 했지, 명중률에 대해서는 이야기하지 않았다. 명중률과 함께 조작법도 중요하다. 파도가 센 바다에서, 배의 대포를 조작하는 것은 대단히 복잡하다. 배 안에서 대포가 터지기라도 하면 큰일이다. 그래서 화기를 어떻게 다루고 조작하느냐가 굉장히 중요하다. 아마 척계광이 이에 대해 말한 것도, 대포를 개량하고 기술을 개발해야 한다는 뜻에서였을 것이다.

임진왜란 때 척계광의 부하들이 한국에서 맹활약을 하자, 임진왜란 후에 『기효신서』의 절강 병법이 조선의 표준이 되었다. 『기효신서』가 조선에서 널리 읽히고 번역돼 일부를 발췌한 병서도 만들어졌다. 『병학지남연의』라는 책이었는데, 당시 훈련 교관 정도에 해당하는 직책을 맡은 인물이 편찬했다. 그런데 문제는 이 책을 출판하려고 했더니 미상의 인물이 책에 내용을 보탰다는 점이다. 누군가가 추상적, 사변적 사고를 집어넣은 것이다. 편찬 과정에서 책의 품위나 무게감을 위해서, 병서의 유명한 구절이 계속해서 추가되었다. 손자의 말씀이 훌륭한데, 이를 따르지 않은 건 잡기라는 식으로 말이다. 『기효신서』라는 책이 가진 장점은 실용적 사고의 가치였다. 그런데 이러한 과정이 바로 그 가치를 폄하한 셈이 되어버렸다. 척계광이 『손자병법』을 쓸데없는 책이라고 한 것은 아니다. 『손자병법』도 물론 읽어야 하지만 『기효신서』에서는 오직 실용적, 분석적 사고를 하자는 제안이었던 셈이다. 그는 『손자병법』이 제시한 원칙 아래에서 이러한 사고를 어디에 적용해야 할지 정확히 알았다.

군사 천재가 남긴 것

척계광이 고안한 원앙진은 전문 전사들인 왜구와의 백병전에서 상대가 되지 않았던 명나라의 농민 징집병이 승리하게 된 기적의 진법이었다. 그의 새로운 병법은 꺼져가던 명나라의 운명을 최대한으로 연장시켰다.

그러나 척계광의 교훈은 진법과 전술에만 있지 않았다. 그는 농민을 군사로 만드는 법, 조직을 단결시키고 최대한의 역량을 발휘하게 하는 데 이전에 없던 새로운 방식과 능력을 발휘했다. 여기에는 전투의 본질에 대한 탁월한 통찰, 분석적이고 실용적인 사고, 인간의 심리와 본성에 대한 냉철한 성찰이 들어 있었다.

하지만 이 군사 천재도 명나라의 썩은 정치는 극복하지 못한다. 그 때문에 말년에 그는 불행했고, 그의 제자와 후계자들은 더 비참한 운명을 만났다. 척계광의 후계자는 북쪽형과 남쪽형으로 나뉘는데 북쪽으로 간 이들은 척계광이 만들었던 북방용진을 썼고, 남쪽 왜구와 싸우고 임진왜란에 참전했던 인물들은 원앙진을 썼다. 그럼에도 척계광과 같은 성공을 거두지는 못했다. 심지어 북방으로 간 이들은 몽고족과 싸우다가 대부분 전사했다.

임진왜란에 참전한 명나라의 주요 장수들도 척계광의 후예들이었다. 이여송의 뒤를 이어 최고사령관이 되었던 양호, 조선에서 가장 존경받았던 명나라 장수 유정이 이들이다. 하지만 척계광은 성공했고 부하들은 실패해 모두 비극적인 운명을 맞았다. 왜 그랬을까? 전술을 모방한다고 다 들어맞는 것은 아니다. 현장에 가면 무수한 응용이 필요한데, 후계자들은 그런 응용력을 갖추지 못했다. 임진왜란 때 왜구와 싸웠던 명나라 장수들은 꽤 괜찮은 전과를 올렸지만, 북방으로 올라와 여진의 누르하치 군대와 싸우면서 완전히 페이스를 잃어버렸다. 누르하치 군대의 엄청난 기동을 처음 겪어봤기 때문이다. 북방민족과 싸우면서 왜군과 싸울 때의 기동을 했으니 그들의 페이스에 말릴 수밖에 없었다.

척계광은 상대의 페이스에 말리지 않았고, 오히려 이를 역이용할 줄 알았다. 무언가를 만들어낸 사람들은 적용과 응용에 능하다. 척계광과 후계자들의 차이는 직접 창의한 자와, 배웠으나 응용이 안 되는 자의 차이였다. 우리가 배우는 모든 지식과 경험은 새로운 창조를 위한 재료일 뿐이고, 새로운 창조를 위해서는 본인이 부단히 연습하고 노력해야 한다.

3

영웅의 탄생

| 근현대 명장편 |

나폴레옹(프랑스)

스톤월 잭슨(미국)

몰트케

나폴레옹
(프랑스)

근현대 명장 ①

자신이 C급 실수를 저질렀다면,
다음에 같은 실수를 반복하지 않는 것에 그치지 않고
B를 넘어 A까지 해내는 식이었다.
'자신의 실수를 깨닫고 그다음 단계,
아니 더 새로운 단계로 올라선다.'
이것이 나폴레옹의 위대한 면이다.

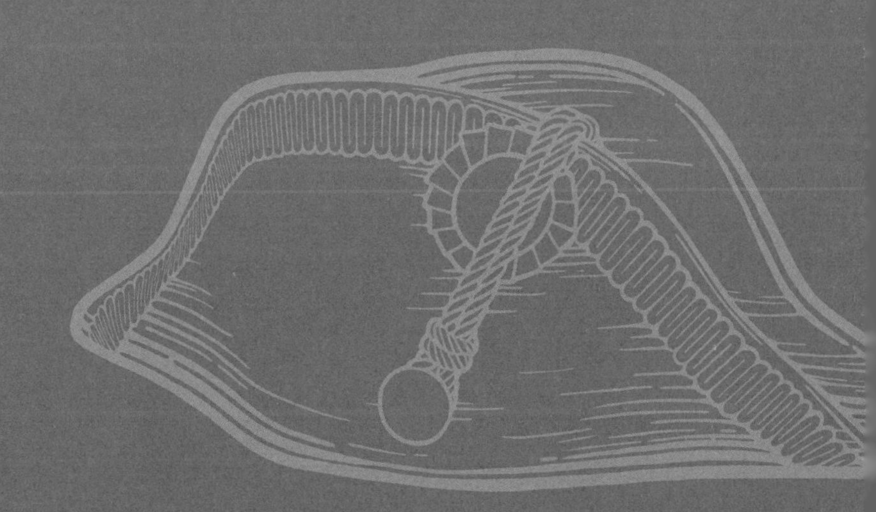

황제들의 황제,
나폴레옹

"전 유럽을 제패하고 이룩한 혁명의 꿈"
"외선기동을 실현한 전쟁 천재"

- 전쟁 계획을 수립함에 있어서 적의 모든 행동을 예측하고 대책을 강구하는 것은 필수적이다.
- 전쟁 계획은 주변 상황, 지휘관의 재능, 부대의 성격, 작전 지역의 특성에 따라 언제나 수정될 수 있어야 한다.
- 양익이 모두 노출되어 있을 경우, 지휘관은 중앙 대형에만 의존해야 한다. 이때 지휘 아래 있는 부대를 절대 분리시키지 말아야 한다. 만약 2개의 부대로 분리되어 양익이 노출될 경우 보호해야 할 측면은 모두 4개가 된다.

- 모든 전쟁은 모든 장애를 극복할 수 있는 규모의 군대에 의해 치러져야 한다.
- 지휘관은 전투 당일에도 끊임없이 자신에게 질문을 던져야 한다. '만일 적군이 당장 나의 정면이나 우측 또는 좌측에 나타나면 나는 어떻게 해야 하는가?' 만일 이러한 질문에 답하는 데 어떤 어려움을 느낀다면 그는 위치 선정을 잘못한 것이다.

— 나폴레옹 전쟁 금언 중에서

프랑스 혁명기에 혜성처럼 나타나 20대에 대위에서 장군으로 벼락 진급을 하고 이탈리아 원정을 떠난 청년. 혁명의 꿈을 이뤄내 프랑스를 다시 유럽의 강국에 올려놓은 인물. 이 성공과 인기로 혁명기의 혼란을 수습해 마침내 황제의 자리에 오르고 유럽을 제패한 입지적 인물. 러시아와 영국을 제외한 전 유럽을 제패한 프랑스 황제 나폴레옹(Napoléon Bonaparte, 1769~1821)이다.

코르시카 촌뜨기의 프랑스 본토 입성

나폴레옹은 코르시카 출신이다. 코르시카는 원래 이탈리아의 속령이었다. 그러다가 나폴레옹이 태어날 때쯤 다시 프랑스의 속령이 되는데 사실 나폴레옹의 집안도 이탈리아가 뿌리라고 전해진다. 이탈리아

어를 쓰는 작은 섬 촌뜨기가 프랑스 군사학교에 가게 된다.

'프랑스 귀족 아이들에게 갖은 핍박을 받고 놀림을 당했고, 찢어진 군복을 입었다.' 이 이야기에는 과장이 섞여 있다. 나폴레옹은 프랑스어도 못했으니 갈등과 말썽이야 있었겠지만, 그 와중에도 자신의 목표를 잊지 않았다. 귀족 아이들의 핍박에 굴하지 않고 강하게 들이받았으며, 이러한 상황에 주저앉지 않고 도서관에서 꿈을 키웠다.

훗날 나폴레옹이 유럽을 제패하게 된 데에는 이때의 경험이 큰 역할을 했다. 그는 이방인으로 살며, 프랑스 귀족들과 싸우고 갈등하면서도 자기 영역을 확보해갔다. 그 시절 그는 상대를 관찰하는 법을 배웠다. 전쟁에서 성공하는 군인은 상대를 관찰하고 연구하는 자세와 능력을 갖춘 사람이다.

『손자병법』의 손자도 이렇게 이야기했다. "전쟁은 나를 연구하는 게 아니라 상대를 연구하는 것이다." 어떻게 보면 나폴레옹은 시련을 겪으면서 상대를 분석하는 훈련을 처절하게 한 셈이었다. 그는 자신의 불리한 여건을 그대로 인정했고, 동시에 자신에게 주어진 목표를 향해 무섭게 매진했다.

나폴레옹의 사관학교 기록을 보면 "수학은 뛰어나다. 체육도 뛰어나다. 역사, 지리는 보통이다. 예능과 사교술은 부족하다"라고 되어 있다. 사교술이 부족한 인물은 두 부류다. 방구석에 틀어박혀서 남들에게 신경을 안 쓰는 부류와, 사교술은 부족하지만 남들에 대한 뛰어난 관찰력을 통해 결국 자신의 목적을 이뤄내는 부류다. 나폴레옹은

〈사진 1〉 프랑스 셰르부르옥토빌에 있는 나폴레옹 동상.

나폴레옹의 군사학교 입학은 불륜 때문?

나폴레옹의 아버지 카를로(Charles Marie Bonaparte, 1746~1785)는 변호사였고, 한때 프랑스에 대항해서 싸웠던 코르시카의 독립투사 파올리의 비서였다. 하지만 그는 파올리가 망명한 후에 프랑스 편으로 변절했고, 귀족의 지위를 얻어 코르시카 삼부회의 대표가 되었다. 그는 표면적으로는 화려했지만 그리 부유하지 않았고, 다른 여자에 빠져 가정을 돌보지 않았다. 나폴레옹이 프랑스 본토의 귀족 자제들도 들어가기 어려웠던(무상교육이어서 경쟁률이 엄청났다) 브리엔의 군사학교에 입학할 수 있었던 것은 코르시카 총독이었던 마르뵈프의 후원 덕분이었다. 마르뵈프가 나폴레옹을 후원한 이유는 알려져 있지 않다. 알량하지만 나폴레옹 일가의 충성 때문이었을까? 마르뵈프가 나폴레옹의 모친 레티치아와 연인 관계였다는 설도 있지만 명확한 증거가 있는 것은 아니다. 만약 이 불륜 관계가 사실이라면 프랑스와 유럽의 역사를 바꾼 세기의 불륜이었던 셈이다.

〈그림 1〉 젊은 시절의 나폴레옹.

후자였다. 그는 비록 사교술은 부족했지만, 다른 사람의 능력을 파악하는 데 탁월한 면이 있었다.

나폴레옹은 소년학교를 거친 후 파리왕립사관학교에 진학했다. 왕립사관학교에 들어갔다고 하면, 군사기술을 배웠을 것이라고 생각하기 쉽지만, 이 당시 사관학교는 일반 대학이었다. 왜 사관학교였을까? 귀족의 아이들이나, 귀족에 편입할 수 있는 성공한 부르주아의 아이들이 오는 곳이 당시의 사관학교였다. 그래서 군사기술이 아니라 일반 교양을 가르쳤다. 이 귀족 자제들은 나중에 왕의 훌륭한 신하가 될 것이니, 문무를 겸비한 교육을 받았던 것이다. 로마시대였다면 화약무기가 없었으니 사관학교에서 그렇게 교육해도 괜찮았을지 모른다. 하지만 이때는 화약 무기가 도입된 초기여서 로마시대 전술로도 그럭저럭 응용할 수 있었다. 로마의 중장보병 대형에 총병을 섞으면 됐다. 대표적인 대형이 테르시오 대형이다. 하지만 그 뒤로는 총기가 점점 발달했고 나폴레옹 시대에 이르면 연발총이 나오기 직전이 된다. 대포는 특히 더 발달해서 초창기 대포와는 상대가 안 됐다. 특히 집중포격이 가능해졌다. 라인을 깔고 탄착점을 만든 다음 포병이 일제 포격을 하면 적병을 쓰러뜨리는 것이 가능해진다.

이 때문에 예전 카이사르와 한니발 시절에는 병영에서 몇몇이 군사기술을 익혀도 되니 사관학교가 필요 없던 시대였지만, 이때는 무기가 발달하고 군사기술도 정교화되면서 사관학교가 필요했다. 하지만 사관학교는 실상 귀족의 사교장 구실밖에 하지 못하고 있었다.

프리드리히를 넘어서라

나폴레옹은 포병으로 처음 실전 배치를 받았다. 당시 귀족들은 말을 타는 게 최고의 품위였다. 귀족이라면 누구나 기병장교가 되어 말을 타고 파티에 가는 꿈을 꿨다. 반면 포병과 공병은 진흙탕에서 굴러야 한다. 그러니 낮은 신분의 병사나 부르주아 장교들은 포병으로 보냈다. 그런데 문제는 이미 전쟁의 주도권이 포병에게 넘어가 있었다는 점이다. 대포를 '전장의 여왕님'이라 부르기 직전이었는데 부르주아 장교들을 포병으로 몰아넣어 버리고, 귀족 출신 장교들은 말을 타고 파티장으로 달려갔다.

이렇다 보니 막상 프랑스 혁명이 발생했을 때 귀족 장교들은 무능할 수밖에 없었다. 반면 포병 기술과 공병 기술을 장착한 부르주아 장교들은 각광을 받았고, 이 점에서 나폴레옹이 앞서갔다. 결국 시대를 먼저 읽고 도전하는 사람이 그 시대를 이끌어가는 법이다.

그렇다면 나폴레옹은 포격술에서만 앞서갔을까? 이때는 왕들이 쫓겨나고 국민국가가 생기던 시절이다. 징병제가 생기다 보니 전쟁이 전문화되고 대규모화되었다. 전쟁이 대규모화된다는 것은 어떤 의미일까? 전장이 보이지 않게 됨을 의미한다. 예를 들어 대포 100문을 200킬로미터 떨어진 전장까지 운반한다고 해보자. 이를 위해 나무로 된 바퀴를 굴려야 하는데, 이때 바퀴 몇 개를 가져가야 할까? 부품은 몇 개가 필요하고, 바큇살은 몇 개를 가져가야 하고 그에 걸리는 시간은 얼마일까? 또 군량은 얼마나 가져가야 할까? 이런 것들을 계산하는 게 쉬운 일이 아니다.

나폴레옹은 프리드리히 대제를 자신의 스승으로 여겼는데 프리드리히 대제의 7년 전쟁을 보면 이때부터 전쟁이 대규모화되고 보병과 대포 중심으로 바뀐다. 여기에 프리드리히는 기동을 도입했다. 프로이센 군대의 기동은 대단했다. 당시에는 정면으로 적을 공격하거나 한번 목표를 정하면 일직선으로 진격하는 것이 보통이었는데, 프로이센의 '활기찬 군대(프리드리히의 표현)'는 전진 중에 횡대에서 종대, 종대에서 횡대로 대형을 바꾸며, 혹은 긴 횡대를 빗자루로 쓸 듯이 좌우로 선회기동을 하며 싸웠다.

그러나 거기까지였다. '적을 고착시켜놓고 뒤로 군대를 돌려 이긴다.' 여기까지는 멋지지만 그다음이 문제였다. 예를 들어 보병 5만 명이 긴 진을 돌아가다 보면 지칠 수밖에 없다. 이렇다 보니 예상할 수 없는 일이 너무 많이 생기고, 전투는 이겼지만 병사들이 기진맥진해지는 일이 허다했다. 나폴레옹은 이 틈새를 공략했다.

거대한 병력을 운용할 때 어떻게 해야 할까? 이렇게 복잡한 전쟁을 할 때 어떤 식으로 싸우면 이길 수 있을까? 여기서 '어떤 식'이라고 하는 것은 기발한 전술을 의미하는 것이 아니라 '지금 이 상황에서 가장 유용한 전술'을 의미한다.

군대는 커지고 고려할 게 많아졌다. 더구나 대포를 끌고 가야 하니 점점 먼 원정을 떠나지 않으려고 한다. 멀리 가다가는 그냥 탈진해버릴 것이라고 지레 예상하는 것이다. 그래서 프리드리히 대제는 전쟁에서 보병을 움직이며 엄청난 선회기동을 선보였지만, 전략적 측면에서는 내선기동에 집착했다.

내선기동이란 원이 있다고 할 때 원 안쪽에서 움직이는 것이다. 그렇게 하면 바깥쪽에서 움직이는 집단보다 거리를 짧게 잡고 빠르게 움직일 수 있다. 이 내선기동 집착증은 동쪽의 러시아와 오스트리아, 서쪽의 반프로이센 독일 공국과 프랑스로부터 양면 공격을 당해야 하는 프로이센의 전략적 구조에서 탄생했다. 내선기동을 통해 적보다 빠르게 움직이면서 양면 전쟁을 치러낸다는 발상이었다. 당시로는 이것만 해도 대단하다고 했다.

그런데 나폴레옹은 반대로 생각했다. 모두가 적게 움직이자고 할 때 그는 대담하게 멀리 갈 생각을 했다. 외선기동을 시도한 것이다. 아무도 생각하지 못했고 그래서 모두가 당황한 나폴레옹의 외선기동. 50킬로미터를 건너는 것도 힘든데 100킬로미터를, 그것도 1만, 2만 대군을 어떻게 움직인단 말인가? 그러나 나폴레옹은 이를 해냈다.

"나에겐 불가능은 없다." 나폴레옹의 유명한 말이지만, 실제로 그는 이런 망상에 의존해서 싸우지 않았다. 그는 철저하게 전쟁을 연구하고 준비했다. 알프스를 넘기 전에, 이탈리아를 건너기 전에 지도를 펼쳐놓고 관찰했다. 지도와 현재 지리가 어떻게 다른지 철저하게 점검하고 준비했다. 그리고 대포와 보병의 시대에 분진합격(각자 전진하되 공격할 때는 목표를 향해 합치는 전술)을 해냈다. 심지어 아주 정확했다.

예를 들어 아우스터리츠 전투에서는, 150킬로미터나 떨어져 있는 지휘관에게 이렇게 명령하는 식이었다. "○○일 8시까지 ○○로 와라. 전투가 벌어져 있을 것이고 적이 후방에서 나타날 것이다. 그때 공격하라." 지금 시대에는 통신만으로 이런 명령이 가능하겠지만, 지도도 부정확하던 당시에는 아무도 못했던 일이다. 그런데 나폴레옹은 그 부정확한 지도를 가지고 자신이 직접 거리와 시간을 계산했고, 놀랍게도 실제로 적이 그때 그곳에 당도했다. 5만 군대를 맞아 1만 명을 데리고 분진합격을 해서 격파하고 또다시 저쪽으로 가 격파하고, 이런 식으로 전장을 휘젓고 다니니 상대는 감당할 수가 없었다. 더 놀라운 점은 나폴레옹이 이 모든 전술을 홀로 군영 막사에서 짰다는 점이다. 분진합격 자체는 기병들이 많이 했지만, 그 시대에 보병으로 그런 전투를 한다는 건 아무도 생각하지 못했다. 사실 나폴레옹도 처음에는 실수를 많이 했다. 그런데 중요한 건 실수를 통해 발전했다는 것이다. 이탈리아 원정 때와 후에 아우스터리츠 전투를 비교해보면 그의 군 운용 능력이 엄청나게 발전해 있었다. 자신이 C급 실수를 저질렀다면 다음에 같은 실수를 반복하지 않는 것에 그치지 않고 B를 넘어 A까지 해내는 식이었다. '자신의 실수를 깨닫고 그다음 단계, 더 새로운 단계로 올라선다.' 이것이 나폴레옹의 위대한 면이다. 그렇게 나폴레옹은 아우스터리츠 전투, 울름 전투에서 승리하고 전 유럽을 흔들어놓는다.

근대 민법의 기초를 세우다

그렇다면 이 군사 천재 나폴레옹은 어떻게 영웅이 되었을까? 나폴레옹은 황제가 된 후 법전을 만들었다. 그 유명한 나폴레옹 법전이다. 처음 법전을 만들 때 그는 모든 작업을 학자들에게 맡겼었다. 학자들의 특징이, 밤을 새워 토론하고도 결론을 내지 못한다는 건데, 나폴레옹 입장에서는 진도가 안 나가니 답답했다. 그러던 어느 날 그가 학자들 앞에 나타났다. "뭐가 문제인지 얘기해봐." 너도 나도 불만을 토로하는 학자들의 얘기를 듣더니 나폴레옹이 자신의 의견을 꺼내놓으며 교통정리를 시작했다. 당대 최고의 학자들이 모여 있던 자리에서 그 누구도 반박하기 어려운 판단이었다. 모두들 의아해했다. 대학도 나오지 않은 사람이 어떻게 저렇게 판단할 수 있을까?

그는 대중 심리, 사람을 이해하는 능력이 탁월했다. 그러다 보니 법과 제도를 이해하고 이용하는 능력도 뛰어났다. 그래서 나폴레옹을 아무리 비난하는 사람들도 나폴레옹 법전을 보면 그를 인정할 수밖에 없다. 나폴레옹 법전은 지금의 기준으로는 한계가 많고, 나폴레옹 자신이 황제가 되어 혁명의 정신, 법전의 정신을 스스로 파괴했다는 비판도 받는다. 하지만 인간 사회는 한달음에 발전하지 않는다. 예를 들어 '맛있고 영양가 있는 식사'에 대한 평가를 생각해보자. 현대인이 보기에 18세기의 테이블에 올려진 메뉴는 불만스러울 수 있다. 맛이 있지도, 영양소가 균형 잡힌 것도 아니기 때문이다. 20세기라면 이런

〈그림 2〉 샤를 테브낭(Charles Thévenin)의 〈울름의 항복〉.

나폴레옹 전성기의 승리, 울름 전투

울름 전투는 1805년 독일 울름 지역에서 벌어진 프랑스군 8만 명 대 오스트리아군 7만 명이 벌인 대회전이다. 전투는 상당히 복잡하게 진행되었으나 간단히 말하면 나폴레옹의 분산기동이 대성공을 거둔 전투였다.

오스트리아 사령관 마크 장군은 전통적인 부대 이동의 관습대로 프랑스군의 진로와 작전을 예측하다가 프랑스군의 함정에 완전히 갇혀버리고 말았다. 나폴레옹은 군대를 두 개로 나누어 분산기동 했다. 한 부대는 마크의 예상대로 움직여 그들의 앞에 출몰하게 해 마크를 울룸으로 이끌어냈고, 나머지 부대는 우회기동 해서 오스트리아군을 완전히 포위했을 뿐 아니라 우세한 지형을 장악했다.

마크의 부대는 분열돼 각개 격파당하고 말았다. 마크는 포위되어 꼼짝하지 못하다가 결국 나폴레옹에게 항복했다. 이후 마크는 프랑스군이 어떻게 해서 자신이 예상치 못한 곳에서 출현했는지를 고민하다가 그만 정신 질환에 걸렸다고 한다.

울름 전투와 곧 이어서 벌어진 아우스터리츠 전투는 나폴레옹의 전성기 전투이자 그의 분진합격, 외선기동의 전술이 정점에 달했던 시기의 승리였다. 그러나 이후에 그는 이처럼 극적인 승리를 거두지 못하게 된다. 적들이 나폴레옹의 전술을 이해하고 모방하기 시작했고, 군대가 점령국 군대까지 포함해 다양한 수준의 군대로 편성되는 혼성군이 되면서 군과 지휘관의 능력이 저하했으며, 한계를 넘어선 광역의 이동을 추구했던 것이 그 이유로 꼽힌다.

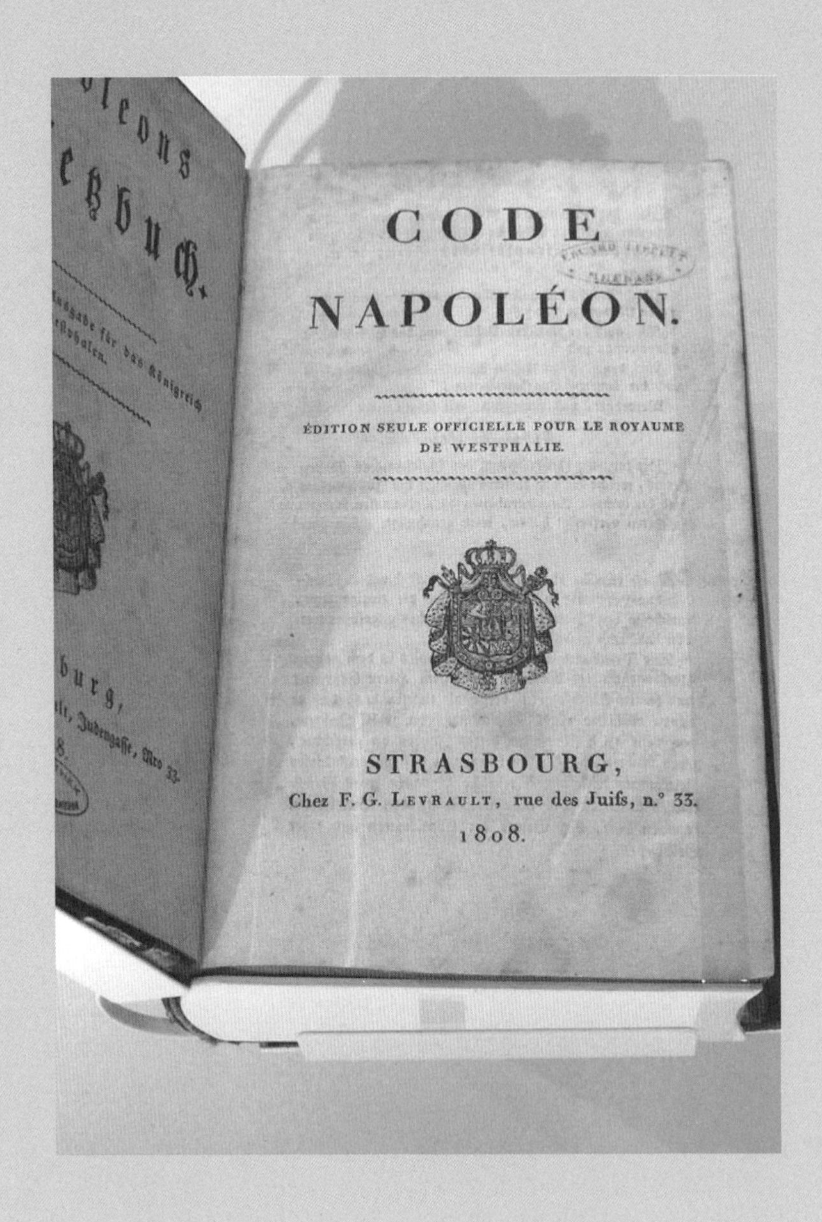
CODE
NAPOLÉON.
ÉDITION SEULE OFFICIELLE POUR LE ROYAUME
DE WESTPHALIE.
STRASBOURG,
Chez F. G. LEVRAULT, rue des Juifs, n.° 33.
1808.

〈사진 2〉 나폴레옹 법전.

식단은 학교 식당 메뉴로 불합격이다. 그러나 18세기에는 분명 새롭고 혁신적인 메뉴였다.

나폴레옹이 황제가 된 것에 대해 '혁명에 대한 배신'이라는 비난은 당대에도 있었다. 하지만 혁명의 이상을 실현하기 위해서 강력한 권력이 필요하다는 주장에 동의하는 사람도 많았다. 나폴레옹 자신은 혁명의 정신, 혁명이 추구하는 사회를 이룩하기 위해서는 자신이 황제가 되어 강력한 입법과 정책을 밀어붙어야 한다는 것을 황제가 된 명분으로 삼았다. 그 증거로 제정한 것이 바로 나폴레옹 법전이다.

목적이 수단을 정당화하지 못한다고 주장하던 사람들이 자신의 정의로운 목적을 위해서는 수단을 용인할 수 있다고 돌변하는 경우를 무수히 본다. 이상의 실현을 위한 강력하고 탈법적인 권력이 필요하다는 논의는 독재국가에서만 통용되는 논의가 아니다. 현대 사회에서도, 심지어 전혀 그런 논리가 받아들여질 것 같지 않은 선진국에서도 놀라울 정도로 반복적으로 재현되고 있다.

나폴레옹 법전의 의의는 근대 시민사회의 기초를 닦은 기본 개념과 권리를 정의한 데에 있다고 본다. 이 법전은 개인주의, 자유주의, 평등주의, 그리고 사회계약론에 기초한 법의 원칙을 실제적인 법률로 규정했다. 특히 개인 소유권이 확고한 보호, 이에 기초한 계약, 상속, 증여, 임차, 점유 등에 대한 규정은 현대 민법에도 커다란 영향을 끼쳤다. 놀라운 사실은, 민법 규정들은 몇몇 단어와 개념적인 수정은 이루어졌지만 전체적으로는 큰 개정 없이 지금까지도 사용되고 있다는 점이다.

하지만 정작 나폴레옹은 자신이 제정한 법령을 제대로 실천하지 않았고, 실제로는 그 법의 파괴자였다고 할 수도 있다. 그러나 어쨌든 그는 자신의 주도적인 노력으로 혁명이 낳은 아들이자 미래 사회의 규범이 된 자유와 평등을 법령으로 구체화했고, 그 법전을 유산으로 남겼다.

영웅의 빛과 어둠, 어떻게 볼 것인가

황제 나폴레옹과 마찬가지로 군사 천재 나폴레옹도 한계는 있었다. 그의 제국이 패망한 데는 세 가지 요인이 있다. 첫 번째는, 제국의 성장기에 가장 우수한 장군들을 잃어버린 것이다. 위대한 승리란 결국 누군가의 희생을 통해서 이루어진다. 나폴레옹 역시 뛰어난 장군들의 도움을 받곤 했는데, 늘 비겁한 이들은 뒤로 빠지고 훌륭한 장수가 싸우다 죽어간다.

나폴레옹을 영웅으로 만든 마렝고 전역에서 그는 커다란 실수를 한다. 이때 그를 위기에서 구해주고 패할 뻔했던 전투를 승리로 역전시킨 주역이 루이 드제였다. 드제(Louis Charles Antoine Desaix, 1768~1800)는 전투 막바지에 전사했다. 인간 나폴레옹은 자신의 실수가 탄로날까봐 드제의 공로를 끝까지 제대로 드러내지 않았다.

나폴레옹의 가장 빛나는 승리, 아우스터리츠 전투에서 최고의 전공자를 꼽으라면 장 란(Jean Lannes, 1769~1809) 원수였다. 농부, 염색공의 도제 출신인 그는 사병에서 출발해 원수자리에까지 올랐다. 나폴레옹의 부하 중에서 가장 유능하고 병사들의 사랑과 존경을 받았던 그는 1809년 오스트리아의 레겐스부르크 전투에서 전사했다. 그가 죽었다는 소식을 들은 나폴레옹은 "처음 만났을 때는 난쟁이였는데, 죽을 때는 거인이 되어 있었다"라며 애도했다.

두 명의 예를 들었지만, 나폴레옹은 죽을 때까지 다시는 드제와 장 란 같은 부하를 두지 못했다. 또 새로운 능력자를 키워내면 되지만, 여기부터가 문제였다. 전사한 장수들과 나폴레옹은 함께 전장을 누볐고, 함께 성장했다. 그런데 황제가 된 후 새 인물을 발탁하면서 그는 달라졌다. 이전과 달리, 그에게 아첨하는 부류가 생겨났다. 게다가 그는 이때부터 창의적이고 도덕적인 부하들 대신 어딘가 부족한 부하, 자신의 위치를 넘보지 못할 만한 인물들을 요직에 배치했다. 연대장 능력을 가진 인물에 사단장을 맡겨놨으니 어디선가 펑크가 날 수밖에 없었다. 그리고 스스로를 영웅화하는 작업을 시작했다. 나폴레옹은 대뜸 신문기자를 대동하고 나타나 "이렇게 하란 말이야!" 하며 명언을 날린다. 기자들은 그의 명언을 받아 적고, 이는 다음날 신문에 대서특필된다. 이런 시간이 쌓이다 보니 결국 마지막에는 자신이 등용한 부하들에게 배신을 당했다. 자신에게 과도한 충성을 보이는 자들은 사실, 등 뒤에서 칼을 들이대는 자들이었던 것이다.

나폴레옹의 이런 문제가 제대로 터진 것이 워털루 전투였다. 워털

루는 사상 최대 규모의 대회전이었는데 나폴레옹에게는 더 이상 자신의 실수를 메워줄 창의적이고 책임감 있는 장군들이 없었다. 그도 이 사실을 알았던 모양이다. 그런데 하필 그때 나폴레옹의 고질병이었던 위경련이 도졌다. 그러다 보니 오전 10시에 시작하려던 전투를 자꾸 머뭇거렸다. 부하들은 계속 시작해야 한다고 재촉하는데 나폴레옹은 계속 미루더니 군영으로 들어가버렸다. 위경련 증세로 움직이지 못할 지경이었다. 할 수 없이 부하 장군들이 단독으로 전투를 시작해버렸다. 몸이 불편하니 예전처럼 문제를 해결해줄 수도 없었고, 그렇게 이길 수 있는 기회를 무수히 놓치고 말았다. 제때만 시작했어도 이길 수 있었을 텐데 전투가 늦어지면서 프러시아군이 도착해버렸고 결국 패배했다. 혹자는 위경련만 아니었다면 나폴레옹이 승리했을 것이라고 얘기하지만 사실 그가 전투를 미룬 것은 위경련 때문이 아니라 부하들을 믿지 못해서였다. 결국 자신이 저질러놓은 인재 배치의 오류라는 함정에 스스로 빠진 것이다.

나폴레옹이 패망한 두 번째 이유는 몇 번의 패배로 연합군도 나폴레옹 전술을 이해하게 됐기 때문이다. 이미 나폴레옹의 장군들은 모두 전사했고 이런 상황에서 적군이 '구멍' 중의 구멍인 새 장군을 노려 하나하나 가지를 쳐나가니, 나폴레옹은 중요한 부대를 점차 잃어갔다. 결국 그는 고립, 포위되어 패배하기 시작했다.

나폴레옹이 패망한 마지막 이유는 가족과 친인척 관리의 실패이다. 나폴레옹 집안에서 나폴레옹만 빼고 다들 문제가 있었다. 형제들

〈그림 3〉 황제 시절의 나폴레옹.

에게 자리를 하나씩 주면 그들은 곧 나폴레옹을 배신하거나 사고를 치고, 이를 그가 수습하고 다녔다. 나폴레옹이 친인척 관리를 하려고 하면 그의 어머니가 머리를 싸매고 누웠다. 가난을 무릅쓰고 억척스럽게 나폴레옹을 키워 귀족들이 가는 군사학교에 보낸 어머니였지만, 그가 황제가 되자 어머니는 달라졌다. 억척이 과잉 간섭이 되고 결국 자식의 앞길을 막고 말았다.

결국 나폴레옹은 자신을 제어하지 못했고, 인재를 제대로 운용하지 못했으며, 가정을 다스리지 못해 몰락했다. 영국과의 해전에서 실패하고 러시아 원정에 도전했다가 실패한 그는 말년에 세인트헬레나섬으로 유배 가게 되는데, 이때 엄청난 양의 전기가 쏟아져 나온다. 어떤 기자가 물었다. "이 많은 전기 중 가장 진실에 가까운 게 무엇입니까?" 그는 코웃음을 치더니 이렇게 말했다고 한다. "그중에 제대로 된 게 뭐가 있어. 다 거짓이지." 상업 출판사에서 가공한 탓도 있겠지만 선전의 천재였던 그가 했던 말을 엮었으니 모두 진실일 리 없었다. 자신이 여론 조작을 위해 남발했던 발언들로 엮인 그의 자서전은 거짓투성이였다. 그래서 자신이 진실을 남긴다며 회고록을 썼는데 사람들은 오히려 앞선 자서전들보다 그 회고록을 더 신뢰하지 않았다.

그 뒤로도 나폴레옹에 대한 연구가 이어지고 있지만, 여기에는 어려운 점이 많다. 프랑스 사람들조차도 나폴레옹을 향한 시선이 복합적이다. 국민 영웅이자 전쟁 영웅이지만 한편으로 그는 독재자였다. 또 하나의 문제는 알렉산드로스나 카이사르 같은 고대 인물들은 사료가 제한적이지만 나폴레옹은 사생활까지 자료들이 넘쳐난다. 특히 그의 연애사를 보면 전 유럽을 호령하는 장군이 맞나 싶을 정도로 어지러워 후세의 평가도 복잡하게 엇갈린다.

하지만 사실 이것이 나폴레옹이 주는 교훈이기도 하다. 우리나라는 역사 속에서 어떤 인물의 교훈을 대할 때 유학 사상의 영향으로 전인격에 집착하고, 그런 방향으로만 연구하려는 경향을 보인다. 하지만 영웅과 인격자는 결코 동일어가 아니다. 영웅이란 특정 상황에서 특정한 행동을 잘한 것이지 멘토의 대상은 아니다. 내가 나폴레옹을 존경한다고 해서 일거수일투족을 그처럼 행동할 필요는 없다. 그는 그저 특정한 상황에서 정복전쟁을 잘한 사람이며 그것으로 족하다. 영웅도 실수할 수 있다. 중요한 것은, 그 실수를 어떻게 극복하고 발전시켜 나가는지를 보고 나의 상황에 적용하는 것이다. 영웅을 대하는 자세는 이러해야 하지 않을까.

스톤월 잭슨
(미국)

근현대 명장 ②

수많은 리더가 신뢰를 얻지 못하는 이유는
모험을 하지 않기 때문이다.
저들에게 승리를 안겼을 때 느낄 기쁨보다,
내가 얻을 불명예에 대한
두려움이 더 크기 때문에 안전주행을 한다.
어둠에서 빛으로 바뀐 전장터에서 병사들은
능동적, 주도적이 되고 용기를 갖추게 된다.
그런 조직이 되면 남들이 이루지 못하는
승리를 거둘 수있다.

남북전쟁을 휩쓴 '공세적 기동'의 선구자, **스톤월 잭슨**

"주도적으로 움직이고 지형을 선점하는 부대가 승리한다."

"먼저 움직이고 먼저 판단한다.

적에게 끌려다니지 않고 적을 끌고 다닌다."

1865년 5월 9일, 종전협상이 끝나고 리치몬드에서 전쟁이 끝났다. 남북전쟁의 끝이었다. 거의 전멸한 남군. 한 연대의 생존자는 불과 200여 명이었다. 그들이 북군 앞에서 마지막 사열을 한 후 무기를 반납하고 터덜터덜 걷고 있었다. 그때 우렁찬 목소리가 하늘을 갈랐다. "받들어 총!" 게티즈버그의 영웅, 북군 장군 체임벌린 소장의 목소리였다. 체임벌린은 눈물을 흘리며 그들에게 경의를 표했다. 그러자 200여 명의 남군들도 갑자기 대형을 갖추더니 북군의 '받들어 총'에 답례를 하며 행균하기 시작했다. 이 부대가 바로 남북전쟁에서 가장 유명하고 가장 전설적인 부대, '도보 기병대'라고 불렸던 잭슨 여단이었다.

기동전으로 남북전쟁을 휩쓴, 스톤월 잭슨

토머스 조너선 잭슨(Thomas Jonathan Jackson, 1824~1863). 스톤월 잭슨의 본명이다. 돌담을 의미하는 스톤월(stonewall)은 전투에서 비롯된 별명이다. 남북전쟁의 첫 번째 전투가 매너서스 전투인데(남군은 불런강 전투라고 불렀다), 이 매너서스 전투 때 최대 승부처가 헨리 고지 전투였다. 이때 북군이 병력으로 밀어붙이고 남군의 잔존 부대가 사수하고 있었는데 거의 전멸 직전이었다. 남군이 거의 무너지려 할 때 등장한 인물이 잭슨이다. 스톤은 원래 다른 곳으로 갈 예정이었지만, 헨리 고지가 승부처라 판단하고 무조건 그곳으로 갔다. 그리고 고지 정상에 포진했다. 선봉에서 싸우던 부대 지휘관은 죽기를 각오하고 이렇게 말했다. "우리 뒤에는 잭슨이 돌담처럼 버티고 있다. 그러니 여기서 싸우다 죽자." 지휘관은 진짜 싸우다 죽었다. 이런 결사항전의 태세로서 스톤월 부대가 승리했다. 그가 '스톤월 잭슨'이 된 순간이었다.

하지만 잭슨은 '스톤월'이라는 별명과는 정반대의 전술을 구사한 인물이었다. 그는 기동전으로 남북전쟁을 휩쓸었던 장군이다. 헨리 고지 전투 때도 스톤월 잭슨의 장기는 여실히 드러났다.

기동전을 전개하려면 유려한 사고와 현장에서의 정확한 판단력이 가장 중요하다. 남북전쟁의 특징 중 하나가 전쟁터가 너무 넓었다는 점이다. 이때는 무전이 없었던 때여서, 전령이 왔다갔다했다. 그런데 전쟁터가 워낙 넓다 보니 전령이 오가는 시간이 엄청나게 길었다. 남북전쟁은 보병 전투였다. 보병 전투는 이른바 '말뚝 전투'이다. 자리를 지키고 팀을 짜서 적진에 들이받는 게 보병이고 그래서 기동은 당연히 필요없다. 하지만 문제는 보병이 걸으면서 싸워야 하는 전쟁터가 너무 넓었다는 점이다.

광활한 평원에서 싸우면 목표물이 보이지 않고 자신이 어디에 있는지조차 모르게 된다. 포탄이 한 번에 수십 명의 시체를 허공에 흩뿌리고, 포성과 연기가 혼을 빼놓는다. 작은 벌판에서도 대형의 끝이 보이지 않는데, 남북전쟁의 전장은 이쪽 끝에서 저쪽 끝까지 몇십 킬로미터나 된다. 저쪽에서 무슨 일이 벌어지는지조차 모르는데, 포탄과 일제 사격이 휩쓸고 지나가면 일개 연대가 전멸하는 시간은 15분이면 족하다.

전장은 넓고 증강된 화력으로 전투는 순식간에 끝나니, 전령이 이쪽까지 와서 상황을 알렸을 때는 벌써 저쪽에서는 전투가 끝나고 마는 경우도 있다. 전쟁터가 넓어지고 병력이 많아지니 이런 상황에서는 판단의 격차가 아주 벌어진다. 이런 전쟁에서 지휘관은 빠른 판단과 유연한 사고가 필요하다. 내가 이 정보를 받았을 때 어떤 상황이 벌어지고 있을지 추측하고 다음 행동을 정해야 했다. 그 때문에 남북

〈사진 1〉 스톤월 잭슨의 초상.

전쟁은 보병전이었지만 굉장히 다이내믹했고 현장 판단력이 무엇보다 중요한 전쟁이었다.

탱크가 지나가고 제트기가 나는 2차 세계대전 때야 당연히 현장 판단이 중요했다. 보병전을 치를 때 부대는 사전에 계획된 동선에 따라 움직이지만, 위에서 언급한 사정으로 전투가 진행되면 이미 테이블에서 구상한 시간과 공간은 어긋나 있었다. 현장에서의 판단, 그 판단에 따라 승부처를 알아보고 움직일 수 있는 기동이 필요했다. 하지만 이런 전투를 한 장군은 남북전쟁에서 거의 없었다. 잭슨이 바로 이런 변화하는 상황에 맞는 전술을 발견했던 장군이었다.

남북전쟁은 왜 살육전이 되었나

그렇다면 남북전쟁은 왜 살육전이 됐을까? 남북전쟁이 처음 시작됐을 때 대개 전투는 전열보병들의 라인배틀■ 방식이었다. 보병들이 줄을 서서 집단으로 행군하며 싸우는 방식이다. 원래 보병은 승부를 결정하는 역할을 하는 게 아니라, '망치와 모루'라고 해서 보병은 밀고, 기병은 뒤로 돌아가서 적을 압박하거나 측면을 치는 역할을 했다.

그런데 총과 대포가 전장을 지배하게 되자, 말을 탄 기병이 총이나

■ 선형진(line)을 유지한 채로 무기 사정거리 내에서 전면전을 벌이는 형태.

포탄에 피탄될 확률은 보병보다 5배나 높아졌다. 당연히 기병의 희생이 크게 늘었고, 기병이 전쟁의 주역에서 밀려나게 된다.

이제부터 전장의 주도권이 보병에게 넘어왔는데, 보병은 기병처럼 빠르고 역동적으로 움직이며 싸울 수 없다. 여기서 라인배틀 전투 방식이 생겨났다. 보병들이 긴 밀집대형을 이루고 서서 전진한다. 상대도 마찬가지다. 두 개의 라인이 서로 상대의 총구 앞으로 다가가며 마주 보고 쏘고, 마지막에는 총검을 꽂고 돌진한다.

현대인이 보면 이해할 수 없다. 왜 총과 대포 앞으로 저렇게 뭉쳐서 걸어가는 걸까? 뛰거나 포복으로 전진하면 되지 않는가? 이때의 소총은 화약과 총알을 총구로 밀어넣는 전장식 소총이었다. 게다가 총도 길어서 엎드려 쏘다 보면 탈진해버린다. 이외에도 여러 가지 전술적인 요인이 있지만, 가장 결정적인 요인은 총의 느린 발사 속도와 낮은 명중률이었다. 남북전쟁 이전까지 총의 명중률은 10%, 높아야 15% 정도였다. 그리고 서너 발을 쏘면 이미 백병전을 벌일 만큼 가까이 다가와 있기 일쑤였다.

그런데 남북전쟁 시기가 되자 총의 성능이 획기적으로 증진되었다. 먼저 총에 강선이 생긴다. 강선이란 총알에 홈을 파서 나사처럼 박는 것이다. 이렇게 되니 총알이 회전을 하고 화약이 옆으로 새지 않는다. 명중률이 엄청나게 높고 사거리가 거의 5배 이상 증가한다. 명중률이 증가한다는 것은 어떤 의미일까? 살상력이 어마어마하게 높아지고, 심지어 한 사람이 총알을 여러 발씩 맞고 죽는다는 얘기다.

실제로 남북전쟁 때 죽은 병사들의 시체를 보면 서너 발씩 맞고 죽은 이들이 대부분이었다. 이렇다 보니 15분, 20분이면 1개 연대가 전멸하는 것이다. 하지만 당시 전술은 여전히 걸어가는 방식이었기 때문에 변화된 무기와 전술의 불일치가 대량살상을 낳게 한 것이다.

더구나 미국 땅은 유럽과 다르다. 넓은 땅에서 전쟁을 하다 보니 유럽처럼 제한된 공간에서 하는 라인배틀과 구조가 많이 달라진다. 그래서 전쟁터가 더 혼란스럽고 더 처절해진다. 유명한 콜드리버 전투에서는 하루에 10만 명씩 죽어나갔다. 심지어 병사들 스스로가 살기 어렵다고 판단하고 옷깃에 '나 ○○, ○○일 ○○○에서 전사하다'라는 메모를 미리 새겨둘 정도였다.

그러면 도대체 왜 무기가 변했는데 전술 변화는 이루지 못했을까? 바로 나폴레옹 시대에 대한 환상 때문이었다. 나폴레옹 시대의 전투를 듣고 배웠지만, '전술의 응용'이라는 부분은 아예 연구되지 않았다. 예나 지금이나 사관학교 교육은 주로 암기식이었다. 과정을 보지 않고 결과만을 암기하니 무기가 발전하고 시대가 변화했을 때는 응용을 할 수가 없었다. 예를 들어 대포가 발달하면 포병술은 변한다. 그러면 기술적인 부분은 바뀌는데 '전술이 어떻게 개량되어야 할까?'라는 부분까지는 사고하지 못한다. 모든 첨단무기 개발은 '빠른 전쟁 종식'이라는 그럴듯한 이유로 합리화된다. 하지만 결과적으로는 첨단무기가 종전을 앞당긴 게 아니라 죽음의 신에게 대량의 제물을 바치는 전쟁으로 바뀌었을 뿐이다.

반도 전역의 실패

그러면 이런 시대에 잭슨은 어떻게 활약했을까? 남북전쟁의 무대는 미국 전역이 아니라 워싱턴과 리치몬드 사이, 200~300킬로미터 사이에서 중요한 전투가 다 벌어졌다.

북군 사령관이었던 맥클렐런(George Brinton McClellan, 1826~1885)이란 천재적인 장군이 있었다. 남북전쟁을 좀 아는 사람이라면 "그가 왜 천재입니까? 멍청한 장군이지"라고 할지도 모르지만, 그는 천재가 맞다. 전 미군 중에서 최고의 참모였다. 비록 야전 지휘관으로는 활약하지 않았지만 최고의 조직가였다. 행정망을 이용해 군을 징병하고, 편성하고, 보급과 수송 체계를 갖추고 전장에 투입하는 그의 능력은 누구도 따라올 수 없었다.

좋아하든 싫어하든 맥아더나 패튼은 모르는 사람이 없지만, 참모총장이었던 마셜을 아는 사람은 드물다. 마셜을 대단한 군인으로 존경하는 사람은 만나본 적이 손가락으로 꼽을 정도이다. 맥클렐런은 마셜 같은 인물이었다. 조직력, 행정력이 너무 뛰어나 북군 사령관이 됐을 때 벌써 대통령을 노렸을 정도였다. 그는 '반도전역'이라는 엄청난 작전을 기획했다. 반도전역이란 간단히 말해 12만 대군으로 정면과 바다를 우회해서 리치몬드를 함락한다는 계획이었다. 1862년 4월, 북군의 대반격이 시작되었다. 하지만 생각처럼 쉽지는 않았다. 맥클렐런은 보급, 행정, 수송, 조직 등 큰 그림은 잘 그렸지만, 디테일한 전

프리드리히와 나폴레옹은 억울하다

남북전쟁을 치른 남북군의 장군들은 거의 미국 육군사관학교 출신들이다. 그들은 같은 학교에서 같은 전술을 배웠다. 그들이 배운 전술의 완벽한 실현자이자 우상은 나폴레옹이었다. 그들은 나폴레옹의 명언들을 외우고 존경했지만, 나폴레옹의 전술을 직접 분석한 것이 아니라 나폴레옹 전술을 정리한 교본이나 개인 저작물들을 통해 나폴레옹에게 접근했다. 그러다 보니 오해가 많이 생긴다. 대표적 사례가 나폴레옹 전술은 공격 우위 전술이라는 발상이다. 공격의 중요성, 공격적인 태도의 중요성은 실전형 지휘관이라면 누구나 중시하는 부분이다. 알렉산드로스만 해도 평생 적을 찾아서 쳤지, 기다린 적이 없다. 방어로 적을 격퇴한 적은 더더욱 없다. 그러다 보니 '공격이 수비 전술보다 우선이다.'라는 해석이 나온다.

이런 해석은 나폴레옹 당시부터 있었다. 하지만 이런 이해야말로 달을 가리키는 손가락을 보고 달을 보지 못하는 격이다. 나폴레옹의 천재 참모였던 조미니도 그의 저서 『전략론』에서 이런 오해를 정확하게 지적한다.

프리드리히는 총과 대포의 시대에 보병의 '기동'을 전술로 만들었다. 나폴레옹은 더 강력해진 화력과 소총의 집중사격 아래서 대규모 병력을 집중하거나 분산시켜 적을 섬멸하는 데 신기의 기술을 선보였다.

하지만 나폴레옹도 화력이 지배하는 전장에서 보병의 희생을 줄이고, 전투를 보다 적은 희생으로 효율적으로 끝내는 방법에 대해서는 세밀하게 연구하지 못했다. 무리하게 보병을 밀어넣지 않은 산병전투, 우회기동 등 다양한 방법을 모색하기는 했지만 본질은 횡대 진격, 즉 총격과 돌격을 반복하는 라인배틀이었다. 나폴레옹 전쟁 후기로 갈수록 전쟁은 더 대규모화하고 더 복잡해졌다. 세련되고 빠른 판단력에 의존하는 나폴레옹의 전쟁 운용술도 대량살육의 저주를 피해가지 못한다. 승리하는 전투에서도 희생이 커지고, 대회전일수록 양측의 정면충돌과 같은 처절한 양상이 반복되었다. 애초에 전술로 전투의 희생을 줄인다는 방식은 한계가 분명했다. 화력이 점점 강력해지면 한마디로 전투에서 얕은꾀가 통하는 비중은 점점 줄어든다. 연대 단위 전투술의 본격적인 개량이 요구될 때 나폴레옹은 퇴장했다. 나폴레옹의 천재 참모 조미니는 화력과 전술의 불일치, 다음 세대 전장에서 발생할 불길한 징조를 예감했던 것 같다. 하지만 전술의 천재라는 그도 방법을 찾을 수는 없었다. 이 불길한 예감을 전하고, 국제협약으로 전투에 투입하는 대포의 수를 제한하자는 어처구니없는 대안을 제시한 것이 전부였다.

나폴레옹의 추종자들은 조미니의 예언을 놓쳤다. 심지어는 프리드리히와 나폴레옹의 기동도 절반만 체득했던 것 같다. 철도를 이용한 병력의 대규모 이동, 대회전의 장소에 신속하고 빠르게 병력과 화력을 투입하는 것, 적의 방어대형을 향해 (심지어는 콘크리트로 요새화된 진지에 대해서도 무모하게) 진격하는 법에만 집착했다.

〈사진 2〉 조지 멕클렐런.

술에는 약했다. 전선이 교착 상태에 빠져 있었음에도 불구하고 북군이 워낙 압도적인 물량과 병력으로 밀어붙였기 때문에, 두세 달이 지났으면 리치몬드를 함락할 수 있었을 것이다.

그런데 전략 게임처럼 전쟁을 하는 맥클렐런에게 리치몬드까지 가는 길은 너무 멀었고, 너무 많은 병력이 필요했다. 이건 맥클렐런의 잘못만은 아니다. 어떻게 보면 그의 판단이 정확했다고 할 수도 있는데, 한 세대 후에 벌어질 1차 세계대전을 제외하면 배틀 필드에서 공수의 균형이 이처럼 극심하게 무너졌던 때가 없었다. 당장 전쟁이 시작된 마당에 그가 전술과 작전 영역의 개발에까지 관여할 수도 없고, 창작해낼 수도 없었다. 그는 주어진 상황에서 나폴레옹식 분진합격, 아우스터리츠식의 승리를 추구할 수밖에 없었고, 그래서 당시 상황에 적절한 병력을 추산해냈던 것이다.

맥클렐런은 최후의 일격을 가하기 위해 워싱턴에 남겨놨던 5만 명을 전선에 투입하자고 했다. 이동 명령이 떨어졌다. 이때 잭슨은 리치몬드 근방에 있지 않았고 워싱턴에서 서쪽으로 60킬로미터 정도 떨어진 셰넌도어 계곡 건너편에 있었다.

병력은 1만 5천 명 정도였다. 밸리는 '계곡'이라고 번역하지만, 우리가 생각하는 계곡과 밸리는 큰 차이가 있다. 우리는 계곡이라고 하면 산과 산 사이 칼날처럼 좁게 파이고, 시냇물이 흐르는 좁은 공간을 떠올린다. 미국에도 그랜드캐니언(Grand Canyon) 같은 협곡이 있지만, 여기에서 등장하는 밸리는 산맥과 산맥의 사이, 혹은 언덕과 구릉 사이에 펼쳐져 있는 평야다. 쉽게 말해 같은 평야라도 지평선이 있으면 평야이고, 산과 산 사이에 있으면 밸리다.

잭슨이 이 셰넌도어를 통해서 워싱턴으로 진격하기 시작했다. 그런데 병력 1만 5천 명을 데리고 당시 방식대로 질서정연하고 느리게 걸어간 것이 아니었다. 잭슨은 병사들에게 총 한 자루, 탄약 100발, 그리고 모포 한 장씩을 던져주었다. "하루에 35마일(약 56킬로미터)씩 행군해라." 병사들은 경악했다. 우리나라 군대에서는 하루에 40킬로미터 행군은 기본이니 우습게 느껴질지 모르지만, 당시 하루 35마일 행군은 다른 군의 2배 수준이었다. 당시의 군대는 행군이란 개념은 있었지만, 속보라는 개념은 존재하지 않았다. 오늘날 우리가 군에서 기본으로 하는 아침구보도 없었다. 완전군장을 하고 달린다는 개념은 더더욱 없었다. 남북전쟁 후에 어느 독일 대위가 완전군장을 하고 구보하는 훈련을 시켜보았는데, 모든 장교단들이 프로선수들을 위한 훈련처럼 간주한 적도 있을 정도였다. 그리고 이때는 총, 모포, 담요 등 장비의 무게나 편의성이 지금 같지 않다는 점도 감안해서 생각해야 한다.

이 개념은 잭슨의 순수한 창작이 아니다. 사관학교의 나폴레옹 추종자들조차 새카맣게 잊고 있었던, 나폴레옹이 썼던 수법이다. 다른 장군들은 나폴레옹의 공격 개념을 총탄과 포탄이 작렬하는 비탈을 살과 뼈로 부딪히면서 치고 올라가는 장면으로만 이해했지, '공세적 기동'이라는 전술 개념은 새까맣게 잊고 있었다.

전투에서 승리하려면 효율과 효용을 높여야 한다. 효율과 효용을 높이는 요소에는 병력, 지형, 사기, 체력, 계략 등이 있다. 적보다 먼저 기동해서 유리한 지형을 점거하고, 적의 공격에 대비하면 같은 병력이라도 전투력에서 우위를 점할 수 있고, 무엇보다도 체력을 비축할 수 있다. 혹시 탈진하더라도 유리한 지형을 선점하는 것이 사기와 체력의 소진을 상쇄시켜준다.

'먼저 움직이고 먼저 판단하고, 적에게 끌려다니지 않고 적을 끌고 다닌다.' 이것이 공세적 기동이고, 주도권이다. 이는 『손자병법』에서도 강조하는 전쟁의 원리다. 공세적 기동은 병력이 열세인 군대도 전세의 우위를 확보할 수 있게 해준다. 험한 지형을 선점하면 5배, 10배의 효과를 거둘 수도 있다. 적의 총병력이 훨씬 많다고 해도 아군이 주도권을 쥐고, 적을 끌고 다니면서 원하는 지점에서 공격하고 타격하면 전투 현장에서 우위를 달성할 수 있다.

예를 들어 적은 10만 명이고 아군은 2만 명이라고 해보자. 그런데 적이 1만 명씩 10개의 기지에 분산되어 있고, 군량 창고가 한 곳에 있다. 먼저 1만 명을 보내 군량 창고를 습격한다. 다급한 적은 편제할 시간도 기다릴 여유도 없다. 적이 5군데의 기지에서 급하게 지원 병력을 보낸다. 기지마다 거리가 달라 도달하는 시간이 다르다. 이때 아군이 유리한 지형을 장악하면 5개의 부대를 순차적으로 각개 격파할 수도 있다.

이런 기동은 원래 유목민족과 같은 기마민족의 전유물이었다. 손자는 보병이 중심인 중원의 군대에게 이런 기동을 가르쳤다. 나폴레옹은 무거운 텐트를 버리게 하고, 모포 한 장만을 던져주고, 병사들에게 기동을 요구했다. 잭슨은 이 기동을 남북전쟁에 적용했다.

아마도 다른 장군들은 공세적 기동을 배우지 못해서가 아니라 두려워서 하지 못했을 것이다. 하지만 잭슨은 두려워하지 않았다. 실제로 행군길에 엄청난 수의 병사들이 낙오했다. 심할 때는 목적지에 도달한 병력이 겨우 3분의 1밖에 되지 않았다. 그럼에도 불구하고 잭슨의 신념은 두려움을 앞섰다. "처지면 뒤에서 따라와. 1차 집결지로 와라." 그러고는 앞에서 가는 병사 4천여 명을 데리고 가서 도시를 하나하나 공격하기 시작했다. 수비대가 없는 도시를 밀어붙이고 장비를 챙긴 후 다른 마을로 이동했다. 이런 식으로 셰넌도어 계곡을 넘으며 주변에 있는 도시들을 함락하기 시작하니 북군이 놀랄 수밖에 없었다. 그래서 반도로 파견하도록 했던 5만 명의 군대를 이쪽으로 돌렸다. 4천 명 대 5만 명. 이렇게만 생각하면 쉬운데 땅이 보통 넓은 게 아니니 쉽지 않았다. 더구나 잭슨 부대는 북군보다 두세 배 빨리 움직였다. 그러니 쫓아가면 이미 없었다. 당시에는 무전도 없었으니 다시 작전을 짜서 양쪽으로 몰면 잭슨은 귀신같이 다른 데로 가버렸다. 북군은 행군에 지쳐가고 잭슨부대는 두배 넘게 기동하면서도 지치지 않았다. 잭슨 부대는 추격을 피하다가 공격으로 전환해 북군을 격파했고, 그러다가 북군 증원군이 오면 도주했다.

전투를 치르면, 지는 경우도 많았지만, 중요한 것은 항상 기동으로 움직이면서 적을 치고 빠진다는 점이었다. 잭슨 부대를 잡으려면 이쪽에서 몰고 저쪽에서도 몰아야 하는데, 점점 상식을 넘어서는 기동을 하니 나중에는 모든 병력을 한쪽에 다 퍼붓게 되었다. 그 바람에 증원군을 받지 못한 북군의 반도전역은 결국 실패하게 되었다.

이기는 군대는 지치지 않는다

남을 따라하는 것은 쉽다. 원리도 모르고 속뜻도 모르고 맹종을 해도 성공하는 경우가 심심치 않게 있다. 그러나 전쟁은 연속적인 과정이 아니다. 10년, 50년, 100년 동안 지속되는 전쟁은 없다(백년전쟁도 전쟁 기간만 따지면 몇 년 되지 않는다).

따라서 새로운 전쟁이 발발했을 때, 이미 과거의 교훈은 맹종할 수 없는 교훈이 된다. 전쟁사의 교훈을 배우고 응용하고자 하는 사람은 맹종이 아니라 시대, 기술, 사회, 지형의 변화에 맞춰 창조하고 적응할 방법을 찾아야 한다.

잭슨의 전술에서 가장 중요한 점은 주도적으로 움직이고 지형을 선점하는 부대가 이긴다는 사실이다. 여기에서 중요한 것이 전쟁이라는 건 기본적으로 공포이고, 전술이란, 결과를 알 수 없는 암흑이라는 점이다. 그리고 이럴 때 기동을 하면 반드시 불만을 낳게 마련이다. 공포 속에서 움직이는 건 가만히 있는 것보다 몇 배 더 두렵기 때문이다. 병사들에게 알 수 없는 결과를 향해 기동하라고 하면 당연히 엄청난 불만을 낳는다. 하지만 지휘관은 이것을 극복해야 한다. 잭슨이 어떻게 극복했는지 사료에는 나와 있지 않지만, 추정해보자면 이렇다. 사실 처음에 병사들은 모포 한 장으로 하루 50킬로미터의 행군이 싫었던 게 아니라 '지치고 힘들어 죽겠는데 적이 공격해오면 어떡하지? 대포도 없는데? 총알은 100발뿐인데?' 하는 공포감에 휩싸였을 것이다. 처음에는 공포감에 불만이 극에 달했지만 빈 땅을 치고 기동을 하면서 적이 왔을 때 적을 치고 빠질 때의 환희를 경험하고부터는 불안이 기쁨으로 바뀐다. 대개 기동전을 한 번 제대로 성공하면 그 맛을 알고 병사들이 적극적으로 변한다. 모든 전쟁에서 느낄 수 있는 가장 큰 쾌감은 어둠 속에서 기동해 금은덩이를 주웠을 때이다. 보이는 금을 주웠을 때에 비해 보이지 않는 금을 주웠을 때의 쾌감은 100배 이상 올라간다.

잭슨은 게티즈버그 전투를 앞두고 보초병의 오발 사고로 사망했다. 많은 역사가들이 게티즈버그에 잭슨이 있었더라면 남군이 이겼을 거라고 말한다. 위험하고 힘든 경험일수록 그것을 통해 체득한 전술은 군대를 몇 배 더 강하게 만들고 지도자를 몇 배 더 신뢰하게 만든다. 수많은 리더가 신뢰를 얻지 못하는 이유는 모험을 하지 않기 때문이다. 저들에게 승리의 기쁨을 안겨주기보다 내가 잃어버릴 명예가, 내가 얻을 불명예가 더 두렵다. 그 때문에 안전주행을 택하고 모험을 피한다. 그래서는 전투에서 구성원을 선동할 수는 있어도 설득할 수는 없다. 전쟁에서 설득은 승리를 맛본 군대만의 전유물이다. 『삼국지』에 이런 구절이 나온다. 황충이 한중에서 하후현과 싸울 때 하루에 적의 진지 몇 개를 점령했다. 나중에는 부장이 말렸다. "우리 대체 몇 개를 점령했습니까? 다들 지쳤습니다." 이때 황충이 이렇게 말했다. "이기는 군대는 지치지 않는다." 그리고 결국 군대를 끌고 올라가 최후의 승리를 거뒀다. 안타깝게도 이 장면은 허구이지만, 이 논리 자체는 맞다. 승리하는 군대가 무조건 지치지 않는 건 절대 아닐 것이다. 다만, 승리를 맛보고 체득해서 이제는 어둠에서 빛으로 바뀐 전장터에서 병사들은 능동적, 주도적이 되고 용기를 갖추게 된다. 그리고 그런 조직이 되면 남들이 이루지 못하는 승리를 거둘 수 있다.

몰트케

근현대 명장 ③

몰트케는 이 두려움을 이겨내고
군대를 현재의 전쟁으로 이끌었다.
많은 사람이 생각하고 있었지만
차마 실행하지 못하던 전술을 체계적이고
광범위하게 실행하고 적용했던 실천가,
그가 몰트케다.

현대전의 새 장을 연 기동전의 아버지, **몰트케**

"참모 본부의 창시자"

"시공간을 파괴한 미래 전략가"

1866년 7월, 40만 명의 대군이 프라하 동쪽 쾨니히그레츠 벌판으로 모여들고 있었다. 오스트리아와 프로이센의 국운을 건 일전이었다. 전장에 먼저 도착한 쪽은 오스트리아군이었다. 20만 명의 대군이 포진했다. 그들 앞에는 12만 명의 프로이센군이 있었고, 프로이센 국왕 빌헬름 1세, 재상 비스마르크, 총참모장 몰트케가 군과 함께 있었다.

오스트리아군은 승리를 확신했다. 프로이센군은 동원이 늦었던 탓에 절반의 병력밖에 도착하지 못했다. 보급 수레도 따라주지 못해서 국왕과 재상마저 빵 한 조각으로 아침식사를 해야 했다. 오스트리아군은 양익을 벌려 프로이센군을 감싸며 전진하기 시작했다. 원색의 군복을 입은 10만 명이 넘는 병력이 횡대로 전개해 전진하는 장면은 이 세상에서 다시는 보지 못할 명장면이었다.

황제와 재상, 그리고 이 전투의 전술을 입안하고 실질적인 지휘를 책임진 총참모장은 서로 마주보고 선 채 침묵을 유지하고 있었다. 그들이 기다리는 소식은 단 하나였다. '제2야전군은 언제 도착할까?' 그들의 마음속에 있는 의문도 하나였다. '제2야전군은 제때 도착할 수 있을까?' 하지만 황제도 재상도 그 의문을 입 밖으로 낼 수는 없었다. 패배하든 승리하든 무수한 반대와 비난을 무릅쓰고 그들이 선택한 모험이었다. 초조하고 조급한 모습을 보일 필요는 없었다. 이미 주사위는 던져졌다. 지금 초조해한다고 패배를 면할 수 있는 것도 아니다. 승리한다면 이들의 침착하고 당당한 모습은 영광에 영광을 더할 것이다.

총성과 포성이 더욱 격렬해지기 시작했다. 총성의 묶음은 양군이 달랐다. 프로이센의 총성은 더 간결하고 빨랐다. 프로이센군은 옛날부터 속사로 유명했지만, 일부 부대는 속도가 훨씬 빠른 후장식 소총을 장착하고 있었다(사실은 오스트리아군도 후장식으로 무장하고 있었다). 마음속의 걱정은 기도로 바뀌었다. '프로이센의 아들들이여 버텨라, 버텨라.'

현대 전쟁사의 전술을 얘기할 때 빼놓을 수 없는 두 가지가 있다. 기동전, 그리고 임무형 전술. 그런데 이 두 가지는 한 사람의 손에서 나왔다. 현대 전술의 아버지 몰트케(Helmuth Kari Barnhard von Moltke,

〈사진 1〉 몰트케의 초상.

1800~1891)다. '참모총장'이라는 말의 어원도 그에게서 비롯됐다. 군사와 전쟁사에 한 획을 그었으나 상대적으로 잘 알려지지 않은 인물이 바로 독일군 참모총장 몰트케다.

전쟁은 진화한다 — 임무형 전술

몰트케는 독일인이 아니라 덴마크인이다. 부친이 덴마크군 중위였다. 원래는 귀족의 부유한 가문 출신이었지만, 나폴레옹 전쟁의 여파로 몰락해서 어렵게 살았다. 몰트케는 어린 나이에 덴마크 군사학교에 입학해 수석으로 졸업했다. 1818년에 임관했지만, 그의 능력과 야심은 이제는 작은 나라가 된 덴마크 군에는 담아낼 수가 없었다. 그래서 1822년 덴마크 군대를 떠나 프로이센 군대로 갔다. 여기서 아이러니한 일이 벌어졌다. 당시 독일은 민족주의가 굉장히 강했고, 그중에서도 프로이센 사람들은 보수적이고 배타적인 것으로 유명했다. 그런데 이 덴마크인 중위를 받아들였다.

보수적이고 배타적이라고 해서 다 어리석지는 않다. 보수적이든 배타적이든 궁극적인 목적은 자신들의 이익이다. 이익을 실현하는 방식을 두고 이런저런 경향이 생기는 것이다. 프로이센의 지도자들은 배타성을 맹목적으로 적용하지 않았다. 프리드리히 대제 이전부터 프로이센은 자신들의 이상인 강력한 군대를 만들기 위해 배타성이란 장벽 아래 꽤 큰 쪽문을 달았다.

프로이센은 외국 이민자들, 특히 프랑스의 종교 박해를 피해 달아난 위그노(프랑스의 개신교 신자)들을 대거 받아들였고, 이들이 군의 주축이 되었다. 2차 세계대전 당시 독일군 에이스였던 갈란트도 위그노의 후손이다.

오랜 전통이 살아 있던 독일군 수뇌부는 이 덴마크 중위의 영민함을 알아보고 즉시 참모본부에 배치했다. 그들은 수입 보석인 몰트케를 야전에 보낼 생각을 애초에 하지 않았다. 덕분에 그는 1857년 57세에 육군 총참모장의 지위에 오를 때까지 단 한 번도 야전군을 지휘하거나 소대장 이상의 지휘관을 역임해본 적이 없다.

유일한 참전 경험은 대위 시절 오스만 제국에 고문단 형식으로 파견되어 그들의 전쟁을 참관했던 일이다. 4년간 오스만 제국에 머무르면서 반군 진압 작전에 참가하고, 군 현대화 계획에도 관여했지만, 어디까지나 고문으로서였다.

지휘관은 물론, 중대장 한번 안 해본 이 인물을 독일군은 애지중지했고 파죽지세로 승진시켰다. 심지어 독일 참모본부를 창설하고 참모장이라는 직책을 맡겼다. 당시의 참모본부는 지금의 총사령부가 아니었고(참모총장이라는 말이 여기에서 나온 것이기는 하나) 전형적인 싱크탱크였다. 몰트케가 총참모장이 되었을 때 참모본부의 임무는 군사력 전개 계획 수립뿐이었다.

후일 진짜 헤드쿼터가 되는 이 참모본부에서 몰트케는 현대전의 역사를 바꾸는 전술을 만들게 된다.

전쟁사에는 실전 경험이 없거나 군 지휘관으로 정상적인 코스를 밟지 않고 갑자기 두각을 나타내는 전술가나 지휘관이 있다. 이 책에서도 소개한 그리스인 서기 에우메네스, 나폴레옹의 천재 참모로 은행원 출신인 조미니, 아랍어 해석 능력을 사용하기 위해 억지로 군복만 입혀놓았던 아라비아의 로렌스, 한국전쟁에서 최고의 연대장이라고 자타가 인정하는 프리먼 대령…… 이 기이한 인물들 속에 내재된 공통적인 품성은 무엇일까? 남보다 빠르고 정확한 시공간에 대한 계기적 통찰력 혹은 역사적 통찰력이라고 생각한다.

몰트케는 전쟁사에 깊은 지식이 있었고, 지형과 사물, 사건에 대한 종합적이고 날카로운 인식이 있었다. 그는 오스만 제국에서 전쟁을 지휘하지는 못했지만, 그들의 사회, 문화, 자연을 종합적으로 이해하는 탁월한 견문록을 남겼다.

이런 통찰력은 몰트케의 전술적 능력을 이해하는 데 매우 중요하다. 지리학, 지형학은 고대로부터 군인에게 중요한 학문이었다. 『손자병법』도 이 주제에 2개의 장을 할애했을 정도다. 나폴레옹 전쟁을 경험한 클라우제비츠, 사른호르스트 같은 독일의 군사 이론가들은 '지리학이 개념을 바꾼다. 군사지리학은 지도에서 벗어나야 한다. 지형을 감싸고 있는 3D적 공간, 자연적, 문화지형적인 요소의 집합체로 이해해야 한다'고 했다. 아마도 그들은 나폴레옹의 정복 전쟁을 보면서 제국의 시대가 도래했음을 발견했을 것이다. 그러나 이 제국주의

지리학에서 독일군이 아시아나 아프리카에 가서 다른 문명의 처음 보는 종족과 싸우는 경우만을 상정한 것이 아니다.

기술은 빠르고 무섭게 변하기 시작했다. 똑같이 프로이센 땅에서 싸워도 아버지 세대와는 성능이 다른 총을 들었고, 급이 다른 포화를 겪었으며, 병사들은 철도를 타고 이동했다. 이것이 당장 몰트케의 시대에 벌어졌던 일이다. 나폴레옹 시대에 기차가 있었더라면 그의 전쟁은 완전히 달라졌을 것이다.

몰트케는 소대장, 중대장, 연대 지휘관이 겪어야 하는 인간관계, 다시 말해 다양한 인격을 다루고 조종하고 억누르는 실력은 부족했을 수 있지만, 넓은 전장 속에 있는 인간의 심리와 생각을 이용하는 법은 누구보다 정확히 알았다. 몰트케는 참호 안에서 떨고 있는 병사를 고지를 향해 돌격하게 하는 데는 적성이 없었을 수도 있지만(그는 아예 지휘관 경력이 없어서 이를 전혀 검증할 수 없다), 포위당한 사단이 어떻게 대응할지, 아침식사로는 비스킷 하나만 먹고 하루 종일 전투 중인 병사들이 곧 적 사단을 궤멸시킬 수 있다고 했을 때, 일어나 싸울지, 전투를 포기할지는 정확히 판단했고, 그들의 사기를 끌어올리는 법을 알았다.

사람들은 몰트케를 오늘날 세계의 모든 군대가 도입한 '참모본부'의 창설자로 기억하지만, 참모본부가 왜 현대 군대의 헤드쿼터가 되었는지는 망각한다. 현대 전쟁(경영에서도 마찬가지이다)에서 가장 곤혹스러운 과제는 전 지구로 확대되는 공간이 아니라 압축되는 시간이다. 20세기의 전쟁술에서 독일을 연구하지 않을 수 없는 이유가 그들이 압축된 시간에 대응해 현대적인 기동전, 즉 임무형 전술을 누구보다 앞서서 실행했기 때문이다.

> 전 야전군은 적과 마주치는 순간부터 스스로의 판단과 상황에 따라 예하 부대를 운용해야 한다. 이때 지속적으로 인접 야전군의 상황을 고려해야 한다. 상호 끊임없는 협력을 통해 서로를 지원할 수 있어야 한다.
>
> — 1866년 몰트케의 명령서

당연한 이야기처럼 들리지만, 이 지침은 당시 군대의 실전적 한계와 고민 속에서 도출한 대안이었다. 1866년의 프로이센-오스트리아 전쟁에서 직면한 실제 난관은 전투가 진행되면서 단위 제대 및 하위 부대에 대한 통제가 전혀 되지 않는다는 점이었다.

전쟁터는 넓어지고 화력은 몇 배로 강력해졌다. 과거처럼 서서 느릿느릿하게 움직여서는 한순간에 기관총의 제물이 되었다. 지휘관의 목소리도 들리지 않고 잔혹하고 극심한 혼란 속으로 빠져드는 전쟁, 이 새로운 전투 환경에 어떻게 대응해야 할까?

전통적으로 군대는 자율이나 자주라는 용어에 거부감과 두려움이 있다. 군대라는 조직이 위계적이고 권위주의적이어서가 아니다. 전술이란 통제를 통해 집단전투를 수행하는 것이다. 누가 더 효율적으로 통제를 하느냐의 싸움이며, 누가 더 오래 통제를 유지하느냐 그렇지 못하느냐의 싸움이다. 아무리 수가 많아도 통제를 잃은 군대를 우리는 오합지졸이라고 한다.

18세기 전쟁에서 통제 능력은 한계를 보이기 시작했다. 실은 나폴레옹 전쟁부터 징조는 충분히 드러나고 있었다. 어떻게 해야 할까? 다들 통제 수단을 찾고 있을 때, 몰트케는 전투 제대의 독자적인 판단, 소위 '임무형 전술'이라는 대안을 선택했다.

임무형 전술의 개념도 몰트케가 처음 낸 것은 아니었다. 굳이 뒤진다면 알렉산드로스나 나폴레옹에게서도 임무형 전술을 암시하는 대화를 찾아낼 수 있을 것이다. 다만 몰트케는 현대전의 특수한 상황에서 임무형 전술을 군의 조직과 교육, 전투 원리까지도 확대하는 새로운 체제로 만들었다. 그것이 현대 전술에서 몰트케가 남긴 유산이다.

물론 쉽지는 않았다. 현대에도 임무형 전술에 대해서는 끊임없는 회의가 제기된다. 자율이 파괴적인 결과를 낳을 수도, 전체 작전을 망칠 수도, 전투를 회피하고 임무를 회피하는 구실이 될 수도 있다.

몰트케는 이 두려움을 이겨내고 군대를 현대의 전쟁으로 이끌었다. 많은 사람이 생각하고 있었지만 차마 실행하지 못하던 전술을 체계적이고 광범위하게 실행하고 적용했던 실천가, 그가 몰트케다.

빌헬름 1세와 비스마르크의 확고한 지지를 받았던 몰트케는 1866년 프로이센-오스트리아 전쟁과 1870년 프로이센-프랑스 전쟁에서 프로이센을 승리로 이끌었고, 프로이센이 독일을 통일하는 데 결정적인 공을 세웠다.

공간을 자유자재로 활용하라

나폴레옹 편에서 나폴레옹이 외선기동으로 성공했다가 외선기동으로 몰락했다는 얘기를 했고, 스톤월 잭슨 편에서 남북전쟁 당시 대병력을 이동시켜 전쟁을 했다는 얘기도 했다. 이런 변화들이 시작됐고 관측은 됐지만, 막상 내 땅에 적용하려니 쉬운 일이 아니었다. 몰트케는 이 '공간'이라는 개념을 지금까지와는 완전히 다른 개념으로 설정하고 전술을 짜기 시작했다. 그는 다분히 수학적이고 그야말로 독일적으로 접근했는데, 과거의 지형, 즉 산이냐 바다냐 골짜기냐는 식의 개념이 아니라, 시간과 기술이 대입된 공간을 설정했다.

예를 들어 어떠한 공간에 철도가 깔려 있다고 해보자. 그러면 그 공간에는 1시간에 10만 군대도 투입할 수 있는 공간이다. 만약 철도도 없고 도로도 없는 돌밭이라고 하면 1시간에 1개 중대밖에 투입하지 못한다. 같은 면적이라도 공간의 개념과 의미가 완전히 달라진다. 이렇게 몰트케는 시간과 기술이 대입된 공간 개념을 도입한다.

공간 개념을 이렇게 설정하고 50만 대군을 동원한다고 해보자. 이게 작전 명령만으로 가능한 일일까? 아니면 황제의 도장이 있으면 가능할까? 둘 다 있어도 불가능하다. 이러한 대규모 군대를 동원해서 전투를 치르려면 정치·경제적 요인과 교육·문화적 수준까지 고려해야 한다. 황제의 도장을 받아 50만 대군을 기차에 그냥 태운다고 전쟁을 치를 수 있는 것이 아니다. 가는 동안 그 열차를 어떻게 운영해야 할지, 50만 대군이 모여 있는 그 공간에서 각각의 병사들을 어떻게 컨트롤해야 할지 등등 고려하고 계획해야 할 것들이 한두 가지가 아니다. 이 모든 것을 기획하기 위해서는 군사적 요소뿐 아니라 정치·사회적 요인까지 고려해야 한다. 몰트케는 이 부분까지 생각했다.

게다가 독일은 지정학적으로 불리한 구조에 놓여 있었다. 어떤 전쟁을 하든 강대국의 공격을 양쪽에서 받을 운명이었다. 그렇다면 독일이 생존하기 위해서 어떻게 해야 할까? 해결책은 '참모본부 만들기'였다. 이때의 참모란 무엇이었을까? 많은 사람들이 이를 '군대의 브레인'이라고 생각하겠지만 몰트케의 참모본부는 단순히 그런 의미가 아니었다. 각 분야의 최고 전문가들이 모여서 시공간과 역사와 문화 수준까지 분석해 전투 공간을 새로운 시공간으로 바꾸고(예를 들면 철도가 없는 공간과 철도가 있는 공간, 철도로 1시간에 1만 명의 완전무장한 군대와 군수물자를 수송할 수 있는 공간은 다르다) 그 공간을 이용해 승리하는 전략을 만들어내는 팀이 참모본부였다. 그가 이 참모본부를 만들 때 중요한 원칙을 한 가지 내세웠는데, 바로 '무조건 최악의 상황을 고려해야 한다'는 것이었다.

이때 독일의 황제가 비스마르크와 함께 독일 통일을 이뤘던 빌헬름 1세인데 이 몰트케의 대전제를 확실하게 지원했다. 그렇게 비관적인 판단이 아닌, 최악의 상황을 가정한 슈퍼 플랜이 만들어지기 시작한다.

"우리가 생존하기 위해서는 절대 불가능에 도전해야 한다."

이것이 몰트케 참모본부의 모토였다.

1866년 7월 3일, 그 유명한 쾨니히그레츠 전투가 벌어졌다. 독일이 통일을 이루려니 주변국들의 방해가 시작되었다. 여기에서 몰트케는 절대 불가능에 도전하는데, 바로 외선기동이었다. 프리드리히는 철저한 내선기동을 했고, 나폴레옹은 외선기동을 하다가 실패했다. 그래서 모두가 외선기동은 안 된다며 외쳤다. 하지만 몰트케는 말했다. "우리는 땅이 좁기 때문에 외선기동을 하지 않고는 이런 압박에서 결코 벗어날 수 없다." 당시에는 현재의 독일 땅이 아니라 프로이센이었다. 내선기동만 하면 한 번만 패전해도 나라가 망할 상황이었다. "너희 나라나 지키지, 왜 남을 치냐?"라고 하면 도덕적으로는 할 말이 없지만 전략적으로만 보면 외선기동이 맞았다. 모두들 나폴레옹도 실패한 외선기동을 반대했지만, 몰트케는 이렇게 말했다. "그때는 기차가 없었잖아."

'주어진 기술을 이용하고 심지어는 미래의 기술까지 동원해서라도 생존을 위해 불가능에 도전하라'고 말들은 쉽게 하지만 실천한 인물은 거의 없다. 몰트케는 미래를 예측하고 국운을 건 도전을 했다. 쾨니히그레츠 전투에서 3개 군대가 외선으로 기동해 오스트리아군을 포위하는 작전을 쓴다. 몰트케는 군대를 3개로 나눠 철도로 이동하게 한 다음 그곳에서 전투지로 오게 했다. 당시 오스트리아군에게 '군대란 집결한 후 싸우는 것'이란 통념이 당연했고, 이 경우 적은 기껏해야 40킬로미터 안에 집결할 것이었다.

게다가 오스트리아군은 기병이 유명했다. 그러니 정찰기병이 열심히 보고를 했다. "100킬로미터 이내에는 프로이센군이 없습니다." 이는 물론 사실이었다. 그들은 기차 안에 있었다. 그리고 밤새 달려 전투지로 향했다. 오스트리아 입장에서는 분명히 없던 적이 전투가 시작되자 갑자기 3배가 되어 좌우에서 치고 나오는 것이었다. 프로이센군은 오스트리아군을 완전히 섬멸하지는 못했지만, 오스트리아군은 4만 명이 전사하고 나머지는 거의 포로가 되는 엄청난 패배를 맛보았다. 반면 프로이센군의 희생은 1만 5천 명 정도였다. 물론 이 또한 많은 수이지만 상대적으로는 적은 수였다. 게다가 미리 도착해서 정찰을 한 것이 아니었음에도 적절하게 포를 배치하고 오스트리아 기병이 돌격하면 탄막 포격을 하는 식으로 완벽한 승리를 거두었다는 점은 대단한 일이다.

그 많은 군대가 2~3일 안에 투입되려다 보니 개인이 지니는 장비가 60개가 넘었다. 식량을 챙겨올 수도 없었다. 보통은 장비와 보급품이 모두 도착하고 전투가 시작되는데 이렇게 기차에서 내려 후다닥 이동한 후 전투를 하려다 보니 보급이 따라오지 못했다. 그래서 참모본부에서 낸 묘수가 2~3일 내에 10만 명이 단숨에 적군을 몰아치는 것이었다. 하지만 얼마나 아슬아슬한 계산이었던지 전투 당일 아침에 식량이 없어서 황제도 빵 하나만 먹었을 정도였다고 한다. 어떻게 보면 굉장히 위험하고 아슬아슬했지만 그 정도로 극한의 효율성을 뽑아냈다는 얘기도 된다.

〈그림 1〉 쾨니히그레츠 전투.

미래의 변화에 대비하는 단기적 조건과 장기적 조건

몰트케의 또 하나의 업적은 전쟁의 단기적 조건과 장기적 조건을 나눠 준비한 점이다. 전쟁 준비에는 여러 가지가 있다. 공격, 방어만이 전쟁이 아니라 국경을 튼튼히 하고 병력을 모으는 것, 즉 요새 구축, 군수나 보급체제 정비도 전쟁 준비다. 몰트케는 이 많은 요소들을 단기적 환경과 장기적 환경에 따라 나눈다. 단기적 환경은 정예부대 육성, 도로망, 철도 확충 등이 해당한다. 장기적 환경은 요새 구축, 예비군 제도 정비, 군수 보급 체제 정비 등이다.

이런 게 왜 필요할까? 몽골군 시절에는 말을 타고 전장을 휘저으면 됐으니 단순한 전술로도 승리가 가능했다. 하지만 총이 나오고 보병전쟁이 시작되면서 보급은 전쟁에 절대적인 영향을 미쳤다. 단적인 예로, 2차 세계대전 때 영국군이 노르웨이에 스키부대를 투입한 일이 있었다. 이 스키부대는 황당한 실수로 제대로 운용도 못해보고 패하고 말았다. 실수는 두 가지였다. 하나는 방한복이었다. 방한복을 가져가긴 했는데 영하 30도에서 버틸 수 있는 재질이 아니었고 얇은 털옷이었던 것이다. 또 하나의 문제는 스키를 묶는 끈이 도착하지 않은 것이었다. 결국 스키를 탈 수가 없어서 이들은 전멸하고 말았다. 이렇듯 복잡해진 현대전에서 더이상 몽골 기병 식의 단순한 전술로는 승리할 수 없었다. 몰트케가 단기적 조건과 장기적 조건으로 나누어 전쟁을 준비한 이유이다. 이 조건들을 분류하고 구조를 짜는 것은 현대전에서 가장 중요한 일부분이었고 그래서 참모본부가 필요했다. 빠르게 변하는 세상 속에서 새로운 분류를 만들어내고 거기에 맞는 조건을 나누고 가상의 틀을 만들어나간다는 건 쉬운 일이 아니다. 이것이 진정한 계획이고 참모본부의 역할이다.

몰트케는 이를 통해 우리에게 '전략'에 대한 중요한 시사점을 던진다. 『손자병법』에도 있는 이야기이지만 과연 '총력전'이란 무엇일까? 이는, 자원의 총력이 아니다. 우리가 가지고 있는 석유, 병력, 화약, 국민, 인구수 등을 모두 투여하는 것이 총력전이 아니다. 국민의 역량을 고려해 미래를 예측하고 구조를 만들고 전략을 짜 우리 군에 완전히 맞아떨어지는 장비와 역량을 갖추는 것이 바로 총력전이다. 즉, 미래를 예측하고 미래에 닥칠 상황에 대해 총력을 기울일 수 있는 능력을 이끌어내는 것이다.

몰트케는 성공 후에도 안주하지 않고 놀라운 말을 했다. "세상이 바뀌었다. 알 수 없는 미래를 위해서 대비하고 훈련해야 한다." 이것이 참모본부의 또 하나의 중요한 기능이며, 여기에서 중요한 명제가 도출된다. 전술이란 시대가 마련하는 조건에 부합해야 하는 것이다.

몰트케는 1870년대에 이미 이 이야기를 했고 실천에 옮겼다. "우리들이 해야 할 일은 변화하는 시대, 미래의 조건에 대비하고 그에 맞는 훈련을 하는 것이다." 이로부터 나온 것이 쉴리펜 계획이고 전격전이다.

| 나오며 |

1차 세계대전 이프르 전투. 참호는 끔찍했다. 10중 참호, 곳곳에 철조망, 거기에 기관총과 대포까지 배치돼 있었다. 구불구불한 참호와 기관총 진지는 정확하게 십자화망을 구축했다. 이 킬링존에 들어서면 살아남는 부대가 없었다. 중대가 너무 빨리 소멸해서 제대로 된 전투 기록조차 남지 못했다. 소대장, 중대장들은 5분, 15분 이내 전사하고 말았다. 남아 있는 누군가가 중대장이 되고 소대장이 됐고 또다시 그들도 죽어갔다. 이 과정에 무슨 일이 벌어졌는지 기록을 남길 수 있는 사람조차 거의 없었다. 5년간의 전쟁, 사상자만 해도 천만 명이 넘었다. 죽어나가는 자들도 죽이는 자들도 고통스럽기만 한 살육전이었다. 독일의 전격전은 이러한 절체절명의 상황에서 나온 전술이다.

1939년 히틀러의 개전을 앞둔 어느 날 밤, 누군가가 독일 참모총장 할더 장군의 집 문을 다급히 두드렸다. B 집단군(Heeresgruppe B) 사령관 페도어 폰 보크였다. 1차 세계대전에서 '푸르 르 메리트' 훈장의 수여자였지만, 가혹한 지휘로 도살자라는 별명을 얻었던 장군이었다.

"또 천만 명을 죽이려고 하시는 겁니까? 하늘에서 하느님이 보고 계십니다."

"우리가 살육전을 벌인 것은 전쟁을 빨리 끝내주는 기동력이 사라졌기 때문이다."

그렇게 독일의 전격전이 탄생했다. 이 전격전의 창시자는 구데리안(Heinz Wilhelm Guderian, 1888~1954)이다. '창시자'라는 단어만큼 그를 잘 표현하는 명칭도 없을 것이다. 그는 전격전의 처음과 끝을 창조했고, 과정의 어려움 또한 '창조자'의 눈으로 극복해나갔다. 어쩌면 그는 지금까지 살펴본 명장들이 가졌던 통찰을 모두 지니고 있었던 진정한 명장이 아니었을까 싶다. 그래서 그의 인사이트를 살펴보는 것으로 맺음말을 대신하고자 한다.

유럽에서 전쟁이 한번 났다 하면 성인 남자의 절반은 죽어야 끝나는, 그런 전쟁이 현대전이었다. 그렇다면 대체 왜 그런 전쟁을, 그런 전술을 반복할 수밖에 없었을까? 사실 무기와 화력, 국가의 동원 체제가 발달하면서 이런 살육전이 벌어질 것이라는 사실은 이미 남북전쟁 당시에 예고됐다. 그리고 몰트케가 활약했던 프로이센-오스트리아 전쟁, 프로이센-프랑스 전쟁에서도 이러한 희생이 반복되었다. 그럼에도 대안을 마련하기란 쉽지 않았다. 물론 몰트케는 충고를 남겼다. '미래의 전쟁에 대비해야 한다.' 하지만 1차 세계대전이 벌어질 때까지 대비되지 않았고 또다시 살육전이 벌어졌다. '대체 이 참호전에서 맨몸으로 돌격하는 이 무모한 전투를 끝내기 위해서 뭐가 필요할까?' 그렇게 해서 나온 무기가 탱크다. 1차 세계대전 이전에 아이디어가 나왔지만, 막상 전쟁이 벌어지기 전까지는 만들어지지 않다가 또다시 살육전으로 치닫자 다급히 만들어졌다.

탱크는 처음 태어날 때부터 두 가지 딜레마를 안고 있었다. 장갑에 비중을 두느냐, 바퀴에 비중을 두느냐의 문제였다. 즉, 장갑을 두껍게 해서 날아오는 포탄과 총알을 튕겨내는 '방어'의 의미에 비중을 두느냐, 아니면 '기동'에 비중을 두느냐였다. 이런 고민은 1차 세계대전이 발발하기 직전 탱크라는 아이디어가 처음 나왔을 때부터 개발자들을 괴롭혔다.

그러나 탱크의 시제품이 나오기도 전에 대전이 터졌다. 각국에서 경쟁적으로 허겁지겁 만들다 보니 미완의 탱크가 나와버렸다. 그렇게 나온 최초의 탱크가 영국의 '마크 1'이다. 마크 1은 모습만 봐도 둔탁하다. 장갑에 비중을 둔 것이다. 장갑이 두꺼워지니(그럼에도 실전에서는 기관총탄이나 간신히 막는 수준이었다) 체구가 커지고 무거워지다 보니 엔진을 감당할 수 없었다. 하는 수 없이 영국 런던의 2층 버스 엔진을 떼다 붙였다. 철판 덩어리를 굴리려니 버스 엔진의 힘이 달려서 가다 서고 가다 서고를 반복했다. 어쨌든 탱크는 전투에 투입됐는데, 최초로 투입된 전투가 그 유명한 '솜 전투'이다. 야심차게 투입했지만 힘도 없이 가다 서고를 반복하면서 참호와 기관총의 살육을 막는 데 실패했다. 결국 다시 기관총과 철조망 앞으로 돌진해야 했던 보병들은 하루에 만 명이 죽고, 전체 전투에서 10만 명이 죽어 나갔다. 탱크의 데뷔전은 이렇게 허무하게 끝났다.

탱크라는 무기가 이렇게 전장에 등장한 후, 오늘날의 탱크와 같은 형태로 만든 건 프랑스였다. 회전포탑이 들어가고 기동력을 키워 지금 우리가 아는 그런 탱크로 만든, 르노 1형 전차였다. 탱크 개발에서 제일 늦었던 나라가 의외로 독일이다. 처음에는 철판을 주워 모아 만든 장갑이었다. 탱크라고 하면 장갑이라고 생각했던 것이다. 실제로 1차 세계대전 때의 독일 탱크를 보면 버스에 철판을 붙이는 등 모양도 제각각이었고 시제품의 수준을 벗어나지 못했다.

이런 상황에서 '탱크는 장갑이 아니라 바퀴다. 즉, 기동이다'라는 점을 파악한 인물이 독일에서는 구데리안, 미국에서는 패튼(George Smith Patton Jr. 1885~1945)이었다. 패튼은 1차 세계대전에 참전해 르노 탱크를 받아 미국 최초의 탱크부대를 창설하고 지휘관이 되었다. 구데리안은 1차 세계대전 때 탱크부대에 복무하지는 않았지만, 그의 원래 보직이 수송과 통신병이었다. 그래서 전쟁의 문제점을 잘 파악하고 있었다. 문제는 보병 전쟁이 되면서 전쟁에서 기동이 빠져버린 것이다. 기동을 살려야 하는데 총과 화약의 시대에 기동을 살려줄 무기가 무엇일까? 이게 탱크라는 것을 찾아내긴 했는데 이 사실을 깨달은 인물이 몇 안 됐다. 몰트케가 말했던 미래를 보는 통찰, 그것을 실천한 인물이 바로 구데리안이다.

미래를 어떻게 통찰할 것인가? 철저하게 원인과 조건과 변화 요인을 찾아내야 하는데 구데리안은 이를 해냈다. 몰트케가 했던 또 하나의 중요한 말이 있다. '불가능에 도전하라.' 구데리안이 탱크부대를 만들려고 했을 때 두 가지 문제가 있었다. 첫 번째는 탱크의 속도가 너무 느리다는 것이었다. 그래서 기동전을 할 수가 없었다.

두 번째 문제는, 당시 독일은 탱크를 만들 기술이 없었다는 사실이다. 1차 세계대전 패배 후 베르사유 군축 조약 때문에 탱크 제작이 금지되어 있었다. 그러니 더더욱 아무도 탱크를 만들 생각을 하지 못했지만, 구데리안은 자동차에 탱크 모양을 붙이고 훈련을 시작했다. 사령관이 그 사실을 알고 구데리안을 불렀다.

"내가 자네를 미워한다고 생각하는 모양인데, 난 사실 자네를 좋아해. 그런데 문제는 자네는 너무 앞서가. 자네가 말한 대로 탱크라는 게 쓰이고, 전격전, 기동전이 나올 날이 언젠가 올지도 몰라. 그러나 그건 우리가 죽은 다음에 올 거야. 그러니 이렇게 제발 좀 앞서가지 말고 편히 좀 살게."

그리고 구데리안은 멈추지 않고 기동전 연습을 했다. 자동차를 가지고 연습했는데, 시행착오가 엄청났다. 이렇게 개혁은 사소한 조건 때문에 거부된다. 개혁이 성공하려면 이 사소한 조건들을 타고 넘어야 한다. 누가 넘을 수 있을까? 의지를 가지고 준비해온 사람만이 넘을 수 있다. 준비 없이 뒤따라가는 사람들은 사소한 장애물 앞에서도 주저앉고 마는 것은 물론, 해결 방법을 찾지 못한다.

구데리안도 수없이 장애물에 부딪쳤다. 자동차를 가지고 연습을 했는데 빨리 움직이며 팀플레이를 해야 하지만 탱크는 앞이 보이지 않는다. 앞이 보이지 않으니 지형에 대응할 수 없었고 팀워크를 맞출 수 없었다. 모든 이들이 포기하자고 할 때 구데리안은 포기하지 않았다.

그는 당장 탱크 안에 무선 통신기를 달았다. 탱크끼리 소통이 가능해진 것이다. 일단 탱크끼리는 소통이 가능하게 됐지만 탱크부대는 혼자 싸울 수 없다. 보병들과 통신이 돼야 한다. 하지만 탱크 뚜껑을 열고 나가면 총알에 맞는다. 그래서 고안한 장치가 보병과 교신할 수 있는 통신 장비였다. 이 장비가 중요했던 이유는 당시 프랑스군은 개발하지 못했기 때문이다. 2차 세계대전이 벌어지고 독일군의 진군을 보고서야 프랑스는 이 장비의 필요를 깨닫는다.

그런데 더 중요한 문제는 따로 있었다. 이렇게 기동전을 하면서 빨리 움직이다 보니 미리 훈련한 전투 시나리오나 숙지한 매뉴얼이 통하지 않을 때가 더 많았다. 상대의 대응에 따라 움직여야 했기 때문이다. 물러서서 보기에는 사소해보이는 판단일지라도 실제 전장에서는 쉽지 않다. 실제로는 우왕좌왕하다가 끝나버리는 경우가 더 많은데 이럴 때 현장 지휘관의 빠른 판단이 절실하다. 지휘관들이 상황에 맞게 대응하는 법을 훈련시켜야 한다. 그래서 나온 용어가 바로 오늘날 기업에서도 각광받고 있는 '임무형 전술'이다. 당연히 쉬운 일이 아니었다.

하지만 구데리안은 임무형 전술 훈련과 실전 속에서 놀라운 사실을 발견했다. 처음에는 위태위태하기만 하고 명령 계통도 살지 않는 듯 보였지만 이러한 훈련 속에서 지휘관들의 성장 속도가 무척 빨랐다는 점이다. 매뉴얼대로 하는 경우와 임무형 전술을 통해 자신이 직접 결정해야 하는 경우, 똑같은 전쟁을 겪었어도 성장 속도가 완전히 달랐다.

전쟁이 끝나고 미국, 영국, 소련 연합군 장군들이 모여서 이런 얘기를 했다.

"2차 세계대전에서 가장 뛰어난 군대가 어디냐? 독일군이다. 독일군은 정말 이상하다. 보통 군대는 장교가 죽으면 부사관이 지휘를 하고 부사관이 죽으면 병장이 지휘를 하다가 상병까지 가면 와해되는데, 독일군은 갓 들어온 신병까지 내려가도 군대가 와해되지 않는다. 대체 그게 어떻게 가능할까?"

물론 임무형 전술 덕분이었다. 누가 기존의 체제를 빨리 습득해 앞으로 변화하는 문제에 능동적으로 대응하고, 남보다 빠르게 창의적인 대안을 찾을 것인가? 이 싸움에서의 승리자가 임무형 전술의 승자가 되었다.

그렇게 구데리안은 모두가 반대하는 기동전을 훈련했고, 2차 세계대전 사상 가장 빛나는 전술인 기갑부대를 이용한 전격전이 가능하게 했다.

흔히 전격전 하면 스타 장군인 롬멜(Erwin Johannes Eugen Rommel, 1891~1944)을 떠올리지만 롬멜은 구데리안 수하의 사단장이었고 전격전의 창시자는 구데리안이다.

1차 세계대전 당시 1천만 명의 사망자를 냈던 독일-프랑스 국경. 1940년 독일군은 다시 한 번 프랑스를 침공한다. 하지만 이번엔 달랐다. 단 보름 만에 뚫고 들어와 영 · 프 연합군 절반을 포로로 잡고 단 6주 만에 프랑스를 함락시켰다. 전투는 보름 만에 끝났다. 처칠이 이런 말을 한다.

"프랑스같이 크고 강력한 나라가 어떻게 이렇게 빨리 패할 수가 있지요?"

6년이 걸렸던 전쟁을 보름 만에 끝낼 수 있었던 것은 전격전 때문이었다. 물론 프랑스 침공안인 지헬슈니트 작전의 공이 모두 구데리안에게 돌아가야 한다는 의미는 아니다. 작전으로서의 기동전술과 전체 전략으로서의 지헬슈니트는 구분되어야 한다. 독일군이 지헬슈니트를 수립하고 시행할 수 있었던 데는 인정하기 싫어도 히틀러의 공헌이 있다. 군인으로는 만슈타인, 할더, 구데리안의 합작품이었다.

런던에 가면 마크 1 탱크를 사용했던 영국군 기갑부대원을 기리는 동상이 있는데 그곳에 이렇게 쓰여 있다.

"진흙탕을 건너서 언덕을 건너서 저 멀리 푸른 초원까지."

아마도 진창을 건너서 참호를 건너서 포연의 바다도 건너서 목적지에 도달한다는 의미일 것이다. 여기에 구데리안 기동전의 교훈을 가미해보면 '푸른 초원'이 바로 신세계, 창의의 세계다. 오늘날 우리가 사는 21세기 사회는 더더욱 그렇게 건너가지 않고는 절대로 신세계에 도달할 수 없다. 진창을 건너서 창의의 세계에 먼저 뛰어드는 사람이 푸른 초원을 보게 될 것이다.

EBS 클래스ⓔ 시리즈 34

세계사를 바꾼 전쟁의 고수들: 세기 명장들의 승리 법칙

1판 1쇄 발행 2022년 9월 30일
1판 2쇄 발행 2023년 2월 15일

지은이 임용한

펴낸이 김유열 | **지식콘텐츠센터장** 이주희 | **지식출판부장** 박혜숙
지식출판부·기획 장효순, 최재진, 서정희 | **마케팅** 최은영, 이정호
북매니저 윤정아, 이민애, 정지현, 경영선

책임편집 표선아 | **디자인** 김서이 | **인쇄** 우진코니티

펴낸곳 한국교육방송공사(EBS)
출판신고 2001년 1월 8일 제2017-000193호
주소 경기도 고양시 일산동구 한류월드로 281
대표전화 1588-1580
홈페이지 www.ebs.co.kr | **이메일** ebs_books@ebs.co.kr

ISBN 978-89-547-9976-8 04300
978-89-547-5388-3 (세트)